金星人オムネク・オネク

至高なる神性の法則

次元上昇した「金星」の真相と地球の未来

オムネク・オネク 著
益子祐司 訳

徳間書店

ドイツにて、自著にサインするオムネク。
(右下にドイツ語版『宇宙人アミ』の本も見える)。

ドイツのテレビのインタビューに答えるオムネク
「(地球にやってきて) 30年近くも口を閉ざしていたことを、私は今日お話しします。
今この瞬間が訪れるまで、ずっとこの日は来ないような気がしたこともありました。
私は皆さんがヴィーナス（金星）と呼んでいる惑星から来ました。私は他のさまざまな惑星から来て地球で暮らしている何千人もの人たちの中の１人です。私たちはあなた方の祖先でもあるのです」

金星都市チュートニア（ディズニーの美術担当コーリー・ウルフがオムネクの著書に感銘を受けて、オムネクのデッサンを元に描いた絵）
「チュートニアは異国風の造りをした学芸院と博物館の集まりで、それらのデザインの多様さは全感覚を圧倒するほど壮麗です。塔型、ドーム型、風船型、そしてピラミッド型の建築物が自由にアレンジされていて、ほとんどはパステルカラーの色合いですが、中には宝石や黄金をちりばめた象眼模様の真珠層で造られている建物や、きらめきを放つさまざまな金属やクリスタルでできているものもあります。どれもがとても精巧でユニークな建築物です」

オムネク・オネク
「金星には流行のファッションというようなものはまったくありません。各自が想像できるものは何でも創り出せますので、すべての衣類にはその人独自のカラーが表れています。女性向けには、全身を包み込むようなドレスが私たちの文化においては一般的です。男性の場合は、ふっくらとしたズボンとローブが主体です。
これはファッショントレンドではなくて、意識の開花状態が同じような個人が引かれ合う結果として起きることなのです」

セミナーでのオムネク（Photo：Martin Wyss）
「物理的な世界からアストラル界へ移行した人々は、そこで亡くなって物理的な世界に生まれ変わらない限りは地球に来ることはできません。しかし私のようにアストラル界で生まれた者は、ただ肉体を顕現するだけでいいのです。
ただしいったん物理的な世界に入ったら、そこで肉体的な死を迎えるまではアストラル界には戻れません。私たちは創造したものを維持する責任があるのです」

ワークショップでダンスを披露するオムネク（上）
オムネクが地球での幼少時に描いた天使の絵（下）
「金星の子供たちは内面的な質が同じ者同士が共に過ごす時間を楽しみます。アストラル界では私たちは簡単に自分を透明にできたり、体のかたちを花や木に変えてみたりして、かくれんぼをして遊ぶこともできました。そして体をちっちゃくして、小人の世界の小妖精になったつもりで創作物語を演じたりもしました」

新婚当時のオムネクとスタンリー
「僕の中では、オムネクに対して世間の人たちが持つであろういかなる疑いも消え去っていますが、従来の科学を受け入れている人たちにとっては彼女の話を信じるのはとても難しいことでしょう。
彼女は自分の体験を人々に話しながら、それについて相手が自由に自分の考えを持つにまかせています。
そういうことができる彼女に僕はいつも敬服させられてしまうのです。

「ドイツのＴＶインタビューより」
「アストラル界は物理的な世界よりもずっと高い周波数で存在しています。そこでは身の回りにあるエネルギーを変換して自分たちが望む物体を何でも創造することができるのです」

親愛なる日本の読者の皆さんへ
——ポジティブなビジョンだけを心に描いて下さい

このたび地球上のより多くの国の人々が私の情報に触れられるようになったことを私はとても嬉しく、そして光栄に思っています。他の惑星を故郷とする私たちは、地球という星も人類がひとつに結びついた宇宙の一単位として見ています。いま地球にある多くの境界線は、この社会の概念と人々の心の中にのみ存在するものであって、私たちから見ればそれらはただの幻《まぼろし》にすぎません。

私は皆さんの意識の奥に眠る本当の天性と、この現象世界を超えた宇宙から来た祖先たちとのつながりについての〝忘却の知識〟をすべての人たちと分かち合いたいと願っています。さらにまた、他の次元世界の進化した魂の存在たちの叡智《えいち》をお伝えしたいと思います。生きとし生けるものすべての魂は非常に聡明で、物理的な世界でしか得られない経験を求めてここに存在しているのです。

魂にとっては、分け隔てや善悪などは何もなく、あらゆる体験が貴重なのです。ですから皆さんにも地球や高次元世界をこのようにとらえていただきたいのです。

多くの日本の方々は、私がこの本でお話しする内容に親しみを感じるかもしれません。私もまた日本という国に深い縁を感じています。私の母星であるアストラル界の金星においても、私たちは、すべての存在はそれ本来の目的にかなうと同時に優美なものであるべきと考えています。

大切なことは、想像力こそが創造の鍵であるということです。私たちはこの世界にふさわしいものを生み出す創造者なのです。偉大なマスターは説きます――「本当に必要なもの、そして真実のみを言葉にしなさい」。ネガティブな想念はネガティブなエネルギーを増やすだけですから、ポジティブなビジョンだけを心に描いて下さい。そして、万物が一体となったポジティブな存在としての地球世界を実現していきましょう。皆さんもどうぞ仲間に加わって下さい。

Amual Abactu Baraka Bashad
（アミューアル　アバクトゥ　バラカ　バシャド：宇宙にあまねく愛と恵みがありますように）

――オムネク

オムネク・オネク
「私の金星名はオムネク・オネク（Omnec Onec）。金星の言葉の発音に近いかたちでこのようなスペリングにしました。名前の意味は、精神的なこだま（スピリチュアル・リバウンド）です」

装丁　櫻井浩（⑥Design）

目次

第1章

次元上昇した惑星「金星」からやってきた

夜の砂漠に舞い降りた円盤

しんと静まり返った深夜、荒涼としたネバダ州の砂漠にまばゆいばかりに輝く1機の宇宙船が着陸しました。ブーンという耳鳴りのような音がしだいにかすかに、かすかになっていきます。すると円盤の船体にどこからともなく開口部が現れて、数人の人影が中から降り立ってきました。そしてその人たちを出迎えるように1台の車が近づいてきます。ヘッドライトに照らされた背の高い人は、端正《たんせい》な顔立ちの男性で、長いブロンドの髪を帽子の下に綺麗《きれい》に束ねていました。その横には小さな女の子、そしてその隣には宇宙船の操縦士が立っていました。やがて背の高い男性とその姪《めい》のブロンド髪の女の子は車に乗り込んで、砂漠のでこぼこ道を走っていきました。そして再び神秘的な光を身にまとった宇宙船は、星々がちりばめられた夜空の中にスーッと吸い込まれるように消えていきました。

太陽系の惑星から来ている兄弟姉妹たち

世界中の人たちが最も驚く秘密とは、遠い昔にこの地球に初めて人間が移住してきて以来、ずっと来訪が続いているということです。その人たちは、ほかでもない、この太陽系のさまざまな惑星からやってきているのです。この太陽系の地球以外の星に人間が住んでいるはずはない——現代の人々のほとんどはそう思っていることでしょう。宇宙船は、世界中のいろいろな国で、人目につかない場所にそっと着陸して、すでに地球社会に溶け込んでいる仲間たちに出迎えられているのです。そして地球を初めて訪れた人たちの大部分は、地球の人々といっしょに暮らし始めています。それはずっと昔から続けられてきていることなのです。けれど、ほとんどの人はそのことを知りません。いえ、私たちが存在することを考えてみることすらしていないでしょう。

（地球にやって来て）30年間近くも口を閉ざしてきたことを、私は今日お話ししました。あのひんやりとした真夜中の砂漠の出来事を……今この瞬間が訪れるまで、ずっとこの日は来ないような気がしたことも時々ありました。ずっと私は地球人として生きていくのではないかと……。

私はここ地球でシーラという名前で暮らしてきました。でもそれは仮の名前でしかありません。そして今、私は地球の皆さんに私が本当は誰であるか、本当はどこから来たのかをお話しする時が来ました。

私の名前はオムネク・オネク。あの夜の砂漠にいたブロンド髪の少女は私です。そして私のそばにいた素敵な男性は、私の大好きな伯父のオディンです。私たちはタイサニアという星、皆さんが金星（ヴィーナス）と呼んでいる惑星から来ました〔訳注：オムネクによれば、火星人たちは別な名でその惑星を呼んでいるという。そして実際には金星には地球のような言語はなく、かつて金星社会が物理的な次元にあった頃に地球に伝えられたサンスクリットをもとにして、彼女がこの本のためにいくつかの言葉を作り出したという〕。

子供としてここに来た私は、自分の残りの人生のすべてを地球で過ごすことを決意しました。それを自分の運命だと思ったのです。私は他の惑星から来て地球で暮らしている何千人もの人たちの中の1人です。ある人たちは自分の特殊な任務を終えると母星へと帰っていきますが、多くの人たちは余生をすべてここで過ごすという勇気ある選択をしてやってきています〔訳注：最近のオムネクのコメントでは、実際には大部分の人たちは地球への心理的・情緒的な適応の困難さから、短期の滞在になっているという〕。そして高度に発達した惑星からここに訪れてきている人たちは、科学者、医師、教師、芸術家、技師などの専門家として、またはごく普通の人として、地球の人たちの中に密かに紛れ込んで生活しているのです。広大な宇宙の中で知的生命を宿しているのは地球だけであるはずがないという考え方は、現代の多くの人たちに受け入れられています。そして何百万の人たちは、UFOというものは、地球よりも遥かに進化した遠い惑星から飛来してきている宇宙船だと信じています。その中でも冒険心に富んだ大胆な人たちは、今の地球の科学で言われているような太陽系の惑星についての既成事実をひとまず脇へ置いて、私の歩んできた道についての話に耳を傾けてみようとすることでしょう。

地球の人たちは他の惑星の真実を知らされていない

私がここで自分の金星での暮らしと、地球に来てからのことをお話しする目的は、はかない望みと思われるかもしれませんが、皆さんに目を覚まして真実に気づいていただくためです。たとえそれがどんなに信じられないようなことであったとしても……。

私は地球に来てからずっと悲しく思ってきたことがあります。それは、太陽系の地球以外の惑星はどれも人間を寄せ付けない荒れ果てたものとして、地球の人たちの心にあまりにも強く焼き付けられてきたことです。子供たちですら、学校を卒業するまでには、必ずと言っていいほど、金星や火星が極端にひどい環境であると教えられています。天体望遠鏡も宇宙探査機もどれも同じことを伝えています。地球の宇宙飛行士が近隣の惑星を訪問する時があれば、彼らがそこで見つけられない唯一のものは、人間の存在でしょう〔原注：地球人の現実のレベルにおいて確認できる人間の存在という意味〕。

ですから、今日の地球社会の人々が、他の惑星に本当は何が存在しているかについて、これまでの常識を疑うような考え方をあえてしないのは無理もないことだと思います。私はこれまでの自分自身の経験から、地球のほとんどの人たちが持っている他の惑星についての考えは、真実からあまりにも遠くかけ離れていることを知りました。現代の世界の政府が隠している最大の秘密とは、私たちの太陽系の他の惑星の多くには、高度な人類文明が発見されているという事実です。そして毎日、地球の空に目撃されている物体としての宇宙船が、それらの惑星からやってきているということです。

世界の多くの政府は、私のような多くの人間が、他の惑星から秘密裏に地球へやってきて暮らしていることをよく知っているのです。その数は数千人にもなります。真相を知っている政府や軍部は、彼らにとっての正当な理由により（それについては後ほど説明しますが）、ＵＦＯ目撃者たち、宇宙探査機、宇宙飛行士たち、天文学者たち、そして私たちのことを知るあらゆる人々から真実の情報や証拠が流出するのを力ずくで抑圧しているのです（ただし私はすべての宇宙飛行士や天文学者が真実を知っていると言っているわけではありません）。そのような中で、大衆のほとんどは、天文学者たちや政府機関からの不確かな情報だけを耳にするようになり、またそれで満足してしまっているのです。これでは真実を語っても信じてもらえないのは当然のことです！　そして私のような者が人々から奇人呼ばわりされる理由が私にも分かります。最新の宇宙探査機の報告を信じるほうが、その裏に重大な秘密が隠されているのではないかと疑念を抱くよりもたやすいことであるからです。

しかし実際には金星も、そして私たちの太陽系の全12惑星の残りのすべての星も活発に生きているのです〔訳注：オムネク・オネクは、私たちの太陽系には全部で12の惑星があると語っている。これはアダムスキーやメンジャーも同様のことを伝えている。国際天文学連合によると２０２２年現在、惑星８、準惑星５と定義されている〕。

そして太陽系の半分以上の惑星には人間が住んでいるのです。私が知っている他の惑星の人類文明は、精神的にも技術的にも、ずっと進んでいます……そして今日地球に存在するどの民族よりも昔から存在していいます。そして宇宙には、私たちの太陽系の惑星ファミリー以外にも無数の太陽系が存在していて、その大部分には人間が住んでいるのです。まさに人間というものは全宇宙に普遍的な種族なのです〔訳注：アダムスキーも人間というものは宇宙にあまねく存在する生命体だと伝えている〕。

太古の昔、地球に植民がなされた

私の歩んできた道のお話をする前に、地球における人類の歴史について説明することで、多くの質問に対する明確な回答を示すことができます。

近年になって、人類の過去についての定説を見直そうとする人たちが増えてきています。考古学者たちも、遥か太古の昔に地球に高度な文明が実際に存在していた可能性を認めています。先史時代に、現代を凌《しの》ぐほどのテクノロジーがあったことを示す十分な証拠もあります。また、人類の歴史を通して、地球文明が他の惑星からの来訪者たちによって援助されてきたことを示す証拠もあります。私はこのことをずっと昔から知っています。これは真実なのです。

いつの時代でも外宇宙からの訪問者たちは、世界中の民族の文化やテクノロジーに影響をもたらしてきました。世界各地の聖典が空を飛ぶ宇宙船について記していて、人間と似た存在が天から降臨してきて、さまざまな偉大な奇跡を行ったことを物語っています。多くの伝説や神話も、人間の姿をした者たちが地上に降りてきて、人々と共に暮らしたことを伝えています。古代の都市遺跡も現存していて、それらの建造物が現代のテクノロジーをもってしても再現できないこと、そして岩に施された彫刻などは、その古代遺跡を造ったのが地球外生命体であることを示す何よりもの証拠となっています。全世界に散在する説明不可能な遺跡も同様の事実を物語っています。

太古の人類は現代人が考えるよりももっと頭脳明晰《めいせき》であったのです。そして彼らは決してこの宇宙の中で孤立した存在ではありませんでした。私が生まれ育った金星の都は、チュートニアという名前で「ドイツの子孫」という意味です。それは、むかし金星を訪れて私たちの発展に貢献した才能溢《あふ》れるあるドイツの科学者を記念して名づけられたものです〔訳注：それは西暦1900年前後のことだそうだ〕。子供の頃に私はその地球の男性の物語をチュートニアの歴史学院で教わりました。そこは学校というよりは、タイムマシーンのようなところでした。

太陽系の中の地球は、特殊な惑星

今から何百万年も前に、私たちの最初の探査隊がカル・ナーア（地球）に降り立ちました。そこは当時は太陽系内で最も若い惑星でした。いくつかの惑星の宇宙科学者たちが、地球の環境が進化しはじめたことを確認して以来、幾度となく調査のための宇宙船を派遣していました。

太陽系内のすべての惑星が一度に創造されるわけではありません。星々は絶え間なく誕生し、成熟し、やがて朽ちていくのです。新しい惑星には植民がなされ、寿命を迎えた惑星からは移民がなされるのです。

私たちの星の探査隊は、地球が太陽系内で最も青々とした植生豊かな惑星であることを発見しました。

けれども、美しい惑星ではあっても、（理由は後述しますが）地球そのものが植民には適さない環境で、私たちが住み着くには間違いなく非常に危険なところでした。やがてその噂が広まり、地球は劣悪でネガティブな環境の惑星として知られるようになりました。地球がカル・ナーアと呼ばれるようになったのもその頃からで、それは「ネガティブな子供」という意味です。探査が終了した後は、私たちの惑星の人々は誰も必要以上に長く地球に滞在することはなくなりました。

地球が惑星として抱えている問題の1つは、月が1つしかないということです。物理的な宇宙においては惑星はふつうは2つか3つの月を従えています。そのようにして月同士が互いの与える影響のバランスをとっているのです。月を持たない惑星なら問題はありません。しかし1つしか月を持たない状態は、惑星をアンバランスな状態に置いてしまうのです。ですから、私たちの太陽系では地球は独特な存在となっているのです。月は地球の周りを公転しているので、その引力の影響で地球はわずかに膨張し、海面を周期的に昇降させています。この潮汐が唯一の問題であったのなら、私たちの探査隊は喜んだことでしょうが、月の影響は地球に住む者、またはそこで生まれた者すべてに一生涯にわたってもたらされるのです。その原因の一部は人間の体内の水分で、月は海に与える影響と同じように体内の水分に影響を与えます。そしてそれは私たちの心や感情にも悪影響を与えます。その影響は過去の地球の歴史を通して見られてきたことで、それは月が1つである限りずっと続いていくことでしょう。

具体的に言えば、それは大衆の中にめらめらと燃え上がるネガティブな感情で、それは実際には自己破滅的な作用を個人にもたらします。英語のルナシー（精神異常、狂気）という言葉の語源も、月（ルナ）にあります。地球への訪問者たちは満月の間はひんぱんに水分を十分に摂《と》るようにアドバイスを受けています。そうすることによって地球の環境に適応しやすくなるのです。月は人間の感情を左右するだけでなく、体全体をアンバランスな状態にする影響をも与えるために、人間の寿命を縮める要因にもなっています。

地球のバイブレーションは金星や火星のものよりもきめが粗《あら》くて重々しいために、より多くの病気や気分の低下を引き起こすのです。このようなしかるべき理由があったために初期の地球は人気のない惑星で、金星やその近隣の惑星の環境に急激な変化が起こるまでは、植民されることはありませんでした。

金星の社会や文化は何千年もの長い歳月をかけてゆっくりと改革されていきました。昔の金星社会は今の地球と同じくらい、いえもっとひどいとすら言える状態にあって、一般庶民たちが自分たちで何とかしなければいけないと立ち上がったのです。そしてそのうねりが極限に達したのが、惑星革命ともいうべき出来事で、それはいまだ地球社会では誰も経験していないようなものでした。そこでは一滴の血も流されることなく、お金や階級制度が永久に葬られたのです。かつての富める者たちや権力を持つ者たちが、心を入れ替えるか、さもなくば惑星から出て行くかの2つに1つしか選択肢がなくなるほどに、金星の人々の意識が変わったのです。それとほぼ時を同じくして、他の惑星の人々も同じように成長のための痛みを経験していたのです。

その時ちょうど地球は最も近い場所にある植民可能な惑星でした。そこで他の惑星を去った者たちは地球に生活の場を見出《みいだ》したのです。ただ彼らは十分な装備で地球に到着しました。彼らが当時持ち込んだ反重力の宇宙船、電気・太陽光・核による発電、そしてその他の高度なテクノロジーなどは、いまだに地球で再発見はされていないものです。入植者たちが立ち上げた政府や、導入した生活様式などは、彼らが元の惑星で崩壊させられてしまったものと同じようなものでした。つまり、大勢の奴隷たちの労力を搾取することによって少数の者だけが潤うというシステムです。しばらくの間、地球上で彼らの文明は栄えたのです。けれども避けられない事態が起こりました。すでに強欲、虚栄心、怒りなどの激情に侵されていたこれらの新参者たちは、このアンバランスな惑星のネガティブな影響に屈してしまったのでした。

大衆の感情が激昂し、寿命も短くなり、自然災害も頻発するようになり、地球上の生活はまさに悪夢へと変わりました。そして地球は現代の状態とよく似た、激動に満ちた星となりました。それ以来、地球は戦争と破壊を繰り返すことを宿命づけられてしまいました。そこから脱却するのは人々が精神的に成長できた時なのですが、まだその時は来ていません。

最初の植民者による文明は核戦争と天変地異によって滅びました。そして彼らのもたらした知識や文化も、世代の移り変わりの中で、ゆっくりと忘却の彼方へと葬られていきました。人々はほとんどの時間を生存競争に費やし、若者への教育はないがしろにされ、貴重な英知は失われてしまいました。いつの時代も生き残りをかけて強者が弱者を支配してきたのです。

ムー、アトランティス、レムリアの古代文明

ムー大陸のレムリアの時代の前に、2つの主要な民族が地球上で栄えていました。どちらの民族も彼らのかつての母星の人々のように、戦争を通して平和の大切さを学ぶことはありませんでした。太古の地球の歴史は、それぞれの地域で強大な文明が現れては消えるという物語が際限なく繰り返されていた

ものだったのです。レムリアもその他の文明と同じように隆盛して消えていきましたが、それは地球で栄えた最も高度な文明の1つでした。その中心都市のカラホタは、今は広大なゴビ砂漠の砂の下に眠っています。そこでもまた、強欲で権力を振りかざしていた支配階層が、貧しい人々をとことん抑圧していました。ムー大陸の大部分は現在の太平洋の底に沈んでいき、生き残った者はほとんどいませんでした。アトランティスはとても大きな大陸の島で、今で言う大西洋の位置にありました。多くの面で、アトランティス人は現代の地球人よりも技術的には優れていましたが、彼らもまた、技術をコントロールできるほどまで精神性が成熟しないまま、技術革新の競争に明け暮れていたのです。そして核実験やその他の多くのテクノロジーの誤用によって、大陸は崩壊し、ついにはわずか1日で海中に没してしまったのです。生存者はごくわずかでした。

このように地上では嵐のような混乱の時代が続いていましたが、その間も他の惑星の兄弟姉妹たちは、地球は未成熟な子供のようなもので、導きを必要としているのだと考えていました。文明が栄枯盛衰を繰り返す中で、金星、火星、土星、そして木星の人たちは宇宙船で地球を訪れて、人々の中に紛れ込んで生活していました。地球の植民に関係していたのはこれらの4つの惑星であって、その4つの種族がその後に地球で進化を遂げていく民族の祖先となったのです。

金星人、火星人、土星人、木星人の特徴

現在、アーリア人という呼び名で多くの人々が知っている白色人種は、金星から来ました。私たちはしばしば背の高い〝天使のような存在〟として、あなた方の世界のUFOコンタクティたちに語られて

います。私たちの身長は通常は2メートル15センチから2メートル40センチほどで、長いブロンドの髪と、青または緑色の瞳をしていることでよく知られています。私たちの手はサイズが大きく、指は細く長く、先細のろうそくのようなかたちをしています。まっすぐな中指に向かうように他の指はカーブを描いていて、手全体がろうそくの炎のように見えます。とりわけ目立つのは、額がたいていとても広く、目は大きくて間隔も広く、頬骨《ほおぼね》が高いところです。こめかみのくぼみはとても深く、額の横の頭骨が少し隆起していますが、髪の毛に隠れていていてほとんど分かりません。

黄色人種は火星から来ました。彼らは細身で背が低く、髪は金色または濃い茶色をしていて、肌はオリーブ色から黄色がかった感じの人たちです。目は大きく、つりあがっていて、瞳の色は灰色から濃い茶色の間で人それぞれです。火星人は秘密主義の傾向があり、SFのイラストに描かれるような、幾重にも重なった精巧な未来都市を築いていることで知られています（火星人の生命波動も地球人の物理的な密度のものではありません）。火星人は東洋や太古のスペイン民族の歴史と関係しています。

地球を訪れた赤色人種は土星系の人たちでした。彼らは最初は水星で進化を遂げていました。ところが水星の軌道が変わり、太陽により近くなってしまったために生存環境が厳しいものになり、彼らは土星へ移住したのです。土星人の髪は赤色から茶色で、肌は赤らんでいて、瞳は黄色から緑色をしていることで知られています。体格は背が高く、がっしりとしていて、太陽系内では、筋骨たくましい人たちとして知られています。アトランティス人やネイティブアメリカンはそれぞれ土星人を先祖にもつ民族のひとつです。中でもエジプト人とアステカ族は、とりわけ土星人の影響を強く受けています。

黒色人種は木星系で進化を遂げた人たちです。彼らは背が高く、堂々たる風貌《ふうぼう》をしていて、顔のサイズは大きく、角張った顎《あご》をしています。髪の色はつややかな深い黒で、瞳は紫色から青紫色です。木星人はその声の美しさと、隠し事をしない開放的な性格でも知られています。彼らの子孫はアフリカやその他の地域に分布しています。

地球はずっと地球外生命体に見守られてきた

これまでの幾世紀にもわたる闘争の歴史の中でも、地球は一度たりとて忘れられたり、見捨てられたりしたことはありません。慈愛に溢れた母星の人々は自分たちの血を受けついだ種族を援助するために常に地球を訪れてきました。過去においては、地球人が自らの本当のルーツを思い出し、宇宙からの訪問者たちや、地球人に紛れて暮らしていた私たちの存在を認めて、オープンに迎え入れていた時代がありました。けれどももっと原始的な時代や近代においては、地球外生命体は自分たちの存在を知られることに関して、より注意深くなっています。レムリアやアトランティスの時代においては、私たちは地球人の精神的、文化的、そして技術的な進歩を気にかけている存在として受け止められていました。たとえば土星人たちは、アトランティスの発展のために援助の手を差し延べました。古代エジプトにおいては、地球外生命体と国王（ファラオ）たちは良い関係を続けていました。アトランティスの時代に他の惑星から来た科学者たちは精神的な英知と科学的な知識を地球にもたらしました。ピラミッドを建設した技術者たちの中には他の惑星の者たちもいました。エジプトの文明が栄えた背景にはこのような影響があったのです。いわゆる暗黒時代と言われる過去の地球においても例外はなく、宇宙の旅人たちはその間もずっとここへ来ていました。けれども地球の人々は彼らをありのままの存在として受け入れる代わりに、神々としてあがめてしまいました。世界の多くの聖典が彼らの地上での活動を書き記しています。

地球人を援助する過程において、訪問者たちは自らも学びを得ていました。地球の独特な環境で過ごしながら、彼らの伝えた新しいテクノロジーが、権力と支配の獲得を巡る闘争にただちに利用され、結果的に大きな災いをもたらしてしまう様子を目の当たりにしながら教訓を得ていたのです。彼らは地球人に対して非常に警戒するようになり、しだいに自分たちの知識を無条件に分け与えることを拒むようになりました。知識の提供が差し控えられ始めて以来、地球の民族たちは自らが受け継いだ本当の遺産にほとんど気がつかなくなってしまいました。精神的な指導者たちがより頻繁に地球に派遣され、誤用の危険性がない範囲の技術的援助のみが与えられるようになりました。

あなた方の聖書の時代に、スペース・ピープルは地球人の精神的な成長のためにより大きな影響力を行使しました。多くの預言者たちや精神的な偉人たちは地球外生命体です。あなた方の旧約聖書には、天から降りてきた存在たちやその宇宙船についての多くの記述があり、地上の指導者たちは降臨した神と対話をしました。世界の多くの場所で「天界からの神々」との遭遇がなされ、崇高な真理が人々にもたらされたのです。けれども、テクノロジーが再びそのまま自由に分け与えられることは決してありませんでした。その代わりに、他の惑星からの科学者たちは地球社会に紛れ込んで密かに人類を手助けしながら、彼らが分け与えた知識が誤った利用のしかたをされないかどうかを確認していました。そしてそれと同様のことが現代でも行われているのです。

太陽系の全惑星の脅威となる地球の核開発

いっぽうで地球の科学とテクノロジーは新たな飛躍的発展を遂げてきています。電気、鋼鉄、エンジン、飛行機、核エネルギー、その他さらに多くのものを再発見してきました。戦争は絶え間なく続き、より殺傷能力が高い武器が開発されてきました。そしてほとんどの人たちは、もっと精神的な向上を刺激するような生き方をしている人々が地球の近隣惑星の多くに存在しているという事実をまったく知らずにいます。１９４０年代の後半に、ＵＦＯの目撃報告が驚くほどに増え始めました。人々はそれらが地球の最先端の飛行機を凌《しの》ぐ性能とスピードを有していることを目の当たりにして驚愕《きょうがく》しました。世界中の政府や軍部がＵＦＯに混乱させられながらも、それに強い関心を示し、同時に固く口を閉ざしていました。その時、地球が突然に近隣惑星の興味の対象となっていたことに気づいていた人はほとんどいませんでした。

地球の科学者たちが繰り返して行っていたレーダーの実験の過程で、ついに彼らが発生させたレーダー・ビームは金星にまで到達したのです。金星の監視センターは地球からの初めての救援要請の信号らしきものを受信し、応答信号を送りました。当然のことながら地球の専門家たちにはその信号を解読することはできませんでしたが、それが地球に近い場所から発信されてきたことを正確に割り出すことができました。

金星からは調査のための宇宙船が派遣されました。そして彼らが地球で見つけたものは恐ろしいものでした。地球では以前よりも遥かに強力な核兵器が開発され、核実験が試みられていたのです。過去50

年間、地球のテクノロジーは驚くほどの発展を成し遂げていましたが、それとは対照的に精神的な成長はほとんどなされないままでいました。悲しいことにそれはアトランティスやレムリアにおいて見られていたパターンと同じものでした。その恐るべき原子科学の復活は、他の同胞惑星の科学者や精神的指導者たちにとって、重大な懸念となりました。もはやこれは地球だけの問題にとどまらなくなったのです。核の力に目覚めたことで、この惑星は太陽系の全惑星にとっての脅威となったのでした。

主要国の指導者たちはすでにコンタクトを受けた

首都、工業地帯、軍事基地、研究所、そして核実験場に不可思議なＵＦＯが出現していることに世界中の政府は気づき始めていました。もはやそれらの宇宙船が有人のものであり、優れたテクノロジーによってコントロールされているのはほとんど疑いのないことでした。軍将校たちは不安にかられはじめたのです。神秘的な気持ちにさせられるだけでも十分に嫌なことでしたが、彼らについての真相を知ってしまうことでさらに困ったことになりました。進化した人類がどこか別なところに存在していることを知らされるショックに対して、指導者たちはまだ心の準備がしっかりとできていませんでした。そして他の惑星の兄弟姉妹の代表者が自分たちの正体を示す十分な証拠を携えて地球の主要な指導者たちとコンタクトをするという重大な局面にまで至りました。宇宙からの来訪者から驚くべき真実を直接聞かされた米国の大統領は１人だけではないのです！

ただし私たちのメッセージは助言や説得の一種であって、決して強制的なものでも威圧的なものでもありませんでした。長い年月をかけて、そして多くの意見交換を経て、他の惑星について、そしてそこに住む人々について多くのことが伝えられました。私たちの代表者たちは地球の指導者たちに対して、たとえ私たちの進んだ文明の力をもってしても、決して地球の問題に干渉するようなことはしないと説明しました。私たちがそうしたいと思えば、いつでもいともたやすく地球を征服することができたでしょう。しかしこれは各自が自由意思のもとに自ら決意して、自ら招いた体験を受け入れさせるという私たちの精神的な信条に沿わないものでした。もし核戦争が勃発《ぼっぱつ》しそうになって、地球を訪問中の私たちの代表者たちや宇宙船が危険にさらされる事態になったとしても、それでも私たちは干渉しません。私たちは個人のレベルでも集団であっても、そしてたとえ自己防衛のためであっても、誰かを殺すことはしないのです。

私たちの代表者たちが地球の指導者たちに最も強く訴えたのは、核の威力とその危険性についてでした。影響力のある2カ国の指導者たちには、核兵器の危険性とその無益さについて直接助言がなされました。私たちの科学者は、地球の軍部の最高責任者たちと核開発を担当する科学者たちに対して、核実験の継続は自己破壊的な行為であるということを明確に伝えました。私たちの宇宙船に搭載されている機器や宇宙研究施設では、核実験による地球環境へのダメージを確認したことも説明しましたが、それは地球の科学者たちは気づいていないことでした。

私たちが地球の政治システムについて触れた際には、怒りと反論を招いてしまいました。これは私たち自身の経験から言えることなのですが、2、3の政党による政治は非常に多くの問題を生じるのです。なぜなら国民の大部分は政権を握った政党のやり方に常に不満を持ち、本当の意味で恩恵を受ける人たちは誰もいないからです。そこでは腐敗、不正、そして破壊的な競争が政治システムにそのまま組み込まれてしまいます。私たちはこれが理論ではないことを強調しました。他の惑星は地球に植民をする前に同様の問題を抱えていたのです。私たちは日々の権力闘争がいかに破壊的で、民族同士の争いが取るに足らない子供の喧嘩《けんか》と同じレベルであるかということを指摘しました。そして本当の意味での民主主義というものが、代議制によるものも含めて、この地球上にはどこにもないことも告げました。この世界の国々は少数の富める者たちによって支配されているのです。彼らの活力源はお金です。地球の人々はこの独裁者たちの世界支配の体制がどれほど完璧なものであるかをまったく知りません。それは近隣の私たちの惑星についての真相と同じくらい、とてもショッキングで信じられないものなのです。

地球の進化を阻む闇勢力と政府のトップシークレット

結局、私たちと地球側の話し合いの結果はどうなったのでしょうか？　最終的に、2大超大国とその他の国々は大気中での核実験の中止に合意し、近い将来にお互いを絶滅させることになる「大規模な抑止力」を持つ考えを放棄することで意見が一致しました。

しかし、私たちの提案の大部分は拒否され、代わりに政府による隠蔽《いんぺい》の時代が始まったのです。真相が世間に公表されてしまうことで自分たちの既得権益が失われる危険を感じる人たちがあまりにも多くいたからです。私たちの存在が一般大衆の周知の事実となることは、この世界に蔓延《まんえん》している腐敗と搾《さく》取《しゅ》の終焉《しゅうえん》を意味するのです。この地球では、ほんの一握りの割合の人たちが世界中の資源、土地、工場、そしてお金のほとんどを所有し、その他おおぜいの人々を支配する道具としてお金が使われています。

理解していただくのは難しいとは思いますが、私たちの金星の社会では、お金やそれに類するものなしで生活していくことが可能になっています。その直接的な結果として、物の貯蔵、蓄積、そして搾取のための武器というものがなくなりました。生活の変化は驚くべきものでした。また金星では中央政府や官僚政府はなく、階級制度のようなものもありません。地球の富と権力を独占している者たちは、私たちの生活様式を大衆に知らせたくないのです。真相を明かすことは彼らにとっての死活問題なのです。

エネルギー産業の利得に関わっている人たちは、UFOやその乗員たちに関する情報は何でも公開を阻止しようとやっきになっています。技術的に進化した惑星では、磁気と太陽をエネルギー源としています。それらは無尽蔵に供給でき、ほとんどコストもかかりませんので、それらを利用するテクノロジーが地球に導入されれば、既存のエネルギー産業は商売が成り立たなくなってしまいます。磁気のパワーは私たちの円盤や、より大きな母船の動力としても使われています。誰もがこのような宇宙船を使えば、コストはほぼゼロとなり、自動車、ジェット機、そして電車などはもはや不要となるのです。高速道路や鉄道、空港など、現代生活における多くの不便なものも必要とされなくなります。そして人々はもはや都会に住む必要もなくなります。なぜなら毎日数千キロの距離を通勤するのも、とても簡単でスピーディかつ安価で可能になるからです。

これらが既得権益を持つ者たちにとってどれほどの損失になるかを考えてみて下さい。彼らの取る立場は明らかです。地球の近隣惑星からのテクノロジーはエネルギー革命をもたらしますが、それは既存の社会システムを維持しようとしている利己的な人々にとっては、起こってほしくない変化なのです。今日、地球には私たちにとって多くの敵対者がいます。ふつうの人たちは諸手《もろて》を挙げて私たちを歓迎してくれるかもしれませんが、私たちは地球を敵対的な惑星だとみなしています。私たちの宇宙船は軍部や警察、そして恐怖にかられた市民たちから銃撃を受けてきました。私たちが敵意を見せていないにもかかわらず、目撃と同時に宇宙船は攻撃を受けてきたのです。これが宇宙船が人口密集地を避ける正当な理由のひとつでもあります。

宇宙の兄弟姉妹たちは、地球の未成熟さを警戒しています。これはたまたまこの惑星がまだ若い星であることの反映にすぎないことでもあります。人々は予期しない出来事に対してあまりにもしばしば否定的な反応を示すため、彼らの概念にはまったく当てはまらない私たちの宇宙船に対しても同様の反応を見せるのです。地球の人々は、これまで非常に多くの戦争や災難を経験してきたために、他の惑星からの生命体に対する考え方もあまり心安らぐものではないのです。あなた方のＳＦ映画に出てくるような、地球を侵略しに来る生き物たちのイメージもまったく有益なものではありません。

地球を訪れている宇宙船は天変地異に注意を向けている

私たちの宇宙船は敵対者の領域を飛んでいるために、とても逃げ足の速いものですが、彼ら自身は私たちを本当は敵だとは思っていません。政府や軍部は私たちに対して不相応な敵対的態度を取るだけでなく、実際の目撃や着陸、そしてコンタクトの出来事を秘密のベールですべて覆い隠すための徹底的な作戦を展開してきています。政府や情報機関がいかにメディアを完全なコントロール下に置き、目撃者たちの口を封じ、偽りの声明を出し、貴重な証拠を没収してきたかについては、これまでもいろいろな本に書かれてきました。これはとても残念なことです。多くの人たちは検閲があることに気づいてはいますが、それが実際にどれほど厳しく徹底したものであるかを知ったのなら、とても大きなショックを受けることでしょう。このような嫌がらせを受けながらも、私たちの宇宙船はここでの任務を続けています。

幾世紀にもわたって大幅に発展を遂げたテクノロジーによって、私たちの観察装置は究極のレベルにまで開発されました。地球を警護する私たちの宇宙船とその着陸、そして地球人とのコンタクトの数は、有史以来かつてないほどの多さになっています。ここで暮らしながら、信用できる友に自らの正体を明かす私たちの仲間の数もますます増えています。

話を続ける前に、ひとつお知らせしておかなければいけないことは、すべてのＵＦＯが私たちの太陽系の同胞惑星から来ているのではないということです。他の複数の太陽系から飛来しているものすらあるのです。あるものは、実際にはアストラル光または異次元的な存在であり、またあるものは私たちですら知らないものです。遥か彼方からやってきているものもあります。ＵＦＯの全体像はとても複雑なものなのです。けれども、これまで非常に多くの私たちの宇宙船が地球に着陸し、多くの人々がコンタクトを受けてきています。

世界中のあらゆるところで私たちの宇宙船は活発に活動し、地球の空と陸と海を監視しつづけています。現在も続いている核実験による深刻な影響に私たちは特に懸念を抱いており、同時に地震、気候の変化、地軸の傾きなどの天変地異にも注意を向けています。このような私たちの活動を目撃しながら、さらに多くの人々がＵＦＯの中には進化した惑星から来ているものがあることを確信しはじめていて、誰かがＵＦＯを目撃したり、その乗員とコンタクトしたりしたという話を聞いて、すぐに笑い飛ばすことも減ってきています。しかし、あなた方の近隣の惑星とのつながりについては、まだ真相は公開されておらず、おそらくしばらくはそういう状態が続くでしょう。

太陽系の惑星の真相は知られていない

皆さんにとって興味深い事実をお伝えしましょう。土星や木星の地表での重力は、地球の科学者たちが推測しているほど大きなものではありません。同様に海王星、冥王星、そしてそれより外側の惑星は氷点下の気温の惑星ではありません。水星は例外として、太陽からの距離は、どの惑星の表面の気温にも影響を与えることはないのです。冥王星とその外側の惑星が、海王星と冥王星の間にあるアステロイド帯（小惑星帯）の影響を受けているというのは本当のことです。アステロイド帯が真空管のグリッドと同じ働きをして、太陽からの放射エネルギーを増加させているのです。火星と木星の間にあるアステロイド帯も同じように、木星、土星、天王星、そして海王星に太陽の放射エネルギーを増加させて伝えています。

アメリカとロシアの宇宙計画の隆盛によって、近隣の惑星に探査機が送られてきました。そこで初めて、他の惑星の大気圏内に突入して地表近くの映像が撮影されてきています。しかし、検閲があることを考えると、おどろくべき発見がまもなく公表されるかどうか私は疑問に思います。これまで地球に送られたデータのほとんどは決して発表されることはなかったでしょう。他の惑星に人間が生存するのは不可能であることを示すために注意深く選ばれた証拠が大衆に受け入れられているのです。結局のところ、他の惑星の地表に直接送り込まれる宇宙探査機は嘘をつけませんが、それを制御している人たちは何とでも言えるのです。

なぜ私たちは地球を訪問しつづけているのか

地球で暮らす決意をした私たちの仲間は、自らの素性については非常に寡黙《かもく》でいます。要職に就いている者たちはなおさらのことです。彼らにとって、現時点で真相を語ってしまうのは問題外のことなのです。そうすることによって彼らには失うものが多すぎるからです。自分たちの使命の遂行が不可能になり、場合によっては地球で生活をすること自体できなくなるかもしれません。

もし米国の核の研究所で働く高名な科学者が自分は金星から来た科学者であると言い出したらどうなるでしょうか？　政府高官が同じことを言ったらどうなるでしょうか？　彼は嘲笑《ちょうしょう》を浴びるか、または不信感を持たれ、いずれにしても非常に居心地が悪くなることでしょう。私の同胞たちがこの惑星を援助しつづける理由は、おそらくなかなか理解してはもらえないでしょう。ましてやここに住み続ける理由については言うまでもありません。

なぜ平和で快適な生活を捨てて、このようなネガティブな環境の地球で暮らすのか？　多くの人が私に同じことを尋ねてきました。

なぜ私はここよりも遥かに心地よく暮らせていた金星を離れたのか？　その答えは宇宙の構造にあります。そして同時に太陽系の中での地球の独特な位置づけにもあります。

何千年間にもわたって、宇宙の旅行者たちは物理的な宇宙を探検してきました。そしてどの惑星においても最も正確な秩序と規則性を発見してきました。原子だけでなく、惑星や太陽系もまた自然の法則に従っているのです。それは銀河が生成される以前からすら存在していたものです。宇宙の計画と法則は存在します。しかし地球の人々はそれをほとんど知りません。

物理的な宇宙の仕組みは、その秘密を発見した者たちにとっては、深い意味を持つものなのです。宇宙は心に浮かんだひとつのアイデアによってデザインされました。それは多くの形態の生命を維持することです。地球の科学者たちも気がつき始めているように、生命は偶然の産物ではなく、それをつかさどる多くの自然の法則も、そしていかなる太陽系に見られる法則も、必然のものなのです。物理的な宇宙における生命のどの段階においても、そこには様式、秩序、そして周期が見られ、私たちはそれを認めて、そこから学ぶことができるのです。

宇宙の至高存在は人間を見捨ててはいません。人間とは物理的な宇宙において最も高次な生命形態のひとつです。物理や化学の法則がどこにでも見出せるように、鉱物や植物、そして動物たちも宇宙に遍《へん》在《ざい》しているのです。実際にどれほど多くの植物や動物が本当は地球に起源を持たず、植民の際に持ち込まれたかという事実を知ってあなた方は驚くことでしょう。どの惑星も多くのレベルの生き物が生息できるように造られているのです。ですから私たちが宇宙を旅していく中で、ほとんどの惑星に人間が住めることを発見しても、少しも驚きはしなかったのです。

人類は地球で発祥したものではなく、宇宙で創造されて地球に植民したものなのです。人間という種族は、宇宙存在としてデザインされたものですから、多くの惑星の環境に適応できるものなのです。もし探検隊が北極圏に暮らしているイヌイットを発見していなかったら、あのような極度の状態に人間は適応できないだろうという見解が今日の常識となっていたかもしれません。しかし時間をかけて慣らしていけば、人間の肉体は正反対の極端な環境にも適応することが可能で、実際にそうしているのです。

地球――このネガティブな惑星とカルマの法則

遅かれ早かれ、私がここでお話ししている真実は現実のものとして確認されることでしょう。宇宙に遍在する生命形態としての人間は、他の複数の惑星で進化をとげてきていて、その中には、地球人の理解の範疇《はんちゅう》を超えるほどの精神的、知性的、そして肉体的なレベルに達している種族もいるのです。

金星人たちとその友人である近隣惑星の兄弟姉妹たちは、とても慈悲深い人々です。私たちもまた地球と非常によく似た歴史を経て今日に至っています。金星では度重なる戦争や権力闘争、貧しい者たちへの抑圧や残虐な行為が繰り広げられてきました。私たちは地球がなかなか成長できないことを心配しているのです。同じ過ちが何度も何度も繰り返されているのです。戦争の時代を経て進歩していく代わりに、地球は驚くほど長い間まるで袋小路に迷い込んだようになっていて、状況は改善されるどころかますます悪化してきています。暗黒の雲が惑星全体に垂れ込めているのです。

そのような状況に鑑《かんが》みて、私たちの科学者たちは地球の大気圏の上層にある巨大な母船内において働きつづけているのです。そこにはさまざまな職業の者たちも住みつづけています。私たちは苦しみの渦中にいる地球の人たちを放っておけなくて、ここまで来ているのです。私たちの中には自分自身の成長のために必要な経験を求めてこの地球で暮らしている者たちもいます。私自身もその1人です。私たちの太陽系内のネガティブな惑星としての地球は、自己成長のためのネガティブな経験を必要とする多くの人たちを引き付けています。東洋においては、このような必要性または義務をカルマと呼び、それは生まれ変わりの概念にそのまま当てはまります。生まれ変わりの概念は、私たちの同胞惑星のすべてにおいて、人生の事実として受け止められています。それはとても現実的なもので、高度な文明社会に生きている者なら誰もが理解していることです。科学的には、私たちはあなた方が死と呼んでいるものを超越しています。それは長い歳月にわたる精神的、技術的な発達の賜物《たまもの》です。

今日、物理的な体で生きているすべての人たちは過去に多くの人生を生きてきていますが、地球の西洋社会の人たちは概してそれを知りません。生まれ変わりということを念頭に置いておけば、地球というネガティブな惑星に生きていることはそれほど悲劇的なことではないのです。ネガティブな経験というものは、地球または他の惑星での多くの人生を通して成長する長いプロセスの一部にしかすぎません。各々の人格は永遠に個人的なものでありつづけるでしょう。それは、たとえもう地球のみならず、どの時空世界のどの場所でも生まれ変わる必要がなくなったとしても同じです。カルマは目に見えない法則であり、好むと好まざるとにかかわらず、また信じていようといまいと、私たちすべてが従うものなのです。それは原因と結果の法則としても知られています。人がすること、考えること、または感じることはすべて本人に影響をもたらすからです。時にはその結果、または行いの成果は何年も後に、あるいは複数の未来世の先にやってくることすらありますが、それから逃れることはできないのです。カルマの法則はすべてが清算され尽くすまで人生のあらゆる状況を支配します。これは未来のすべてが決められてしまっているということではありません。なぜなら、一瞬ごとに新しいカルマが作り出され、古いものが収穫されているからです。それはとても抜け目のない法則で、いかなる人であっても自分の作り出した幸せや災難から逃れることはできません。

前世でやり残したカルマが私を地球に導いた

私が地球にやってきた理由のひとつは、私のいくつかのカルマの帳尻を合わせるためでした。私は慈悲について学ぶ必要があり、さらに地球においての前世でやり残していたことの仕上げをしなければならなかったのです。

金星での暮らしは至福のものであり、そこにずっと居続けるという選択も容易にできました。しかし私は金星で生涯を過ごすことは、避けられない課題を先延ばしにするだけであることに気づいたのです。結局いつかは地球で生まれ変わることになっていたでしょう。

今ふりかえってみて、地球に来てから私が経験してきたすべての苦しみと試練を勘定に入れても、私は自分の残りの人生をここで過ごす決意をしたことを嬉しく感じています。カルマのバランスをとるために私たち他の惑星の住民がここに来ることは珍しいことではありません。自分の負ったカルマをここで暮らす人々との関係で解消する場合もあれば、過去世でつながりのあった人たちとのカルマを清算する場合もあるでしょう。そして戦争や貧困といったネガティブな経験から学ぶ必要がある場合は、私たちの太陽系でそのような経験ができるのは地球以外にはどこにもないのです。

私が子供としてここに来たことはとてもユニークで変わった例でした。新しい社会に溶け込むことは、油断ならないだけでなく、危険なことでもありました。地球にやってくる大人たちは事前に訓練を受け、ある程度の体験をしてから社会に入り込みますが、私の場合は地球の家族に知られることなくその一員となりました〔訳注：詳細は後で語られる〕。私の同胞たちが背後でとてもうまくすべてをアレンジしてくれていましたので、計画は成功したのです。私のことを知っている家庭の人たちは私を養育することを申し出てくれるだろうと分かっていましたが、私は自分のカルマのためにある特殊な家族のもとへとひきよせられたのです。幼い頃、私は金星についてのことは、たとえ家族であろうと、大の仲良しの友だちであろうと一言も話しませんでした。そのことがいかに愚かで危険であるかということを、金星を離れる前に私は繰り返し警告されていたのです。人々は金星に生命が存在することにすら気づいていなかったからです。あなた方の映画で宇宙飛行士たちが他の惑星で見つけるのは、いつも怪物や邪悪な独裁者や、戦争をしている帝国のようです。それはむしろ私たちの宇宙船が地球で見つけるもののようです。

もし私が子供の頃に自分の素性を話していたら、きっと私の膨張しすぎた妄想を治療するために精神科医が呼ばれて、〝この可哀そうな子をファンタジーの世界から救い出して〟あげようとしたことでしょう。もしもう少し成長してから私が口をすべらせてしまったら、もう少し俗っぽい言い方がされていたでしょう――「彼女はテネシー州のへき地に住む頭のおかしな人に違いない。幼少時代に感じていた心の苦痛が彼女を夢の世界へと逃避させたのだ。金星とは安らぎを見出せるおとぎの国であり、人生に新しい意味を与えてくれる場所なのだ」――今、自分のことを語りはじめた私は、こういう反応をよく耳にします。でも私は気分を害したりはしません。なぜなら、それは限られた理解力のせいであることが分かっているからです。

なぜ私が選ばれてここへ来たのか

私は金星のレッツという町で、地球で暮らす機会が自分に与えられることを初めて聞かされました。

私にとってそれはいくつかのカルマの解消のためであると同時に、時期が来たら地球の人たちに私の正体を明かし、他の惑星の兄弟姉妹についての話をするという特別な使命を遂行することになっていました。そしてより詳細な使命の内容については、しばらくしてから伝えられることになっていました。

私たちについての真相は、空に目撃される現象や、地表への宇宙船の着陸を通してのみ伝えるべきではなかったため、私にスポットライトが当てられたのです。私たちの活動は、これまでほとんど常にそうであったように、攻撃を受けたり、間違った解釈をされたり、あるいは隠蔽されてしまう恐れがあります。新しい情報を公開する場合は、それがあまりにもショッキングな内容であってはいけません。たとえば、おおぜいが集まる場所に宇宙船が着陸してそこから乗員が降り立ってくるなどというような出来事は、人々が個々の自由意思で判断する機会を奪いすぎてしまい、結果的に受け入れを拒むカルチャーショックとなりかねないのです。その代わりに、真実の話は、突然宇宙からやってきた異星人には見えないような誰かによって語られるべきなのです。自分が金星で生まれたことを私が認めても、他の同胞たちの秘密の任務を危険にさらすようなことにはなりません。私は科学者ではありませんし、宇宙船や磁気のパワーについての秘密は何も知らないからです。

今の私の使命はこの自叙伝を書くことであり、それは私たちの生き方を皆さんにお知らせするための真摯《しんし》な努力であるにすぎません。私はすでに地球でとても多くの年月を過ごしてきましたので、人々にとって、私を本物の人間として受け入れて理解することは、よりたやすいことでしょう。私は地球の人たちと自分が同様の存在であることをとても簡単に感じられますし、人々はもっと容易に私が同じ人間であると感じられるでしょう。私が体験してきた多くの苦痛や試練も、ここで暮らす他の人たちが経験してきたことと同じなのです。

私が最初に金星を去る決意をした際に、私は自分の未来が他の何よりも冒険に満ちたものに感じられていました。レッツでの私の精神的なマスター(大師)は、当然のことながら気楽で快適な生活を期待しないように私に警告しましたが、私の心は他の惑星を訪問するというワクワク感でいっぱいになっていました。私たちは地球には苦痛や貧困そして戦争があることに気づいていましたが、これらは私個人の人生経験にはなかったものでした。それはちょうど裕福な西洋人がアジアの飢餓について、個人的な体験がないがために実感がほとんど湧かないことにとてもよく似ていました。

あの夜、ネバダの砂漠に宇宙船から降りた時、私は自分についてよく分かっておらず、これから起こるすべてのことについて確かなことが何も分からずに不安な気持ちでいました。悪いカルマがどのように作用するのかを私が知らなかったことは幸いでした。そうでなければ私はその場で回れ右をして母星に帰ってしまっていたことでしょう。私が当初この本のタイトルに考えていた候補のひとつは『金星人たちよ、泣かないで』というものでした。私たちの人生にはたくさんの悦びがあるのですから、めったに泣くことはないのです。もちろん、過去の地球のことや、ここで暮らしていた自分たちの過去世に思いを巡らす時は別ですが……。ここに来てからというもの、私は何度も何度も泣きました。そのことだけで地球での私の生活のお話になってしまいそうです。ここでの私の人生は冒険と陰謀に満ちたものでした。しかし他方では、本当に私を気にかけて愛してくれる人たちに囲まれて過ごすことはまれなことでした。ここに来ることは、私の知っている人や愛する人たちすべてと別れて、創造性と平和に満ちた生活を捨てることを意味していました。伯父がアーカンソー州に私を残して母星へ帰ってしまった後は、私はひとりぼっちの「見知らぬ土地の見知らぬ者」となってしまったのです。

ここでの暮らしの中で、私は他の人たちによって何度も頻繁に傷つけられてきました。今では私は他の生き物を傷つけるくらいなら自分が死んだほうがましだと思うようになりました。私は苦しみとは何か、痛みとはどういうものか、みじめさとはどんな感じなのかについて、十分すぎるほど分かっています。

私は私を養育した家庭において、私の継父たちによる恐ろしい懲罰《ちようばつ》に耐えることを学ばなければなりませんでした。1人は私が14歳の時に、もう1人は私が16歳の時に私の頭に弾を込めた銃を突きつけて暴行しました。私はその時は大胆にまたは勇ましく抵抗を試みようとする気にはなりませんでした。なぜなら彼は過去にすでに私の腕を撃ったことがあり、私は今はまだ自分が死ぬべき時ではないと感じていたからです。かつて酒に酔った継父に養母が殺されそうになった時に私はナイフで継父を刺したことがありました。そしてどのくらいの回数かも分からないほど、私は継父に殴られつづけました。私が家を出てひとり立ちするまでは、人生は本当に地獄そのものでした。その後も私の人生は天国のようなものではありませんでした。それをすべてここに書き記すことによって私がどれほどの嫌がらせを被《こうむ》ることになるか、誰も知る由《よし》もないでしょう！

私は自分の体験を通じて、本当のカルマがどういうものであるかを思い知らされました。ここでの私の人生は、巨大なカルマの蓄積がこの一度の人生に圧縮されたようなもので、それによって私は永遠にカルマから解放されるかのようでした。もし人々が彼らの犯した過ちのすべてといつかは正面から向かい合うことになると知っていさえすれば、正常な心の持ち主である限り他人を意図的に傷つけようなどと決して思わないでしょう。「人々にしてほしいとあなたが望むことを、人々にもそのとおりになさい」（『新約聖書』ルカによる福音書6－31）というように、他人に成した行為は、いつかは自分にも成されるのです。これは私が皆さんにお伝えできる重大な教訓のひとつです。

今現在の私は、状況がますますひどくなっているということはありません。過去はもう過ぎ去ったことであり、私は今この瞬間の幸せを楽しんでいます。そして私がかつて世の中に対して行ってきたとおりに、世の中は私に接してくれています。そして良きにつけ悪しきにつけ、誰もが自らの経験を通して成長しているのです。私はと言えば、慈悲についてのシンプルな教訓を学んだのであって、それはどの惑星のどんな人でも自分なりの教訓を受けていることと同じです。私の地球での人生は、私がたまたま進化した惑星に生まれ変わったからといって、過去世で背負った課題から逃げ出せるものではないことを証明するものなのです。

新しき次元へ――地球の人たちの意識は高まってきている

数十年前までは、人々はこの自伝に書かれているような考え方を受け入れる心の準備ができていなかったでしょう。多くの議論に明け暮れることは誰にとっても有益なことではなく、誰もがすぐに後悔したことでしょう。意識や認識が新しい段階に高まったことが、この本の出版を可能にしたのです。そして大衆の私に対する反応いかんによって、さらに多くの私の同胞が自らの素性を告白するようになるかもしれません。

前述したような、私たちがここに来ている個人的な理由以外に、私たちは地球の人たちの意識というものに大変深い関心を寄せています。これは生命や宇宙についての基本的な理解に関わってくるとともに、全体の中の自分自身についての認識にも関係してきます。

テレパシーや予知といった自然な能力について私たちはよく知っていますが、それらは今からさほど遠くない過去にはあまり受け入れられていないものでした。秘教的な教えはたいていは少人数のプライベートなグループで学ばれていました。超自然的な秘術（オカルト）についての書物に関心を寄せる人はほとんどおらず、あまり知識のない人たちに嘲笑されたりして、メディアも霊的な話題を取り上げることには乗り気ではありませんでした。人間の自然な能力は悪魔的なもの、もしくは実際には存在しないものと見なされていました。これは本当に残念な状況でした。

金星人のスピリチュアルな教えは、そのまま高度な科学でもある

今の時代における私たちの全体的な関心は、地球の精神的な覚醒のためにある種の役割を担うことです。政治的、社会的な変革は私たちの直接の目標ではありません。金星の人々が理解しているように、地球の人たちの生き方は、精神的な開花の程度もしくは個々の意識の目覚めを反映させたものにすぎないのです。物理的な宇宙に生きる理由は、スピリチュアルな覚醒のためにほかなりません。どのような人生の局面でもこの大きな計画からそれるものはないのです。

聖職者についての私たちの考え方も、おそらくあなた方が期待しているものではないでしょう。それは必ずしも宗教的な献身者になったり、または聖者のように生きようとしたりすることではありません。

私たちの精神的な教えとは惑星全体の教えであり、実際には高度なかたちの科学であるのです。その真理の虹のスペクトルの一端には、命、死、神、そして来世やその他のあらゆる事柄についての完全なる理解が示されています。これらは地球の人たちが宗教的そして精神的な道として探求しているものです。死んだ後には実際にどうなるのか、神と呼ばれているものは本当はどんな存在なのかなど、私たちは各個人が自身の現実の体験を通して自分で確認するようにまかせています。スペクトルのもう片方の端には、物理的な宇宙とその法則の完全なる理解が示されていて、それは驚くほど素晴らしいテクノロジーとして反映されています。

私たちは地球における精神的な探求や、宗教や秘術の学校などが盛んになっていく様子に常に興味を抱いてきました。過去の時代において、私たちは地球に精神的な指導者たちを送り込んできましたが、彼らがもたらした教えのいくつかは、宗教として発展していきました。彼らがその信奉者たちに示した探求の道の多くは、今日においてはとても限定された意味での自由、英知、そして愛を教えています。しかし、私たちはそれらの教えのどれをも非難することはできません。なぜなら各々の教えが一定の意識レベルの信奉者たちをひきつけていて、そのレベルは多様であるからです。もしその道が一個人の求めているものを提供し、その人を満足させるのであれば、それはその人にとって良い方向であるのです。

人が精神的に成熟した時、彼はもはや伝統的な宗教や探求の道に満足しなくなります。なぜなら、それらには何か重大なものが欠けているからです。私は地球に来た時に同じような悩みを持ちました。私は周囲の多くの人たちの理解を超える知識を幼い体に入りきれないほど抱えていたために、欲求不満に陥ってしまいました。私は自分にとっては非常に自然であるものを抑圧することに難しさを感じていました。たとえば他の人たちの考えていることを感知することなどです。しばしば私は自分の友だち全員に、そして通りを歩いている人たちに対してすら、自分の言いたいことを我慢しなければなりませんでした――彼らは眠ったまま歩き回っていると。

至高なる神性の法則――金星と地球の違い

私が受けてきた精神的な教育は地球のものとあまりにも異なっていたために、ここでは私は何も受け入れることができませんでした。テネシー州で過ごした子供時代、私はプロテスタント系の教会に通わされましたが、その教えは私にはとても原始的に感じられました。私はこの国で出会ったさまざまな精神的な教えに幻滅させられ、その制限の多さに苦痛を感じるようになりました。金星人たちは人生のあらゆる面において、人が作った法則よりも、神聖で自然な法則に従って生きています。これはまさに地球と他の惑星との基本的な相違です。個人的な体験というものは「極めて重要な何か」なのですが、それは地球の伝統的な宗教や探求の道には欠落しているのです。

金星を離れる前に私は、地球の精神的な教えは限定されたものであるので私は満足できないだろうと聞かされていましたが、いつの日か私が地球に生きている間に普遍的な教えに出会うであろうと約束されました。それは金星では「オム　ノシア　ゼディア」と呼ばれ、至高なる神性の法則のことです。名前は変わることはあっても教えは同じです。それはしかるべき時に、そして人々が受け入れる準備ができた時にもたらされることでしょう。それは地球に植民がなされて以来、存在しているのです。そして多くの異なる名前で教えられてきているのです。

ある時にはオープンに、またある時には密かに人から人へと伝えられてきました。レムリアやアトランティスの時代にはオープンに教えられてきましたが、ほとんどの時代においてはカモフラージュをして教える必要がありました。なぜならこの教えは人々に自由をもたらし、気づきを与えるものだからです。組織化された宗教団体や支配者たちは、この教えは自分たちの繁栄と安泰を脅かすものであると考えています。そのため、これは通常は権力者たちによって何らかの抑圧を受けることになるのです。ピタゴラス〔訳注：紀元前5、6世紀のギリシャの哲学者、数学者〕はその教えをマスターし、哲学という隠蓑《みの》を着せて密かに伝えていた人です。イエスは愛の英知としてその教えをもたらしました。この最も古い教えは、何千年もの間チベットで知られていました。最初に植民がなされた当時からここでは知られていたのです。

ある時、強い勢力をもった宗教団体によってこの教えが彼らの思惑通りにしっかりと抑圧されてしまったことがありました。そこで地球に再びこの教えをもたらすことが必要となったのです。そこでヒマラヤの奥深い場所が選ばれました。そこでは教えの根本となるものが今日でも厳重にガードされていま す。もしタイサニア（金星）の人々の発達にさらなる貢献をしたひとつの要素があるとすれば、それはこの科学であると言えます。それは至高なる神性の法則とも言えるもので、私たちに時間と空間、物体とエネルギーという宇宙の最奥の秘密を発見させてくれました。さらに私たちは人間そのもの、その心、そして意識という最も深遠な神秘の扉を開けることができたのです。このすべては、金星での目を見張るような生活、SFのような驚異の技術、そして地上の楽園のような世界として反映されているのです。

金星での様子は、地球とはまるで正反対

金星には貧困や戦争はありません。そして私たちは病気というものを知りません。寿命は何百歳にも及びます〔訳注：物理的な世界の金星人の寿命は500歳をも超えるが、アストラル界においては時間の概念が違うという〕。体の加齢は20歳から30歳の間で止まります。都市のサイズは小さくて、シンプルなデザインです。そして犯罪は存在しません。ずっと昔に磁気と太陽エネルギーの開発が私たちの生活を根本的に変えました。

宇宙は私たちにとって最大のチャレンジの場所でもあります。私たちは知識欲がとても旺盛なのです。宇宙とは、常にさらなる学習ができるようにデザインされているところです。私たちの宇宙船は重力、摩擦、または光速と言われているものから自由で、宇宙船のサイズは何キロメートルに及ぶものもあります。太陽系の他の惑星まで行くのには数日しか要しません。むしろ別の太陽系に行くほうがもっと速いのです。

一人ひとりの金星人は、誰しも心と意識の本当の力によく気づいています。あなた方が超能力と呼ぶ能力は私たちにとっては子供だましにすぎません。テレパシーは私たちの通常のコミュニケーション手段です。そして私たちは未来を展望することも、過去世を思い出すこともできます。また思念の力で物体を動かすこともできます。私たちの多くは、時間の中を退行したり前進したりすることを学んできました。そのような能力を行使しようとする者は、その能力に対して責任が取れるほど精神的に成熟していなければなりません。

ネガティブな惑星に生きていると、すぐに力を誤用してしまいがちです。地球のあらゆる国の人たちが無意識にそして無分別にこのような能力を軽い気持ちで使ってしまっていますが、彼らはその代償を数多くの来世にわたって支払い続けることになるでしょう。私はそのような能力は最も緊急を要する時以外には決して使いません。そしてその際には細心の注意を払う必要があるのです。

並行宇宙の発見と訪問が金星の科学のもととなっている

私たちはこの物理的な宇宙を超えた別の宇宙が存在することを発見しました。そして意のままにその世界を訪問できるようになったのです。金星においてはそれ自体が科学そのものとなりました。ある地球の作家たちは、これらの世界を平行宇宙と呼んできました。そのような世界は実際に確かに存在するのです。そこには別な秩序（座標）の時間、空間、物質、そしてエネルギーまでもが支配しています。また時間、空間、物体そしてエネルギーを超越した世界も存在しています。それらの世界を発見し探求していく中で、私たちは死と呼ばれる神秘も解き明かしました。それはこれらの別世界の中のひとつへの移行にすぎないもので、個々の人生におけるまったく自然な側面でしかなかったのです。死は地球においては依然として不可思議なものであり続けています。それは単にこれらのさまざまなレベルの現実や存在を発見したり探求したりする人も、そこから戻ってきてそれらの世界について語る人もほとんどいなかったからです。

宇宙には、これから地球の人たちが解明していかなければいけない生命の神秘が大きな課題として横たわっています。私はこの本が、皆さんが暮らす世界のさらなる偉大な概念と、ご自身のさらなる偉大な概念をひも解いていくことを願っています。私はたとえ読者の皆さんが私の金星での生活を想像の産物と結論づけたとしても、心を乱されることはありません。人間が創造したすべてのもの、皆さんの身のまわりにあるあらゆる人工物は、想像から生まれたものなのです。想像力とは人間の最も強力な能力であり、人類が超人類となるための鍵でもあるのです。想像力を有する人間は、神自身と同等の創造者なのです。

第2章

金星の科学を支える「至高なる神性の法則」

至高なる神性の法則の種は、すでに地球にもまかれている

金星は私たちの太陽系において最も古く、より進化した惑星のひとつです。私たちの先祖は太古の昔から存在していたので、地球が惑星として発達していくのを観察することができ、地球が初めて人間の住める緑の星となった際に訪問して探査することもできました。それ以降、私たちは文明として、そして個人として、精神的、文化的、そして技術的に発達を遂げ、地球の人たちからは想像もつかないほどの域にまで達しました。金星での生活の変化はあまりにも急激で抜本的なものでしたので、私たちの文明と歴史を語らずに、いきなりそこでの私の暮らしの話へ飛んでしまうのは無意味なことです。ましてや私の誕生や自宅についての細かなことは二の次です。

タイサニアン（金星人）と地球の人々の根本的な違いは個人の自己認識にあると言えますが、それはいまだに天地ほどの開きがあります。何百万年にもわたる惑星の発達の度合いは、人々がいかに精神的に目覚め、気づきを得てきたかによって決まります。金星の人々が自らの文化、技術、そして生活のあらゆる面について語る時も、常にその功績は「至高なる神性の法則」と呼ばれる私たちの惑星の科学あるいは教義に帰します。それは精神性と科学という2つの顔を持つ同じ英知なのです。この進化したかたちの科学を通してのみ、私たちは非常に多くの領域で成長を果たすことができたのです。この科学の認識を通してのみ、地球の人々は金星人の生活、そして私の生活を理解できるのです。至高なる神性の法則なくしては、金星は今日の地球と同じであったでしょう。

私は子供の頃、他のあらゆる子供や大人と同様に、この法則の基礎を十分に教え込まれました。なぜ

なら、この教えの真実性はずっと昔に見出され、惑星全体の人々に理解されてきたからです。至高なる神性の法則がいかに貴重なもので、その教えの基礎をしっかりと身につけさせてもらえた自分がいかに幸運であったかということに私が気づいたのは、地球で暮らし始めてからしばらく経ってからでした。私は事前に自分のカルマや物理的な世界での人生の目的を知っていて、上層世界の存在も認識していましたので、地球での悪夢のような自分の人生を生き抜いていくことがずっと容易になったと感じました。

金星で暮らしている間に、私はその後に待ち受けている試練を乗り越えるために必要な情緒的な強さを獲得できていました。私はより成熟した気持ちで自分の人生とそこにある苦難を受け入れることができたのです。そして地球にいる誰でも、この教えに心を開く人は物理的な世界の問題を克服していくことができます。私は金星を発つ間際に、この教えの未来について告げられました。いつの日か、至高なる神性の法則は、地球においてもその本来のかたちのまま認識される時が来るでしょう。すでにその種はまかれているのです。私たちの同胞はこれを現実とするために、よりいっそう関与を続けていく計画を立てています。

超然とした存在——本当の「あなた」は魂です

至高なる神性の法則を学ぶ個人にとって、生きた経験となる理解とは、〝私〟の意味するものそのものです。人は「私は誰?」と自分に問いかけた時、多くの異なった考えに心を満たされます。地球では人の数だけ異なった概念があります。この自己概念が各自の人生を他の人とは大きく違ったものにしているのです。それはその人が金星にいようと、地球やその他のどの銀河のどの惑星にいようと同じです。

自分が何者であるかを完全に理解するようになると、物理的な世界やその他のいくつかの階層世界での目的が分かってきます。自分の正体に完全に目覚め、全体像を認識できた時、個人が無数の生涯を通して得てきたすべての体験が完結します。「至高なる神性の法則は」スピリチュアルな教えであり、さまざまに異なった呼び方をされていますが、それは常に存在してきたもので、秘密にされていようと公開されていようと、試練と経験に満ちた多くの人生を通して目標に到達しようとしているすべての人が見出せるものです。

あらゆる惑星に住むあらゆる個人は魂であり、それ以上でもそれ以下でもありません。私がここで魂という言葉を使うのは、金星の言葉で言っても皆さんには意味を成さないからです。地球では、魂という言葉は長いあいだ宗教や精神哲学によって用いられてきており、その本来の意味に近いものとなっています。けれども私たちの場合は、至高なる神性の法則を通して「自分は魂である」と言ったり、そう信じたりするだけにはとどまりません。私たちは魂の体（ソウル・ボディ）での意識的な体験を通してそれを〝知っている〟のです。それは魂の体が持つ最も優れた感覚と能力によって成し得るのです。魂はとても現実的なものですので、それを実感するのに誰も肉体の死まで待つ必要はありません。それは今この瞬間に体験できるものです。

物理的な世界の肉体においては、魂は通常はちょうど眉間の奥に位置していると考えられています。しかし、肉体が生きている間でも魂はそこを離れて、体の1、2メートル上方、数キロ先、もしくは宗教で天国と呼ばれる階層世界へ旅することもできるのです。魂はひとつの認識存在です。それは知ることも、存在することも、見ることもできます。その基本的な性質についてはこれ以上のことは言えませんが、ひとつだけ言えるのは、その本質において魂は神と呼ばれる存在の現し身《うつ》であるということです。

あなたが目を閉じて静かに座り、雑音や気を紛らわすものから離れている時、体のある場所が最も覚醒していることに気づくことでしょう。ふつうそれは眉間の奥、つまり頭の中央のあたりです。そこは肉体的な刺激、音、視覚、思念、そして触感などとは距離を置きながらも感知することができるところです。私たちの中には言葉では表現できないような何かがあり、それはともすると私たちが「これが自分自身だ」と勘違いしてしまうようなものすべてを観察することができるのです。この超然とした存在が魂であり、本当のあなたなのです。あなたが目を閉じて友人の顔を心のスクリーンに映し出している時、その映像を見ているのが魂なのです。心が見ているのではありません。なぜならそれは、イメージを形作って保つための道具にすぎないからです。

魂の存在を実感するためのもうひとつの方法は、次のようなものです。

私が友人に話しかける時、口から出てくる言葉が私でしょうか？　もちろん違います！　しかし、もし注意深く自分が話しているのを観察しながら、ひとつひとつの言葉が発せられるのを十分に意識していると、私は次第に何かがこれらの言葉を聞いていることに気がつき始めます。それは思考ではなく、ひとつの認識存在なのです。なぜそれは思考でも心でもないのでしょうか？　それは私がある明瞭な思考で「心と魂に違いはあるのだろうか？」と思うことができ、その思いが心をよぎることに気づいているからです。そして思考が心によって生み出されるのをじっと静かに見ている何かは、それらが思考であると分かっているのです。このひとつの認識存在が魂と呼ばれているのです。

非常にしばしば私たちは、思考と、それを観察できる認識存在とを混同してしまいます。たとえば私たちは「私は自分の思考を完全に認識している」と思考することができ、それが真実であると思い、実はそれも思考にすぎないことを忘れてしまいます。そして魂はそれも意識的に観察することができます。人間の認識と心の世界は2つの異質なものなのです。

体外離脱体験は、人間が肉体を超越した存在であることを証明してくれる

自分が魂であることに気づくための遥かに優れた方法は、まだ生きているうちに魂として肉体を離れてみることです。これは体外離脱体験と呼ばれ、人間が肉体を超越した存在であることを証明するものです。

自分の魂の年齢がどれほどであるかを知ろうとするのは意味のないことです。なぜなら魂自身が時空を超えた存在であるからです。多くの過去世があることを考えれば、軽く何百万歳にもなるはずです。これらすべての生涯を通じて、あなたは個人であり続けてきましたし、肉体への最後の転生を終えた後でも個人であり続けます。肉体、人格、周囲の環境、そして人生経験はその都度《つど》変わってきましたが、そこには常に真実の認識、つまり本当のあなたがいて、教訓を学びながら精神性を開花させていたのです。学習し、成長し、そして目覚めていくことが、魂が永劫《えいごう》の昔に初めて物理的な世界に入ってきた目的であったのです。

物理的世界への魂の旅には、私たちの世界を超えた多くの他の世界も含まれます。これらはいわゆるパラレル・ワールド（並行世界または並行宇宙）と呼ばれ、金星人や他の多くの人々によって見出され、探査されています。金星の人々にとってこれらの存在領域は究極のフロンティア（開拓前線）であり、

生命の神秘に対するすべての答えを内包しているのです。地球では、他の階層世界についての本が書かれてきています。そして人々はその世界に最初に思いを馳《は》せて以来、ずっとそれを不思議に思っていますが、肉体を持って生きている間にそこへ意識的に訪れる秘訣を発見した人はほとんどいません。これすらも近い将来には変わるでしょう。意識的な体験を一度得ることができれば他の世界の存在の証明となりますが、まったく経験できなければその人にとってすべてはあいまいで非現実的なもののままで残ります。

物理的世界を超越した世界は、まさにパラダイス（天国）のよう

これらの階層世界または存在領域は、それぞれ異なった振動率または周波数を持っています。物理的な世界のひとつ上の領域はとても周波数が高いため、そこに住んでいる人はこの世界にある壁や山々、さらには人々すらも容易に通り抜けることができます。物理的な世界での最も高い音は、それが地球の科学者では測定不能でも、ここを超えた世界では最も低い音です。このことは、これらの世界の存在が地球では科学的な問題としてではなく、宗教的な私的体験と見なされてしまうことを物語っています。

超越した世界は、物理的な世界と非常によく似ていますが、すべては遥かに美しく、天上の世界のような様相をしています。そこにもあらゆる種類の人間、都市や村落、動物、植物、山、海、砂漠、そして日没などがあります。しかし、これらの世界は物理的世界のいかなる進化した惑星よりも、途方もなく優美で、それは想像を絶したものです。その世界の色彩はこの世のものを超えていて、息をのむほどの輝きを放っています。それはとても言葉では言い表せません。物理的世界よりもひとつだけ上のこの

世界はあまりにも素晴らしいので、〝死んだ〟後にここに住む人たちは、ここが究極の天国だと誤って信じ込んでしまうのです。

振動、周波数の違う階層世界は、遠心機の原理で説明できる

これらの階層世界の構造を説明するために、おなじみの喩《たと》えを用いましょう。まず遠心分離機を思い浮かべて下さい。これは回転による遠心力を利用して物体を分離し、透明にしたりする科学的な装置です。この中に水、泥、砂、そして小石を混ぜ合わせたものを入れて高速回転させると、重たい物体はその重量のせいで外側の端に集まります。内側のほうを見ると、中心に向かうにつれてだんだんと粗い物体が少なくなってきて、最も中央の部分には空気しかないことが分かります。

一番外側の層は物理的な世界を思わせます。宇宙の中で最も密度が濃く、物質的な領域です。中央に近づくにつれて、層を成す物体の粒子がより微細になっていきます。これらは、すべてがより高い周波数で振動している時空世界を思わせます。そこに住んでいる人にとっては、その世界の物体は、物理的な世界で私たちが感じるのと同じように、現実的で個体感のあるものです。これはそこで使われる感覚が同じ高周波で振動しているからです。同様に、私たちの肉体的な感覚器官は、物理的な世界だけで使用するようにできているため、別の周波数の物体や人々を感知できないのです。

遠心機内で回転する液体の最中央部、つまり空気だけの層は、時間と空間を超越した純粋なスピリチュアルな世界を思わせます。これらの世界が魂のふるさとであり、宗教では神と呼ばれる究極の実在なのです。

魂は時空を超えた清らかでポジティブなスピリチュアル世界に源を発し、無意識の微粒子としてこの宇宙の海に生まれました。至高なる神そのものは実際には空《くう》なのです。それはそれ以外のものとは何の関わりも持っていません。空《くう》について何も語れない理由はここにあるのです。しかしそれを体験することはできます。それを最もよく表現したのは「まさにそうである！」という言葉です。

意識的な微粒子へ――気づきの体験をしてゆく魂の世界

至高なる神から流れ出て、物質界を含むすべての世界を維持し生命力を与えているのが、聖霊せらぐ生命の潮流なのです。私たちの物理的な世界の物体とエネルギーは、この宇宙エネルギーが波動を低下させたものにほかなりません。この聖霊の海に魂は存在しているのです。それは聖霊の一部なのです。まず無意識の微粒子として創造された魂は、それが何であるかも、至高なる神が何であるかも、なぜそれが存在するかも、そしてそれがコントロールできる力が何であるかも知りませんでした。それは聖霊の海の中で眠ったままで、なんらかの力によって目覚めさせられ、せめてそれが存在している事実に気づく必要がありました。

魂が目を覚ますきっかけを与えるために、至高なる神は形ある世界を創造し、そこに正反対の聖霊を存在させました。それが私たちが〝カル〟と呼ぶネガティブなパワーです。そこにおいて魂は気づきを得るまで対立の中で試され、清められていくのです。そして目覚めに必要な体験を得て、神の体から離れた意識的な微粒子となり、かつその一部でありつづけるのです。そしてそれは永遠なるすべてのための個人としてとどまるのです。魂は純粋でポジティブなスピリチュアルな世界に自然に存在していて、そこには物体も、エネルギーも、空間も時間もありません。そしてネガティブなパワーのわずかな痕跡すらありません。それらの世界はとても現実的なものですが、言葉で描写するのはほとんど不可能です。なぜなら、それらは心やその働きを超えた領域にあるからです。それらを知るには人は自分自身で体験しなければなりません。

ポジティブとネガティブの極性――階層世界は魂の学校

より密度の濃い世界は魂の学校として、極性と〝カル〟の創造を通して構築されています。魂はこれらのポジティブとネガティブの極性の世界に、訓練期間を修了して卒業するまで、ほんの一時的に滞在します。永劫の昔、魂は物理的な世界へ向けて階層世界を降り始めました。下層世界の中で最も神々しいのはエーテル界と呼ばれています。スピリチュアルな用語では、濃密な世界と高次の聖霊レベルとの間の乗り換え線と言います。魂がこれらの密度の濃い世界と接触する際には、被膜《ひまく》または体によって自らを保護する必要がありました。魂にとって下層世界での最良の防護は、その世界にあたりまえに存在する材料でできた体でした。

宇宙の意識とつながるエーテル界は潜在意識の世界

最初にまとった体は、ほとんど透明な被膜、または魂を覆う光でした。地球ではそれは潜在意識として知られているもので、濃密な世界での魂の最も高性能な道具のひとつです。潜在意識の心の無限の供給はエーテル界に存在し、多くの聖者や神秘家たちはそこで宇宙の意識とつながっていました。存在領域としてエーテル界は物理的な世界と同じくらい現実的で、多くの意味でさらに現実感があります。エーテル界には人々、都市、美しい風景や光景が存在し、私たちでも訓練によって体外離脱の能力を身につければ、それらを見て記憶にとどめることも可能です。

聖ヨハネが訪れたメンタル界――思念として現れる心のエネルギーとは

その下の階層はメンタル界と呼ばれています。ここもまた燦然《さんぜん》たる景色と調べの世界で、そのいくつかは地球の宗教書の中に記録されています。聖ヨハネは体外離脱体験の中でメンタル界を訪れ、そこで見てきたものを書き記しました。その中にはカイラッシュと呼ばれる首都も含まれていました。

この領域には世界の多くの宗教の天国が存在します。物理的な世界よりも希薄な密度のこの世界で存在するために、魂はよりきめの粗い体で自らを防護しなければなりません。それがメンタル体または心（マインド）と呼ばれるものです。私たちの心は実際にこの体なのであって、そのエネルギーは思念として現れます。誰もがその体を持っています。なぜならそれは魂が下層世界で活動するために用いる道具であるからです。それ自体は独自の生命を持ってはいませんが、エネルギーによって魂がそれに生命を持たせることもあります。

エドガー・ケイシーの情報源はコーザル界――過去世の記憶も呼び起こす

メンタル界のすぐ下はコーザル界です。そこでは魂はさらにきめの粗いコーザル体をまといます。それによって魂は下層世界での過去世の記憶を呼び起こすことができます。地球の教えの中にはこれを

「種の体」と呼んでいるものもあります。私たちの行いのカルマの種がここに植えられ、のちに収穫されるからです。

コーザル界はしばしばアカシックと呼ばれます。本物のアカシック・レコード〔訳注：宇宙の過去から未来にわたるすべてが記録されたもの〕は、実際には下層世界を超えた領域に存在しているのですが、コーザル界を訪れる人たちには、それより下層の世界での私たちの過去世について学ぶ機会があるのです。有名なアメリカのサイキック、エドガー・ケイシーがまさにそれをしました。過去世についての自身の調査において、彼はこれらの記録を目にしたのです。誰でもやがてはコーザル界を訪れることができるようになり、地球や他の惑星での自身の過去についての事実を発見できるようになれます。

アストラル界は私たちの世界のひな型――生まれ変わりの中間地点でもある

コーザル界より周波数の低い領域は、人々の物理的な生活に最も大きな役割を果たしているアストラル界です。ここであなたの魂はアストラル体をまとい、情緒と呼ばれるものを表現する能力を持ちます。人が持つ感情とは、実際にはアストラル体から流れてくるエネルギーなのです。いつの人生においても、あなたのアストラル体は肉体の正確な複製なのです。違うのはそれがより優美に見えることだけです。

アストラル界は他の時空世界と同様に非常に現実的な世界です。実際、私たちが物理的な世界で知っているあらゆるもの、たとえば人間、山、木、家、そして都市などは、最初にアストラル界に存在したのです。物理的な世界は、アストラル界において心で創造されたのですが、色彩や輝きはより劣ったものとなってしまっています。

アストラル界に住んでいる人々はより多くの能力を持っています。たとえばテレパシー、心による物体の顕現（創造）、乗り物や装置を使わず途方もないスピードで移動することなどです。アストラル体は輝きを放っていて、私たちが肉体に感じるような痛みはありません。このため、時々アストラル体を魂と混同してしまう人々がいるのです。物理的世界での生まれ変わりの中間に、あなたは意識のレベルに応じた上層世界に一定期間滞在します。ごく初期の頃はほとんどの魂はアストラル界へ行き、また物理的な宇宙に再生するまでの間そこに留まります。

物理的世界で最初に体験する魂の意識レベル――まずは鉱物の状態になる

これらすべての体を持つことで、魂は下層世界に入って体験を持ち始め、やがては至高なる神の意識的な共働者となるのです。最下層の物理的世界でも魂は自らを防護する被膜や体をまとい、ここで生き延びて体験をつづけるのです。ただ最初から人間となるのではありません。魂が可能な限りのあらゆる経験をし、誰もが完全なものとなるために、物理的な世界が供給するすべての意識状態を実体験する必要があるのです。

魂が最初に宿って体験する意識レベルは、鉱物の状態です。私たちの考えるところでは、鉱物にはあまり意識があるようには見えませんが、体験できることが限られているように思える鉱物の状態で生きることは、最初に目覚めて自身の物理的な存在を理解し始める魂にとっては必要なものなのです。初めは私たちのほとんどは自らに必要な体験に応じて長い長い期間を鉱物の状態で過ごします。もちろん、あなたが本当に鉱物や岩であったことは決してありませんが、あなたの魂は上昇を始める際にそのような形に宿っていたのです。

鉱物の状態とその意識レベルを体験した後は、魂は植物の状態を体験します。植物として魂は日光と風と雨を感じることができ、高次な生命形態のための食料として仕えます。地球や他の惑星において、苔《こけ》、草花、野菜、樹木として多くの生死を経験することで、魂は次の段階へ進む準備ができます。それは動物の意識状態で生きることです。個人として魂は自らの性質や個性に合った形態へ宿ります。魂は動物の生命力ですが、常に独自の個性を保ち続けます。魂は動物の意識状態において、ある種から別のものへと発展しながら非常に多くの時間を過ごします。昆虫から爬虫類、鳥類、そして哺乳類へと、地球上だけでなく、他の多くの異なった惑星での生涯を送るのです。

そして物理的な世界において魂が到達し得る物質的発展の最終段階は、最も高次な存在である人類です。それは物理的な宇宙における進化の頂点であり、この世界で魂が最後の経験を持つために用いる形態です。人間として、魂は可能な限りのあらゆる体験をしなければなりません。1回の人生は進化の時間の中のほんの小さな斑点に過ぎず、物理的世界で必要なすべての学習と成長のためにはあまりにも短い一瞬でしかありません。しかも地球で生きる人間は転生のサイクルである144年を生き切ることすらできません。魂は人間として必要なすべての体験を得るために何百万年もかけて生まれ変わりを何度も何度も繰り返すのです。歴史は私たちの祖先の物語ではなく、私たち自身の人生なのです。私たちが自らの先祖なのです。私たちの誰もがいくつもの惑星において、あらゆる種類の性格、男性と女性、多くの異なった人種としての生涯を送り、ほとんど数えきれないほどの状況や境遇を体験してきています。そして毎回新しい肉体と心をまとって戻ってくるのです。下層世界に生命が存在し続けるために、新しい魂も絶えず創造されています。至高なる神は自らの創造物を通して生き、決して滅びることがないように、常に一定の生命が宿る階層世界を使っているのです。

過去世の記憶とカルマの法則——バランス状態が保たれるまでの転生

自分たちの過去世の記憶が閉ざされているのは、私たちには好都合なことなのです。もし人があまりにも多くの記憶の洪水に飲み込まれたら、最終的には隔離施設に送られてしまいかねません。これらの記憶は魂の知識の一部であり、私たちがそれを取り扱えるほどに成熟するまでは、あまり気づくことはないのです。時空を超えた世界での経験を幸いにも覚えている人は誰でも、下層世界にはいろいろと不完全なところが多いことを知っています。

それでは、なぜ私たちはこんなにも長いあいだ下層世界に縛られてとどまっているのでしょう？　それは私たちを浄化して完成させるために作り出されたネガティブなパワーが、できるだけ長く私たちをここに押しとどめておこうとしているからです。その道具であるカルマの法則は、引力の法則と同じように、私たちがその存在にすら気づいていない遥か昔から、私たちをここにとどまらせていたのです。カルマの法則が目に見えないものであることを疑う人はいませんが、それがどれだけ現実的なものかに気づかないでいる期間が長ければ長いほど、人は物理的な世界により長く縛られることになるのです。キリストはカルマの法則について、次のように言及しています。「あなたが蒔《ま》いたように、あなたは収穫するでしょう」。地球上のほとんどすべての宗教や精神的な道の指導者たちは、かつてこの普遍の法則を説きました。今日ですら地球の大部分の人たち、とくに東洋の人々は、カルマの法則を知っています。しばしば言われてきたことですが、心は便利な召使いになり得ると同時にひどい主人にもなり得ます。

魂は濃密な体を常にコントロールしていなければいけませんが、それができていないことがあまりにもしばしばあります。聖霊なる魂が心をコントロールしなければ、ネガティブな〝カル・パワー〟が支配権を奪い、人を虚栄心、怒り、渇望、貪欲《どんよく》さ、そして物質的なものへの執着という5つの激情に溺《おぼ》れさせていく恐れがあります。このような状態になっている限り、カルマの負債を生み出しながら魂は下層世界に縛り付けられていくでしょう。清算すべきカルマがある限り、再び生まれてこなければならないからです。人間としての多くの輪廻転生を通して、魂はカルマのしがらみに巻き込まれます。

誰もがかつては貧しさと豊かさ、権力と非力、有名と無名、健康と不養生、機転と愚鈍などの双方を体験してきましたが、やがて魂が物質的世界においてのバランス状態に近づく時が訪れます。個人がこの世界での転生サイクルを終わりかけている頃、彼は自分がなぜ存在し、なぜここにいて、どこへ行こうとしているのか、そして物質的世界を超えて存在する偉大な力とは何かと問いかけるようになり、それらの答えを熱心に探し求めるようになります。そして伝統的な教えはもはや自分を満足させないことに気づきます。この時点において、人は自身に内在する人物——自らのフィーリング、思念、そして直感に、さらに気づき始めるようになります。

やがて人は、真理を求めて物理的世界を超えた領域を意識的に探査し始めるようになるでしょう。もはや現代の宗教に魂は納得しなくなります。なぜなら、そこには十分な真理も答えも見出せないからです。魂は物理的な世界を超えた何かを求める準備ができているのです。この時に、人はスピリチュアルな教えを見出し、魂について、そしてかつて物理的世界に入ってくる前の自身の存在について知ることになるのです。そしてこの教えを意識的に学ぶことによって、「魂の旅」ができるようになることに気づくでしょう。この技能と科学を通して、魂の体として肉体を一時的に離れ、物理的な宇宙を超えた世界のどこへでも、あるいはすべてを訪問して探査するようになるのです。これはまるで宗教が天国と呼んでいる場所を、死ぬ前に教わるようなものです。この体験を通してのみ、死後の生が各個人に証明されるのです。

魂の体による旅の中で下層世界のやり残しを解消してゆく

魂の旅は、至高なる神性の法則の主要な特色であり、他の教えと一線を画するものです。すべての行程は物理的な領域を超えた階層世界内での私的な体験を基礎としています。死後の生を望んだり信じようとしたりする代わりに、個人は肉体を離脱してやがて自分が肉体の死後に住むことになる領域を体験できるのです。そこでは肉体の死と魂の旅との簡単な違いに気づくでしょう。魂の旅においては、自身が宿ることができる生きた肉体に戻ることができます。死においては、肉体が何らかの理由で機能しなくなっているので、そこに戻ることはできないのです。

上層世界を訪問して自身の過去世の記憶を呼び覚ませば、輪廻転生を信じるよりも、それが本当であることを知るでしょう。この意識的に得た知識によって、過去世からのカルマを解消する機会を得るのです。肉体というものが、魂が学びを得るための乗り物にすぎないことを知る時、人はもはや濃密な世界にこれ以上転生する必要を感じなくなります。肉体の死の前ですら、あなたは創造主の意識的な共働者になる選択をすることができるのです。魂がカルマを清算しなければならない領域は物理的世界だけではありません。アストラル界、コーザル界、そしてメンタル界でも魂はこれまで生きてきて、カルマを作ってきているのです。上層世界への旅の中で、魂はまず下層世界でやり残してきたことをすべて片付けなければなりません。

時空を超えたスピリチュアルな世界

カルマのしがらみと輪廻転生から解放された時に、魂はスピリチュアルな世界にしっかりと根付くことができます。そこは魂の世界（ソウル界）と呼ばれる時空を超えた領域です。ここであなたは自己実現を成し遂げ、自分が魂の存在であることを初めて完全に認識します。魂の世界よりも5、6階層上の領域にはさらに高次のスピリチュアルな世界があり、そこは神の意識に到達した領域です。ここにおいて魂は自身と至高なる神とが同一であることに気づきます。魂はここで完全な悟りを得るのです。その状態はあなたがまだ肉体をもって生きている間にでも到達することは可能です。ここにおいてすら、成長はまだ終わっていません。その上層にはまだまだ階層があります。永遠にわたって常にひとつ上の領域というものが存在するのです。

至高なる神性の法則というのは、あらゆる階層世界のあらゆる惑星に存在する教えに私たちが付けた名前です。金星だけが独占している教えではありませんが、私たちはそれが自分たちの惑星のスピリチュアルな教えであることを公然と認識しています。濃密な世界を超えたところに源を発するこの教えは、他のどの惑星においても実践されているもので、さらなる成長への準備ができている魂を手助けしています。濃密な世界には、そこでさらなる経験を積まなければならない魂に適応した独自の教えが途方もなくたくさんあります。それらは魂が密度の濃い世界から脱出できるほどの強さと気づきを得るまでは、そこに縛り付けておくために作られたものです。そこにある真理は限られたもので、その役割をよく果たしていて、濃密な世界に存在する多くの意識レベルに対応できる多様なものとなっています。各個人は自身の求める真理への内的欲求を満たさない教えにとらわれることのないよう、気をつける必要があります。求道者はまた、カルマの領域にある下層世界をスピリチュアルな世界と間違えないように慎重にならなくてはいけません。

今日のアストラル界には、そこが究極の天国だと信じ込んでいる多くの人たちがいます。そこは物理的な世界よりも遥かに美しいところであるからです。スピリチュアルな法則にきわめて一致した生き方をしている人々が住む惑星はどこも、地球の人々にとってはほとんど天界のような場所に思えてしまうことでしょう。金星もそのようになっていますが、それはそこに住む人々の意識状態の反映なのです。

この原理は地球にも当てはまります。多くのネガティブなカルマを持った人々は互いに惹かれ合ってひとつの惑星に集まり、ネガティブな体験が可能な状態を作り出すでしょう。私は地球が完全にネガティブな惑星だと言っているのではありません。地球もまた生命にとってポジティブな側にバランスがとられます。濃密な階層世界のいかなる領域のいかなる惑星に存在していても、ポジティブに感じられるかネガティブに感じられるかは本人の考え方次第です。なぜなら、思念の力が自身の私的世界を創造しているからです。すべてはあなたの意識的な気づきの度合い次第なのです。

先にお話ししましたように、金星もかつては今日の地球のように、とてもネガティブな惑星でした。何百万年もの歳月の中で金星の人々はある精神的な開花の段階にまで発達を遂げました。それは非常に稀《まれ》なことではありませんが、それをまったく経験したことのない地球の人々にとってはそう感じてしまうものです。私たちの精神的そして技術的な成長は非常にポジティブなものでしたので、私たちの文明全体がもはや物理的な世界に存在する必要がなくなったのでした。物理的な惑星として活動を続ける金星はそのまま残りましたが、その文化と人々のすべては、アストラル・レベルへの移行段階に到達したのです。

第3章

金星（タイサニア）はどのようにして次元上昇を遂げたのか

物理的宇宙での生命の誕生はこうして起こった

最初に生命が芽生えたのはどこであるのかを、物理的宇宙で理解しようとするのは容易なことではありません。それはとても古い時代のことなのです。まだ地球に植民がなされる前から、私たちの太陽系の他の惑星には進化した立派な文明が存在していました。そしてこの太陽系が存在する以前には、この銀河系宇宙の他の複数の太陽系に古代文明が存在していました。地球はまだ赤ん坊のようなもので、自分が生きている広大な宇宙について意識しはじめたばかりなのです。

今日の地球の科学者たちは生命の起源を見つけ出そうと研究に没頭しています。何千年そして何百万年も前から、地球よりも古い他の惑星の科学者たちも同様の試みを続けてきましたが、彼らの努力が報われることはありませんでした。

生命は物理的な宇宙で創造されることはないのです。けれども、状況が整えば、それはこの世界を超えた世界からここへ入り込んできます。人が神の意識を持った時にのみ、生命そのものがどこから来て、なぜ存在するのかを知ることができるのです。

タイサニア（金星）の人たちは、他の惑星の歴史と同様に自分たちの過去についても学んで分析をしていくうちに、思っていたほどすべては混沌としたものではないことに気づきました。惑星上の生命は、他のすべてのものと同様にただ自然の法則にそのまま従っているということです。個人がさまざまな段階を経て成長していくのとまったく同じように、惑星やそこで暮らす人々の成長も自然のサイクルと時代の流れに乗っているのです。時代の巡る順序を知ることで、ひとつの惑星がどのような変遷をとげていくのかが分かります。

宇宙のサイクル――黄金・白銀・銅・鉄という時代

惑星の変遷で最初に来るのが黄金時代です。地球で言えばアダムとイブの伝説または楽園の時代です。すべての時代を通してここが最も美しい時代です。それは人々の内なる意識の美しさと無垢《むく》な状態に呼応するものです。この時代の生活はとても平和なもので、快適で豊かな暮らしに必要なものすべてが大地の恵みとして与えられます。一人ひとりが内なる神聖な正義感のもとに生きていましたので、人の作った法律が存在することはありません。またこの時代には、人々の人生において争いや些細《ささい》な不和が起こることもありません。

黄金時代のすぐ後に来るのは白銀時代です。ここでは、それまでよりもネガティブな生き方が地上に蔓延《まんえん》します。自然界のさまざまな要素が人間に背を向けてしまい、互いに生き残りをかけて身を守ろうとしはじめます。人間同士の分離や対立に拍車がかかり、黄金時代の安定した暮らしはもろく崩れ去って、人生はさらにネガティブなものとなっていきます。地球での白銀時代は黄金時代よりも数百万年ほど短く、時代が新しくなるにつれて、その期間は前の時代よりも短くなります（あなた方の聖書の時代の預言者たちは未来が先細に感じられていました）。

次に来るのが銅時代です。ここにおいてポジティブさとネガティブさが初めて対等になります。５つの情念が強まり、民族の中で他よりも暮らしぶりが良い集団はどこでも攻撃の対象とみなされます。人の作った法律がしだいに生活のあらゆる局面に浸透してきて、支配者たちは、個々の人間が生来与えられている権利や恩恵を自分たちのものであると考えるようになります。地球では100万年も経たないうちに銅時代は終焉を迎えます。

4番目にはすべての時代の中でも最もネガティブな時代が来ます。地球では数十万年続きました。この時代は鉄時代またはカリ・ユガ（ネガティブな時代）と呼ばれています〔訳注：カリ・ユガとは古代インド思想における宇宙の最終周期で世界崩壊の時代を意味する〕。暗黒と腐敗が地表を覆い、街には犯罪がはびこります。人々は数百万単位で殺戮《さつりく》され、都市部は無慈悲にも完膚《かんぷ》無《な》きまでに一掃《いっそう》され、残虐な戦争は全惑星を巻き込みます。やがてそれは惑星間の戦争へと方向転換し、核兵器による広範囲の大破壊をもたらし、黒魔術も猛威を振るいます。この段階を迎えた惑星は当然のことながら隔離されます。そこは全生命にとって危険な場所になってしまっているのです。

幸いなことに、この時代をもって1つのサイクルが終了します。あなた方の地球では450万年で1サイクルが終了しました。最後のネガティブな時代が終わりに近づくと、惑星はさらなるサイクルへ向かう再調整のための休眠状態に入ります。その次に新たな黄金時代が花開き、一新された生命が別の時代サイクルを開始するのです。

すべての惑星はネガティブな時代を経てきた

金星人たちは自分たちの惑星の過去について調べて、それが実際に数え切れないほどのサイクルの時代を経てきたことが分かりました。しかしそのパターンはどれも同じでした――黄金時代から鉄時代、休眠、そして別の新しい黄金時代へと向かうサイクルです。

私たちが最初にこの時代の火星と土星の人々に出会った時、彼らが似たようなサイクルを通して進化してきたことを知りました。地球も他の無数の惑星と同様に宇宙を旅する兄弟姉妹たちの訪問を受けてきており、同じように宇宙の時代サイクルに従っているのです。

けれどすべての惑星が同時に同じ時代にあるわけではありません。地球は最近、鉄時代に入りました。いっぽう金星は新たな黄金時代に移行しました。私がこれからお話しする金星の歴史は、1つ前の黄金時代の始まりからのものです。実際にはその黄金時代よりもさらに数サイクル前までの歴史の記録が金星には残されていますが、私が記憶しているのは、1つ前のサイクルまでです。金星の歴史は、地球を含めたどの惑星でもそうであるように、彩りに満ちたエキサイティングなものでした。きっと本書でこのことを書く本当の意義は、あなた方と私たちの過去は著しく似ているという事実をお伝えすることにあるのでしょう。私たちもかつては、今日の地球に見られるのと同じ問題をいくつも抱えていたのです。繰り返す戦争、廃墟となった都市、街に溢れる犯罪、道徳心の荒廃、権力者による搾取、そして日々生きることに意味を見出せない民衆たち――すべて私たちの惑星にもあったことです。明日が見えず、生きる意味を問い続けていた時代を私たちがどうやって乗り越えて、山積した問題をどう解決してきたのかという話は、これから何年、何十年先の地球の人たちに未来への希望を与えるものとなることでしょう〔訳注：この原稿は1970年代初頭に書かれた〕。また私たちの過去の話は、今日のあなた方の物理的な宇宙の中で金星が特別な位置を占めるようになった経緯を説明するとともに、私がなぜ、そしてどのようにしてそこに生まれてきたのかを明かすものでもあります。

人々が幸せをかみしめた金星の黄金時代と地下生活

前回の金星の黄金時代は、他のどの黄金時代にも見られるような、とても平和で調和に満ちた期間でした。人々は決して原始的でも野蛮でもありませんでしたが、彼らはほとんどの時間を屋外の庭園で過ごし、生活の需要の大半は周囲の豊かな自然が満たしてくれていました。トロピカルな気候の中で野菜や果物も豊富に育っていたのです。

不穏な時代の足音が近づいてきたのは、黄金時代が終わりに差し掛かっていた頃でした。惑星を包んでいた蒸気が数年の間にしだいに薄くなりだし、乾燥期が頻繁になり、やがて全土が壊滅的な干ばつに見舞われました。上空を覆っていた厚い雲が消えていったせいで、強烈な日光が差し込むようになりました。太陽からの有害な放射線の影響で、各地で奇妙な病気が発生しはじめました。

これら一連の出来事が人々を恐怖に陥れ、惑星全土の村々ではパニック状態になった人たちが村を捨てて地下にコロニーを造って住み始めました。それからほぼ1世紀もの間、地表に出て「死の直射日光を浴びる暴挙」に出る者は誰もいませんでした。ほとんどのコロニーは水平に広がっていて、サイズも小規模なものでした。と言うのは、移動手段が徒歩のみに限られていたからです。生活のための電気は地下の水流に取り付けられた小さな発電機と、地表に残してきた粗製の太陽発電器だけでした。電気は照明と換気、食物の成長、そして食料の保存と調理のために節約して使われていました。電力が限られていたため、テレビやラジオなどの機器は暮らしの中にはありませんでした。地下での生活は原始的なものではありましたが、それは快適なものでした。なぜなら、人々は生きていられるだけでも幸せだと感じていたからです。

スピリチュアル・マスター勇者ゼイドリエンが教えた３原則

このような暮らしが１００年近く続いたわけですが、それはどの集団にとっても長く感じられるものでした。地下での生活が数世代にもわたって続いたのです。多くの家庭では、両親も祖父母も地下で生まれ、生涯をそこで全《まっと》うしていました。そしてついに地表に再び戻ろうとしたのは若い世代の家族たちでした。太陽への恐怖は彼らの実体験ではなく、古い世代のものでした。今や若者たちにとっては、昔の人の迷信が人々を地下生活に追いやったのが事の発端ではなかったのか、という疑いの念のほうが強くなっていました。ただ、いくら太陽を怖がることが迷信だろうと感じられても、真相を確かめるために最初の一歩を踏み出す者はいませんでした。

その時、人々を外へ導く使命を帯びたある者が生を受けたのです。彼はゼイドリエンという名で、やがて広く知られるようになる者でした。彼は、地中に暮らすことは馬鹿げており、まったく必要のないことであるという揺るぎない信念を持った、精神的に進化した人であったに違いありません。太陽の光に身をさらしても決して死んだりはしないことを証明するために、ゼイドリエンは自分のいたコロニーを飛び出して外へ出てしまい、家族や友人たちにショックを与えました。そして誰もが彼はもう確実に死んでしまっているだろうと思うほどの長い時間が過ぎたある日に彼は戻ってきました。そして人々が驚嘆したことに、反逆者ゼイドリエンは非常に生気に満ちており、明らかに健康そのものでした。彼の肌はより美しく、輝くような艶を放っていて、以前の青白さは影をひそめていました。またゼイドリエンは日光を浴びて育った野菜を持ち帰ってきており、それらがいかに栄養価の高いものであるかを示しました。当時はそれぞれのコロニー同士での交流がなかったために、ゼイドリエンは勇敢な弟子たちを伴って広範囲にわたる行脚《あんぎゃ》を繰り広げ、日光がいかに良いものであるかを金星の人々に証明して回りました。多くの点で彼はキリストのようでした。後に人々が彼の言っていたことが真実であることに気づき、再び地表での生活に戻ってからは、彼の栄誉を称《たた》えるために、さまざまな恋物語や伝説、そして歌などが創作されて後世に伝えられていきました。

ゼイドリエンはこの重大な時代に現れた、最初の金星の指導者たちの中の1人でした。人々が地上に導き出されてからは、ゼイドリエンは民衆の生活上のスピリチュアル・マスター（精神的導師）となりました。創造主と宇宙について彼が人々に与えた多くの知識は、彼らが従う至高なる神性の法則の基礎を形作ることとなりました。これはゼイドリエンの両親によって彼に教えられた彼個人の知識でした。昔、彼の両親は地下へ移動することに最初から反対を唱えていたのですが、当時の社会のその他すべての人々と行動を共にすることを余儀なくされたのでした。ゼイドリエンは人々に向かって、彼らが必要なのは人の手で作った法律ではなく、創造主の法則であることを説きました。私はゼイドリエンが教えた3原則を知っています。1つ目は、収穫を終えた後の土壌は肥えた状態に常に戻しておくこと、もう1つは、各個人を肉体における性質としてではなく、魂として見ること、3つ目は、相手と同じ体験を自分自身もするまでは、いかなる人も非難しないことでした。

戦争と都市の荒廃——今日の地球とまったく同じ状況

人々が長い歳月をかけてサイクルを経ていく過程で、文明が栄えては衰え、科学が進歩しては崩壊、または文明と共に破壊されていきました。科学的知識が増すにつれ、精神的な法則へのこだわりはますます弱くなっていき、生き方はどんどんネガティブなものになっていきました。人間同士の戦争や対立が激しくなり、その恐ろしさはまだ現代の地球人が見たこともないほどのものでした。下層階級の人々に対する搾取があまりにも徹底したものであったため、彼らはもはや革命を企てて惑星全体の釣り合いを取り戻すしか道がなかったのです。

金星には明るい肌の種族だけが住んでいましたので、人種の違いによる偏見や不和、民族間の争いなどは一度もありませんでした。実際のところ国家というものも出来上がっていなかったのです。それぞれの地域の主要都市がその一帯の中心となっていて、戦争はほとんどが都市同士または同盟都市同士の間で繰り広げられていました。惑星政府を樹立させる試みは何千年にもわたってなされてきましたが、うまくいくことはありませんでした。統一した行政制度の実現は、都市国家どうしの意見の相違と紛争によって、あまりにもしばしば阻《はば》まれてきたのです。

惑星中に広がっていた戦争の炎は人々の排他的な態度によってさらに燃え上がり、それはもちろん地球上に見られる欲望の炎によく似たものでした。ただ金星には国家がなかったために、どの戦争も地球のものよりも地域的な規模で起こっていました。強い力をもった集団は、自らの都市とその一帯を支配するだけでは決して満足せず、常に近隣の豊かな都市国家との間に意図的に摩擦を作り出し、それを口実にして戦争を仕掛けていったのです。

金星ではすぐに最も高度なエネルギー装置とテクノロジーが開発されました。人々が地表に戻ってからまもなく磁気と太陽エネルギーの新しい利用法が発見されたのです。ゼイドリエン自身が与えた強い影響力によって、人々は近隣惑星とのコンタクトを求めるようになりました。そしてほどなくして金星は宇宙旅行を実現したのです。核エネルギーと核爆弾は金星の社会を大きく様変わりさせました。自暴自棄となった各地の支配者たちが互いを核兵器で攻撃し合い、美しい大地は広範囲にわたって破壊されました。金星は裕福な少数グループによって支配されるようになりました。それは今日の地球とまったく同じ状況でした。大衆の命はこの少人数のエリート集団にとってはゲームの道具であり、勝者が大部分のお金と人々を長い年月の間ずっと支配できたのです。チェスのコマはもちろん下層階級にいる膨大な数の民衆です。

その頃の金星の都市部の様子を見れば、当時がいかに悲しい時代であったのかがよく分かります。全体的に都市部は立派に開発されてはいましたが、身分格差は街の通りや建物、そして公園やあらゆるところに顕著に見られました。貧しく、教育も受けられない最下層の人たちは、地球の都市部で見られる最悪のスラム街の人たちと同じように、暗くてもの寂しい場所で暮らしていました。太陽の日差しが最下層のレベルまで届くことはめったにありませんでした。時が経つにつれ、不遇な大衆の生活はすべての面でさらに悪化していきました。長い歳月の中で、革命を起こそうとするささやかな試みが何度も繰り返されましたが、どれもむなしい結果に終わりました。と言うのは、大衆は支配層によってあらかじめお膳立てされたゲームに無意識に参加し続けていただけだったからです。

始まりの時——社会構造の超変革へ

しかし、労働者階級による静かなる反乱が、すべての都市で同時に起こり始めていました。そしてそれはついにひとつの方法として実現に向かっていたのです。

人々は自分たちが置かれた立場にもうんざりしていました。そしてもし自分たちの秘密の策略が成功したとしても、自分たちは決して他の人々を支配する権利をもたないことを誓い合いました。しかしその偉大な目的を実現させるためには、長い年月にわたる過酷な努力と犠牲が必要とされました。惑星規模の変革は一夜にして起こせるものではなかったのです。労働者階層は彼らの目的に忠実な信頼できる人物たちを政府機関に潜入させるために熱心に活動を始めました。彼らの願いは、自分たちが擁立した政治的指導者たちを選挙で当選させて政界の上層部に入り込ませ、権力者の意向を無視して民衆を自由へと導かせることでした。そのためにふさわしい候補者たちを準備し、政府高官にまで登りつめられるようにさまざまな異なった選挙で後援していくのには、非常に多くの歳月を要しました。

そしてついに十分な数のキーマンが選出され、皆がずっと待ち望んでいたその日がやってきました。人々はそれを簡潔に「始まりの時」と呼びました。全員にとって最も忘れ難い思い出となったこの日、金星で最も尊敬されていた指導者たちは政府と軍隊を撤廃しました。都市部の人々は持っていたお金を喜び勇んで通りに撒《ま》き散らしたり、ガレージ缶に投げ入れて燃やしたりしました。この最初の栄光の日に、人々は衣類、食料、そしてこれから植える野菜の種だけを携えて、あちこちの都市から大勢で行進を始めました。彼らは荒廃した都市も、自らの所有物も、家屋も、車も、そしてこれまでの古い生活スタイルを象徴するあらゆるものを捨てました。彼らの目指すものはシンプルでした――誰もが家族をささえるために自分で働いている田舎町へ移動することです。保証のない新しい生活のために安住の地を離れる決意をしたこれらの人々の勇気と信念の行動は、ただただ目を見張るばかりでした。もちろん、日常の便利さに愛着のある人たちの多くは、都市部を去ることをためらっていましたが、同時に荒廃した街に取り残されてしまうよりはましであると分かっていました。お金持ちや権力者たちは立場が悪くなっていました。下層階級の人たちはこれまでの生活スタイルに完全に背を向け、後戻りする気持ちなどはさらさらなく、このまま何らかの社会構造の中に居残って富と権力を再配分してもらおうなどとは、まったく思っていませんでした。彼らは自分たちの力で新しいゲームを始めようとしていて、それは権力者たちにはできないことであったと同時に、そうする意思もないものでした。

金星の変容を起こした新生者たちと、脱落者たち

金星のすべての歴史を通して、これほどまでに惑星の様相を完全に、そして劇的に一変させてしまった一日というものはかつてありませんでした。「始まりの時」は、金星がアストラル界へと移行して、あなた方の物理的な宇宙の中の重要な首都となっていくプロセスに入った日でもありました。それが完了する時まで、戦争や革命、そして政変などはただ単にその影響を及ぼす場所を他へ移しただけだったのです。古い支配者に取って代わったある権力志向のグループは、これまでの生活様式をそのまま残し、政治経済システムもそのまま残しましたが、もはや周囲の状況はすべて変わっていました。人々の意識そのものが変化していて、それは長い歳月をかけて育まれてきたものでした。物質的な快適さや安定した既成の生き方に背を向け、金星の人々は自身の基本的な姿勢と理解に変容を起こしたのです。彼らは貪欲さや、形あるものへの執着を消し去ったのでした。

上層階級は孤立してしまいました。従属する大衆もなく、政府機構も枯渇してしまっていては、もはや廃業同然でした。工場も従業員も失った権力者たちは、今や誰よりも貧しい者となったのです。雇用者も広範囲の市場も持たない会社は倒産していきました。人々がよりシンプルな自給自足生活を目指して大挙して都市部から出て行ってしまったので、すべてが劇的に変わりました。また人々はこれまで蓄積してきたテクノロジーの知識と、製造のための技術も携えていきました。都市部はほとんど廃墟と化しました。一部の反体制派が自分たちのコロニーを立ち上げようとしましたが、人数があまりに少なく、彼らの街ですら廃《すた》れてしまいました。野望を挫《くじ》かれた指導者たちを含む上層組織の残党は、自分たちの進むべき方向に迷いはありませんでした。これらの者たちは惑星を去ることを選んだのです。その計画は、より自分たちにふさわしい惑星を選ぶことでしたが、さほど遠くない地球には青々とした豊かな自然があるという知らせは当然のことながら彼らを喜ばせました。そのため、地球は金星を離れる者たちの移住先として最も好都合な候補となったのでした。

このような状況であったために、地球がアンバランスな環境の惑星であるという多くの懸念の声は無視されました。変容をとげた金星社会にこれ以上住むことができなくなった、金星の貴族たちやその他の人々を乗せた最初の宇宙船がほどなくして地球へ向けて飛び立ちました。金星で起こったこれらの変容と同様の出来事が遅かれ早かれ他の惑星でも起こり、同じように母星を離れるほかなくなった人々が地球へ移住するようになりました。彼らはこの太陽系内の惑星およびさらに遠方からもやってきました。

金星社会の発展──物欲・権力欲を超越した世界

より良き生活のビジョンを描いて田園生活を始めた金星の人たちは、さまざまな困難にも直面することになりました。多くの点で、彼らは新天地を求めてアメリカ大陸に渡って過酷な障害を乗り越えていった開拓者たちのようでした。そして彼らが経験していったことは、他の惑星にも同様に見られる成長のための自然なサイクルでした。

やや原始的であった初期の頃は、人々は自然の中で生きていくために必要な作物を育てるだけのシンプルな生活をしていました。やがて産業化や専門化が起こり、再びライフスタイルが複雑化して、ネガティブな様相も復活してきました。そして新しいテクノロジーがさらに開発された時に、ついに人々は再び自然に帰りました。ただし原始的な生活には戻らずに、より自然なテクノロジーと生活様式を発達させました。それによって今日の地球に見られるような複雑で人工的なテクノロジーではなく、もっと個性を生かした創造的な技術力を生み出したのです。

「始まりの時」の間、人々はこれまでのようなほとんど自由のない生活からの脱却を目指していました。雇用者に自分のすべての時間を提供することは奴隷状態に他ならなかったことに気づいたからです。以前は経済活動があまりに分業化していて、ほとんどの人が自分の仕事に満足感を得られていませんでした。それにその種の仕事では個人の選択の幅も限られていました。そのような社会では分野別に一定基準の正規教育が定められていました。貧困層の大半はその基準に達することができないばかりか、自分の才能を生かす仕事に就く機会を決して与えてもらえませんでした。あまりにも多くの人為的な法律が作られていて、精神的な法則は現在の地球と同程度にしか知られていませんでした。人生はまるで「すべきこと」と「すべきでないこと」で満たされた大海原のようで、人々はさながら海面で波に翻弄《ほんろう》される流木の群れのようだったのです。

新しい金星での生活は、それぞれの家族がまずは自活できるようにし、自分たちの食料をまかなうのにちょうど良い広さの土地に定住することから始まりました。はじめの内は、いくつかの物は物々交換されていました。人それぞれ生まれつき他人より得意なものがあったからです。けれども彼らはつとめて分業化は最小限に抑えるようにし、自給自足ができるように励みました。誰もがさまざまな分野の基礎技能を身に付けられるように教室も開かれ、そのおかげもあってしばらくすると、どの家族も自分たちの需要のほとんどを自力で満たせるようになりました。そして10年もしないうちに自給自足の村々が惑星上に広く存在するようになったのです。

中でも十分な食物を育てることが最も骨の折れる作業でした。どの家族も人工肥料の使用や化学物質の噴霧を一切せずに、生産性のある肥えた土壌にする方法を学ぶプロジェクトに全身全霊を注ぎました。最初の数年間は収穫量にムラがあり、たとえ金星のテクノロジーをもってしても飢えの苦しみを和らげることはできませんでした。村単位のより大きなプロジェクトを推し進める際は、人々は力を合わせてコミュニティの作業所を造りました。そこには小さな航空機や他の装置を作るための道具や設備がありました。そこは彼らが皆の知識や努力を結集させておく場所でもありました。ただし、製造ラインや分業化のシステムを再び開発することは決して許されていませんでした。宇宙船ですら1人または数名によって個別に造られていましたが、後にはコンピュータ制御によるオートメーションで宇宙船が製造されるようになりました。

新しい生活様式では、肉体労働が見下されることはなく、1人で創造的な仕事に取り組むことで各人に達成感をもたらしてくれていました。必需品を何でも作ることができる作業所と同様に、各家庭が自分たちで自宅を建てました。生活のどの段階でも、個人が最も尊重されました。人々にとっては、かつて自分たちを奴隷状態にしていた近代的な便利な設備よりも、一人ひとりの人間性のほうがずっと大切なものだったのです。何か物事を成すのにたった1つの方法だけが採用されることはありませんでした。それは対立を招くことにつながり、各々の個性を生かすことにならないからです。

金星での新生活はそれ以前のものとはあまりにも違っていましたので、それを詳細に説明すると一冊の本になってしまいます。その特徴を最もよく理解するために覚えておくべきことは、この新しい生き方は人々の高まった意識の反映にすぎないということです。それは準備のできていない人たちに無理やり強いたり、押し付けたりすることはできないものです。生まれ変わった金星のコミュニティでは誰も土地を所有せず、税金も払っていませんでした。もし引っ越しをしたい家族がいれば、彼らはその土地と家屋を別の家族に提供することになります。中央政府が再び置かれることは決してありませんでした。それは権力欲に飢えた者たちと、人間の手による法律をはびこらせる温床を与えるだけにすぎないからです。法律が制定されることも、警察署が必要とされることも、紙幣が刷られることもありませんでした。今日に至るまで、いかなる形の通貨も金星には存在していません。

至高なる神性の法則を理解することで、すべてが劇的に変わった

このような生活がかつて地球に存在していたことがあるかどうか、私には分かりません。おそらく実験的な共同生活村のようなものは何度か試みられたことがあるでしょう。私は金星での新しい生き方が成功した要因の大部分は、彼らが至高なる神性の普遍の法則を理解し、同時にそれを生活に生かしていたことにあることを知っています。人々の心では、貪欲さ、怒り、虚栄心、渇望、そして物質的なものへの執着が、かつてないほどに薄まっていたのです。自分とは魂であり、したがって不死の存在であり、そしてこれまで多くの人生を経てきたことを各個人が理解していたので、人生をより円滑に過ごすことができたのです。そして物理的な世界への滞在は一時的なものであり、より多くの所有物や土地を巡って争うことは馬鹿げていると分かっていたからです。その代わり、もしある家族が他の人たちよりも自分たちがより多くの物質的な恵みを受けていることを知ったのなら、彼らはそれらを喜んで分かち合ったでしょう。

物事に対するこのような態度は、個々の意識レベルでは「始まりの時」よりもずっと以前から変化を見せていましたが、社会の伝統的な構造や制度によって抑圧されていたのです。「始まりの時」以降の金星での生活は決して原始的なものではなく、ただシンプルで自然なものでした。すべてのエネルギーの需要をまかなえる太陽や磁気のエネルギーの例にも見られるように、最も高度なテクノロジーは既に存在しており、さらなる改善や応用を必要としていただけでした。円盤状の宇宙船や、その他すべての素晴らしい性能の機械類は、宇宙の探査のために使用されました。遠隔地からの情報を収集する伝達装置が開発され、他の言語を私たちの惑星の言葉に翻訳することすら可能になりました。採掘作業は磁気の作用で元素を地表に引き寄せる装置を使用して遂行されました。これはあらゆることに用いられるテクノロジーのごく一部を紹介したものです。

私たちの技術の発展はとどまることを知りませんが、それは人を支配するのではなく、常に私たちに仕えるものとなっています。最も素晴らしいチャレンジのひとつは、宇宙探査によって偉大な宇宙についてさらに学ぶことでしたが、私たちの場合、宇宙旅行は少数の科学者や宇宙飛行士に限定されるものではありませんでした。金星の宇宙船による重力の中和作用は、普通の人たちの宇宙旅行を可能にしたのです。惑星同士の通信、そして友情と兄弟姉妹のような関係が深まり、皆で協力し合いながら宇宙の神秘を解き明かしていくようになりました。宇宙旅行の実現は、物理的な世界における人々の意識の境界を驚くほどに拡張し、数世紀の後に惑星の生命がアストラル界へ移行するまでの私たちの成長に大きな影響を与えました。

アストラル界への移行——肉体の殻を脱ぎ捨てて文明を1つ上の密度へ

至高なる神性の法則を遵守しながら、個々の精神的な開花はかつてなかったほど素晴らしいものとなりました。個人個人がさらにいっそう物理的な次元を超えた世界へ、意のままに訪れることができるようになり、それは誰の人生においても大きな変化をもたらしました。彼らは魂としての自意識をさらに強め、魂の生活の中で物理的な世界の占める割合は小さなものとなりました。金星の人たちのこの高い意識はとてもポジティブな生き方へとつながり、そのまま惑星は最も近い過去の鉄時代を迎えました。そして鉄時代に特有の非常にネガティブな状態になる代わりに、金星で織り成された生活はとてもポジティブなものとなり、惑星を別次元へと上昇させたのです。

これが起きた時、金星はとても特別な惑星となりました。金星の首都であったレッツは、私たちの新しい宇宙においても首都でありつづけています。金星の人々はある日突然にアストラル界で目を覚ましたわけではありません。移行はとてもゆっくりとしたかすかなもので、何年もかかって変化が続いていたのです。

ここで再び皆さんに言っておかなければならないことは、私がこれまでお話しした金星の過去の出来事は、数百万年もの歳月の流れの中で起こったことを非常に圧縮したかたちでお伝えしたものであるということです。人々が精神的に成長するにしたがって、彼らが物理的な世界と物質的な喜びのために生きる度合いはどんどん減っていきました。そして意思の伝達はますます精神的なものとなり、彼らの意識はアストラル界にいっそう近いところへと達していきました。

精神的に、そして技術的に、金星の人々は生と死を自在に操れると感じるほどの理解の深みに到達しました。彼らの意識がアストラル・レベルにさらに馴染《なじ》んできた時に、彼らはもはや自らの肉体とその密度に対してこれまでのような執着を感じなくなりました。そしてついにほとんどのタイサニアンたちは、肉体の殻を脱ぎ捨てて変容を遂げ、アストラル界の密度で生活を続けていくことを決意したのです。

彼らの文明を1つ上の密度へ移行させるこのプロセスにおいて、金星の人々はそのまま金星の人々のままでいました。人種が絶えたわけではなく、大きな移行の後であっても、人々は以前と同様の姿かたちを保っていました。アストラル体はかたちにおいては肉体を正確に再現したものであることを覚えていて下さい。しかし密度はより希薄で、永続的な性質を持っています。

惑星の文化も以前のままでした。人々は自分たちの風俗習慣、考え方、ファッション、建築様式、そして言語をそのまま持ち越していました。街並みや風景は物理的なレベルに残してきたものと同じでしたが、すべてはより輝きを増していて、美しく保たれていました。私の住んでいた都市、チュートニアもその他のすべての都市と同様に、物理的な世界の都市と対応するアストラル界の現実として存在していました。私たちと他の物理的な惑星との友情や交流も継続し、地球に対する関心もほとんど変わることはありませんでした。私たちは自分たちの密度をコントロールする術を学んだのです。

高い意識状態と偉大な能力を持っているアストラル界の人々

金星の人々はあたかも物理的な世界を去って金星から姿を消してしまったかのように見えましたが、彼らは単にアストラル界で金星人としての生活を継続することを選んだだけなのです。彼らですら、物理的な世界でのカルマを負っており、いつの日かはアストラル界を去って物理的な世界に再び生を受け、勘定の精算をしなければならないのです。

文明にとっては、よりきめの細かい密度への移行は一時的なものにすぎず、濃密でネガティブな鉄時代の最後の年月をポジティブに生き抜く道であるのです。今日、金星は再び黄金時代に入りつつあり、物理的な惑星はアストラル界を去る人々によって植民されることになるでしょう。偉大なる移行期に肉体を捨ててアストラル界に移動した人たちの多くは、今日でも生きています。アストラル界の人々はとても長寿であるからです。これらの人々はアストラル界で亡くなって地球に生まれ変わらない限りは、もう物理的な世界に戻ることはできません。しかしアストラル界で誕生した彼らの子供や孫たちの場合は、物理的な世界へ行くためにアストラル界で一度死ぬ必要はありません。彼らはただ自分の肉体を顕現すればいいだけなのです。ただしいったん物理的な世界に入ったら、そこで肉体的な死を迎えるまではアストラル界に戻って生活することはできません。なぜなら、ひとたび顕現したならば、それを維持する責任が生じるからです。

私にとって今回の人生は、アストラル界の金星で生まれ育ち、その時は大部分の人たちや他の生命たちはアストラル界に存在していました。そして幼い子供として私は体の波動を落とし、自分の肉体を顕現しましたが、それはもちろん私のアストラル体の複製です。私の伯父ともう1人の同伴者と共に私は物理的な惑星の金星から宇宙船で飛び立ち、あなた方の世界で暮らすために地球へやってきたのです。

私が人生の初期を過ごした金星のお話は私たちのアストラル界の文化について描写していますが、その頃に私は他の物理的な惑星の文化についても学びました。もし私が物理的な金星に生まれて、同じように幼い頃にそこを離れていたとしたら、私はおそらくこの本を書いてはいなかったでしょう。ごく幼児期のことについて本が書けるほど詳細に思い出せる人がはたしてどれほどいるでしょうか？

私の自叙伝が特異なものであるのは、私がとても小さい頃のことを鮮明に覚えているからです。アストラル界に生まれたことで、私はほとんど写真のような記憶能力を授かりました。覚えておいていただきたいのは、アストラル界は通常の物理的な世界で到達可能なレベルよりも、さらに高い意識状態と一致しているために、そこに住む人々は人生のあらゆる面においてより偉大な能力を持っているということです。ですから私が出来事を明瞭に思い出せることは驚くべき離れ業でも何でもないのです。実際に私は子宮の中にいた日々のこともよく覚えているのです！

第4章　金星で過ごした幼少期時代

子宮の中の記憶――多くの過去世の知識も一緒に保ち続けた

子宮の中は、初めのうちはとてもゆったりとしたスペースがありました。私は小さな苗木のようなものにすぎず、真っ暗な世界は温かさに包まれていました。魂として、自分自身だけが光の源でしたが、実際には見ることも聞くこともできませんでした。私は自分が入り込んだ新しい世界に気づいていました。今でも子宮の中に宿ったばかりの頃をよく覚えています――私の母親、シャウィク・エコー・レイのお腹の中に来た頃を……。

自分とは別の存在の一部でありながらも、完全に離れているという安心感は、穏やかで素敵な感じがしました。ちゃんと生まれてこられる体を作るのに必要なエネルギーを供給してくれる愛する母親に、自分がいかに頼りきっているか私には分かっていました。そんなにいろいろなことを知っていながらも、まったく無力な状態でいるというのは不思議な体験でした。

魂としての私たちは無限の英知と能力を持っています。しかし、いったん自分が生まれてくる家族と体を選んで新しい生活に入ろうとする時は、生まれてくるまでずっと頼りない存在のままなのです。なぜなら、新しい体にはこれから使いこなしていくための新しい手足、新しい感覚器官、そして新しい脳があり、それらに慣れ親しむまでには多大な努力とエネルギーが必要とされるのです。新しい感覚器官と脳を使うことを学びながら、一方では新しい環境の言語を使ってコミュニケーションをするために声帯をコントロールする術も学びますので、ふつうは私たちの魂の英知はしばらく潜在意識の心の奥に埋もれてしまうのです。

まれに現れる天才的な人たちは、潜在意識と顕在意識の心が離れ離れにならずに、多くの過去世から持ち越してきた知識を保っている幼児としてときどき見受けられるのです。誰もがやがて年齢を重ねるにつれて、その知識にアクセスできるようになりますが、最初のうちはそれは意識の中に沈んでしまうのです。アストラル界においては私は今よりも魂の意識に一歩近かったので、そこで過ごした幼少期の記憶を現在まで保つことができたのです。

魂の記憶——胎児として成長してゆく間、今生のことを考えていた

胎児として成長していく間、私は自分が知っているすべてのことをいろいろと思い返す時間が十分にありました。私は魂の記憶として、より濃密な世界へ初めて降りてきて、数え切れないほどの生涯を鉱物、植物、そして動物として過ごしてきたことを覚えています。それからほとんど無数ともいえる生涯を人間として生きてきました。そして多くの異なった惑星において、想像し得る限りのあらゆる状況の中で、男女の両性を経験してきました。

これらの物理的な世界での何百万回もの人生の合間には、物理的世界を超えた次元でも多くの生涯を送ってきました。魂の記憶を回想していけば、際限なく時間を過ごすことはできましたが、私は主に自分の新しい家族のことをいろいろと考えていました。私が新しい母親と父親を選んだ理由は、彼らと過去にいっしょにいたことがあったからでした。私は自分の精神的、情緒的な必要を満たすために彼らと再び共に生きるように運命づけられていたのです。私たち3人は過去に金星で親しい間柄にありましたが、今回は私が彼らにとっての初めてで唯一の子供、オムネク・オネクとなったのです。

その過去世において、私と今の母は姉妹でした。その頃金星はまだ若い惑星で、戦争を終結させようと懸命になっていました。その混乱の時代に疾病や疫病が人々の中に蔓延し、彼女もその内の1人としてひどい病に襲われて、もはや治る見込みがありませんでした。私は彼女に生きてほしい一心で自分のエネルギーを使って超自然的なヒーリングを施した結果、私は病気という彼女のカルマを引き受けることになり、その身代わりとなって死んだのでした。

私の今の（金星での）新しい父、ディーシャーはその時は私の恋人であり医者でした。彼は私が死んで彼女が助かったことに腹を立て、私を失ったことへの悲しみから自らを餓死させました。彼女（現世での私の母）はそれでも彼のことを愛していました。最終的に彼女は心から愛していた人たちを2人とも失ってしまったのでした。

今回の金星における人生では、彼女は彼と夫婦として愛し合う関係になりました。そうすることによって、彼に遠い過去における憤りを償わせる機会を与えたのです。同時に過去世において彼と人生を分かち合いたいと強く願っていた彼女の思いが今生で満たされることにもなったのです。そしていま私は彼女の子供として生まれようとしています。彼女は前世で私の人生を途中で終わらせてしまったことを償うために、今回は私を無事に出産してから移行する（死ぬ）ことで、人生を私に捧げようとするのです。過去世で負ったものを清算することは彼女の選択であり宿命なのです。彼のほうは、前世では生き延びたことを恨んだ相手（彼女）を今生では失うことになり、前世で失《な》くした愛する人（私）を今生で与えられることになるのです。非常に情緒的な人間である彼は、私の愛する母を深く思慕するあまりに、今生では私に背を向け仕事に没頭することになります。これらすべてのことを私の魂は知っていました。

胎内の至福――魂が自由に次元の壁を超え宇宙とひとつに溶け合う

私は、私の新しい母親にたびたび思いを寄せながら子宮の中で成長していきました。私は、彼女の私に対する温かい愛情を感じ取っていました。そして私がお腹の中で動きまわり始めた時に両親が興味深そうに喜んでいるのも分かりました。新しい父親の温かい愛情も私にいっぱいに注がれていました。お腹の中の私には、遠くから響いてくるような両親の声が聞こえていました。そして私が足で蹴ったり、体の向きを変えたりした時に、彼らの手がお腹の上をさぐるようにしている感触も感じていました。

私は宇宙とひとつに溶け合った名状しがたいような悦びに満たされて忘我の境地にいました。生きとし生けるものすべてを育む至高なる神から溢れ出た生命の泉が、光り輝く音色の小川となって私の中を奏《かな》でながら流れていました。

母親の胎内で過ごす間は人生の特別な時間です。そこでは魂が自由に次元の壁を超えて宇宙に遊ぶことができるのです。時間の経過とともに私の体は成長し、日を追うごとに自分が人間らしい姿になっていくのが感じられました。だんだん子宮の壁も身近に迫ってきて、しだいに私は窮屈に感じるようになってきました。やがて手足を伸ばすことすらほとんどできなくなりました。外から聞こえてくる声は遠いこだまのようでしたが、母親の心臓の鼓動と呼吸の音は耳のすぐそばで聞えていました。

誕生の時――混乱と衝撃、心もとなさと一個の存在となった感覚

私がこの世界に姿を現す時が近づいてくると、私は喜びと悲しみが入り混じったような複雑な気持ち

になりました。これからまさに始まろうとしている新しい体験への喜びと恐れの波が私の心に打ち寄せていましたが、やがて選択が成され、その時は訪れました。突然にやってきたのは、照明と音声の中に出てきた混乱、新しい存在となった衝撃、離れ離れにされた心もとなさ、そして一個の存在となった感覚でした。いくつもの見慣れない笑顔が私を出迎えていましたが、私はすぐにこの新しい家族を受け入れて大好きになりました。私は泣きながらここにやってきました。なぜなら私は自分の感じていることや知っていることを何も伝えることができなくて、さらに自分がとても小さく無力に感じたからでした。

私は母親に抱かれてあやされました。それはとても温かくて、自分が求められて生まれてきて、愛されているのを感じました。けれど、母の腕に抱かれながら、私は彼女がもう自分とはそれほど長く一緒にはいられないことがよく分かっていました。彼女の沈黙と、愛情のこもった眼差しが多くを物語っていました……。「心の底からあなたを愛しているわ。でも私はあなたを置いていかなくてはいけないの。あなたといっしょに生きて喜びや悲しみを分かち合うことはできないの。もう決まっていることなの……、だからあなたは生きていくのよ。私は自分のカルマを清算するわね」

母の死――生まれた最初の日の悲嘆と喪失

温かく、求められて、愛されているのを感じながら私は安らかな眠りの中にまどろんでいきました。再び目を開けた時、私はベッドにひとりきりでいました。ぼんやりとした意識の中で、室内の離れた場所で父親が落ち着きなく歩き回っているのが分かりました。彼は私のそばには来ませんでした。母親の姿はどこにもありませんでした。私が眠りに落ちる前に彼女がささやいた最後の言葉が私の脳裏をよぎりました。「私の赤ちゃんをよろしくね」彼女はそう父に言ったのでした。

ずっと後になるまで私は母が別の世界へ移行してしまったことに完全には気がつきませんでしたが、私の魂はすべてのことが分かっていました。まだ小さな赤ちゃんだった時のことを私は漠然としか覚えていませんが、いくつかの鮮明な記憶の断片はあります。そのかけらをひとつにまとめることによってのみ、私は生まれたばかりの頃の光景を心によみがえらせることができるのです。

私のベッドのそばには見知らぬ人が立っていました。それは私をあやして面倒を見ることになっていた隣家の女性でした。彼女は、私が金星のチュートニアの新しい我が家にやってきた時に出迎えてくれた唯一の人でした。私のいる部屋は不調和な重たい雰囲気に満ちているのが感じられました。とても高い天井はドーム型をしていて、その中央には彫刻の花が咲いていました。それは蓮の花のようで、ドームを囲んでいる花びらからあらゆる種類の繊細で複雑な形をした飾りが私の円形のベッドルームの壁をつたって垂れ下がっていました。私のベッドはお椀のような形をしていて、草花のからまる黄金色の紐で天井から吊り下げられていました。近くには庭園を望む窓が開いていて甘い芳香が漂ってきていました。そして優しいそよ風がゆっくりとベッドを揺らしていました。私はこの新しいすべての眺めを楽しんでいました。

ベッドのそばの金色の籠の中では鳥たちがさえずっていました。私の母が最後に託した願いのひとつは、私の部屋に本物の鳥たちを飼っておくことでした。私の頭上には自動制御のおもちゃ類が飛び回ったり浮かんだりしていて、楽しそうな調べを奏でていました。子守の女性が毎日私の世話をしにやってきましたが、私が彼女に感じ取っていたのは愛情というよりは義務感のようなものでした。私がなつかなかったせいで、おそらく彼女は辞めさせられてしまったようでした。赤ん坊の私は、彼女の冷ややかさを感じていましたが、きっと物理的な世界の赤ん坊たちも同じような感覚で母親の本物の愛情を感じ取っていることでしょう。

しばしば父の声が遠くのほうから聞こえてきていましたが、彼の顔をわずか一瞬でも見る機会は一度もありませんでした。私が彼を見たのは生まれてすぐの時だけです。あの悲嘆と喪失の最初の日以降、彼は決して私に近づこうとしませんでした。私はこの家に感じている不調和の主な原因は、自分であることをはっきりと感じていました。ときどき私が庭に連れ出される時に父の研究室から機械の音が聞こえてきましたが、彼の姿を見ることは決してありませんでした。お天気の良い日は子守の女性が私を外へ連れて行って柔らかい毛布の上に寝かせて、私がそこにいる蝶々や鳥たち、そしてきれいな花々を楽しめるようにしてくれました。でも私がそれよりもずっと関心があったのは、とても慣れ親しんだ音……父親の声でした。父の声と別の2つの声が私の今後のことについて話し合っていました。生まれたばかりの私には、それが私の伯母と伯父の話し声だとは気づきませんでしたが、自分の名前が何度も口に出されているのは分かりました。そこでどんな会話が交わされていたかを私が知ったのはずっと後になってからのことです。

私の母の姉のアリーナと彼女の夫のオディンが父のもとを訪ねてきていて、私をこれからどうするかについての話し合いをしていたのでした。父は母の死を嘆き悲しむあまりに、すべては私のせいだと思っていました。彼は私に対して情を寄せたくはなく、いかなる感情をも持ちたくないとアリーナとオディンに告げました。父は母を失ったことを受け止めるだけでも精一杯で、もし彼が私に対して愛情を持

オムネクの金星の実母（画・オムネク）

オムネクの金星の実父（画・オムネク）

てば、やがてまた同じ思いを味わうことになってしまっていたでしょう。私の父は、わが子が成長していくにつれて亡き愛しき妻とそっくりになっていくのを見ることに情緒的に耐えられなかったのです。そして彼はあまりにも強く母に未練を残していたために、母の無私の心による選択に納得ができないでいたのです。もちろんわがままなのは父のほうで、彼もそれを認めてはいました。私はただの子供であって伴侶ではない——父はそういう見方をしていたのでした。彼は私の伯母と伯父に対して、自分は子育てに専念できる時間的な余裕がなく、子供にはたくさんの愛情と世話が必要だと説明しました。彼は科学者であり、するべき仕事を持っていたので、私の面倒を見るのは荷が重すぎたのです。

彼は、伯母夫婦が私を引き取って自分たちの子供として育てることが最善であろうと感じていたのです。私の伯母と伯父には子供がいなかったため、当然のことながら彼らは大喜びで私を受け入れてくれました。伯母が庭に出てきて、私を家の中に入れた時、私はすやすやと眠っていました。おぼろげながら私が覚えているのは、彼女の腕に抱きかかえられて、私のベッドカバーで体をやさしく包まれて寝かされたことです。彼女は私の身の回り品をまとめる準備をしていたのでした〔訳注：訳者からオムネクへ、彼女の父親は亡くなった妻の魂とコミュニケーションを取ることはできなかったのかと尋ねたところ、「もちろん、それはできていました。私も亡くなった人たちとのコミュニケーションを今でも取ることができます」といっていた〕。

養子に迎えられる——自分の慣れ親しんだ家から離れる時

次に私が目を開けると、ベッドの枠の上から私の顔をのぞきこんでいる笑顔がありました。それは赤みがかった黄金色の柔らかなウェーブのかかった髪を肩まで垂らしたアリーナでした。ほほ笑みかけるような緑色の瞳の眼差しを注ぐ、彼女の人なつっこい愛情溢れる顔を見て、私はまるで自分が彼女の本当の子供であるかのように感じました。私の伯母はとても綺麗な女性で、見た目も私の母と非常によく似ていました。伯父のオディンは、シルバーがかったブロンドの髪をその富士額から肩まで垂らし、きらめくターコイズ・ブルーの瞳をしていて、これ以上感じの良い顔の人はいないのではないかと思えるほどの素敵な人でした。彼から受ける素晴らしく陽気な印象はアリーナと本当にそっくりでしたが、彼のほうがもっと背が高くて堂々とした筋肉質の体型をしていました。アリーナはとても愛しそうに私を抱き上げて頬を寄せてきました。私は生まれた日に母親にあやされた時以来の温かさと愛情を感じました。

私は母がそばにいないことを寂しく感じてはいましたが、彼女がもう行ってしまったことは分かっていました。しかし私には、まだ自分の身に起こっている変化のすべてを理解できていませんでした。私のすべての遊び道具、衣類、そして私のベッドまでもが荷造りされていました。私は自分が家を出て行くのだということ、そして私がとても愛していた父のもとから離れていくのだということが分かりました。私は自分が正面のドアから運び出されて、慣れ親しんだ身の回りのものを最後に見たことを今でも覚えています。私が伯母と伯父のドーム型の乗り物に近づいていった時、遠くのほうで父がお別れの挨拶をする声が聞こえました。最後に子守りの女性が私の頬にさよならのキスをし、それですべておしまいでした。

宇宙船での移動――思念移動ではなくドーム型のきらめく半球に乗って

私たち3人は宇宙船に乗り込んで出発しました。アストラル界では、実際には乗り物は必要ではないのです。私たちは思念の移動、つまり目的地に注意を向けることによってその場に姿を現すことができるのです。ただ何名かで移動する場合は、それぞれが異なった場所や違った時間帯に現れてしまうこともあるため、グループで移動する時は同じ宇宙船に乗って同じ場所へ同時刻に到着する方法のほうが好都合なのです。また単にどこかへ現れるだけよりも、いっしょに乗り物で移動中の景色を観賞できる楽しみもあります。私たちのドーム型の乗り物は驚くほどシンプルな宇宙船で、内部に座席があるだけの透明なガラスのドームのように見えます。伯父は思念の力だけで宇宙船を進ませたり方向を変えたりできましたので、そこにはエンジンも制御盤もなく、ただのシンプルなきらめく半球だったのです。

宇宙船が色とりどりの木立を越えて上昇した時、私は父の敷地内の最後の眺めをほんの少しだけ目にすることができました。私たちの家の真ん中にはわずかに先端のとがった優雅な白いドームがありました。その下で眠ったり遊んだりしながら、私はこの人生における我が家での数週間を過ごしていたのです。家屋の中央部分の両横は翼の形になっていて、それは後に見るアメリカ合衆国の議事堂のようでしたが、ドーム部分はトルコの建築物により似通っていました。広々とした敷地には溢れるほどの華麗で色彩豊かな樹木や草花が見事な庭園に仕上げられていました。左の離れには父の仕事場である研究室がありました。それは庭の草木や木々の中にたたずむ真珠色のドームのように見えました。

新しい我が家――室内に自然が運び込まれたような優美さと調和の世界

私は伯母と伯父の家をひと目見たとたんに、その魅力のとりこになってしまいました。それはまるで地平線を越えて昇ってくる月のようで、地上から上昇する輪のようでもありました。それはまさに簡素さの極限をきわめたデザインでした。青みがかった乳白色の平らなドームは、異国風の樹木や、色とりどりの花々や、彫像や流れる噴水からなる細やかなデザインの庭園に囲まれていました。石畳の小道の先には正面玄関があり、優雅なアーチ状の門が両脇に小さなアーチを伴っていました。これらの小さな出入り口はそのまま寝室につながっていました。正面口を入ってすぐのところには、緑豊かな蔦《つた》の葉や紫と白の花々で装飾を施された鉄製のフェンスが左右に弧を描いて立っていて、居間と左右の寝室エリアを分けていました。またフェンス自体にも入り組んだ草花模様がデザインされてありました。

奥の居間のちょうど中央の少し先に丸い暖炉があり、紫と青と白の入り混じった素敵な大理石模様の床の窪《くぼ》みにはめ込まれていました。その周りには緩やかなカーブを描いたかたちのソファが置かれていましたが、その色は伯母の気分や好みによって毎日変わるものでした。室内にはまた、柔毛と心地よい肌触りの素材でできた明るい色合いのソファが空中に浮いていました。後方の室内に造られた庭園には音色を奏でる滝や泉がありました。ここでは異国情緒あふれる樹木の木蔭の水辺に魚が泳ぎ、小鳥たちが楽しげにさえずりながら枝から枝へと飛び交っていました。

私たちの家はまるで室内に自然が運び込まれたようでした。伯母が世話をしていた植物、草花、そして鳥たちはいたるところに見られました。メインフロアには居間とその両サイドの寝室があるのみでした。そして見上げると、そこには食堂の丸い大理石の床が宙に浮いていました。室内庭園の左側からは大理石模様の翡翠《ひすい》の階段が伸びていて、部屋の内部を取り囲む手すり付きのバルコニーへとつながっていました。メインと2階のフロアの間はどこも人が自由に動き回れるだけのスペースがありました。そして隔たりができている場所のいくつかには、濃い赤土色をした東洋風の木製の渡り橋〔訳注：太鼓橋〕がアーチを描いて架けられていました。

このフロアの端を同じ赤土色の艶やかな木製の欄干《らんかん》（手すり）が腰の高さほどの位置ですべて囲っていました。幅の広い欄干の上には、植物、小立像、そして陶器などが風雅に飾られていました。さらに彫刻を施された象眼《ぞうがん》模様のテーブルと椅子が5セット置かれていて、室内の備え付けはまさに完璧なものに見えました。伯母は簡素さと優雅さをこよなく愛する人だったのです。

丸いドーム型をした天井は、そこから下へと曲線を描いた壁につながっていて、それは壮観な光景でした。室内から見ると周囲の壁や天井はガラスのように透《す》きとおっていて、屋外の庭園、空にたなびく多彩な色模様の雲、そして近くの山並みがパノラマの展望で堪能できました。テーブルセットの真上にある天井のドームの中心には、長方形のモザイク模様が施されたステンドグラスがありました。上から見下ろすと、2階のフロア自体も透明なガラスのようでしたが、居間から2階を見上げると、そこには紫と青と白の大理石の天井だけが見えていました。飾られている美術品の素晴らしさは言うまでもなく、建物内の家具類のどれもが精妙で卓越した芸術作品となっていました。その場所そのものが、言葉では表現し得ないほどの優美さと調和を湛《たた》えていて、そこに住む者たちのあらゆる感覚を心ゆくまで楽しませてくれていました。

伯母と伯父の深い愛情と思いやり――私に安らぎと喜びを与えてくれた

私との生活が始まった日、私についての伯母と伯父の会話は同情的なものでした。伯母夫婦は私の父の気持ちが理解できませんでしたが、彼らは父を独立した個人とみなしていて、父と同じ経験を自分たちも経験しない限りは、彼の本当の気持ちを知ることはできないことを認識していました。彼らは父の決意を受け入れ、自分たちがこれから養っていく子供ができたことを心から喜んで私を引き取ってくれたのでした。私がアリーナの妹の娘であったことは、状況をとても特別なものにしていました。伯母も伯父も私を養子に迎えてとても幸せに感じていましたが、生みの母親を失い、実の父親からも引き離されてしまった私を不憫《ふびん》に思ってもいました。しかし同時に、彼らはそれはすべてカルマの問題であることにも気づいていましたので、私が良い人生を送れるように自分たちはできるかぎり私の面倒をみようと思っていました。

私の新しい寝室は流れる滝のそばにあって、お椀の形をした私のベッドは、くすんだ色の天井からゴールドのフックとチェーンで吊り下げられていました。それはまるでピンク色の小枝で編まれた部屋のようで、青々とした葉っぱをつけた青や黄色の草花がつづれ織りのように天井から床までをすっぽりと覆っていました。アリーナ伯母さんは私のためにふかふかの羽毛の掛け布団を作ってくれて、それはまるでふんわりと空に浮かぶ雲のようでした。布団には小さな動物や花々の刺繍《ししゅう》が一面に施されていて、さまざまに色を変えました。私を寝かしつける前に彼女は美味しいフルーツジュースを飲ませてくれました。そして彼女が奏でてくれた金色のハープの音色を聴きながら、安らかな気持ちで眠りに落ちていったことを私は今でも覚えています。

子供たちをあやしたり食事を与えたりすることはここでは本当は必要ではないのですが、それらは私に安らぎと喜びをもたらしてくれていました。アストラル界に暮らす人たちは、生きるために必要なエネルギーのすべてを通常は休眠中にエーテルから吸収します。これはアストラル体が肉体よりもずっと精妙な周波数のエネルギーでできているからです。しかし私たちは特別な機会にはテーブルをセットして手の込んだ料理を食べたりもします。私たちは物理的な世界にいた頃の好みの習慣を持ち越していて、それには美味しい食事を楽しむということも含まれていたのでした。

金星の幼児教育——親が生後5年間で、生きる基本を家庭で教えておく

大部分の金星の子供たちは、生後5年間はありとあらゆる遊びやゲームを通して、生きていくための基本を学ぶことになっています（ここで私がいう5年間とは、金星の子供が地球の5歳の子供と同じくらいの外見に成長するまでの期間を指すもので、地球時間の5年という意味ではありません）。金星では、子供が学芸院に通い始める前までに、これらの基礎的なことを家庭で教えておくのが親の義務となっています。

伯母のアリーナは、私にこの惑星の文化や至高なる神性の法則について学ばせるために、毎日一定の時間を割いてくれていました。とても早い時期に私はアルファベットや言語、数のかぞえ方などを学び、簡単な工芸も習いました。ほとんどの子供たちと同じように私は最初はゲームで遊ぶことを教わりました。そしてお絵かきや切り絵を楽しんだり、文字を使って遊んだりしました。そばにいた伯母は、私が

いろいろな文字を組み合わせて単語を作ったり、数をかぞえたりするのを手助けしてくれました。このようにして私はとても速やかに学習をしていったのです。

私の遊びの中には、多様な材質や色をした基本的な幾何学形の組み合わせや、さまざまな形のブロック（積み木）を使ってのミニチュアの都市作りなど、あらゆるものが含まれていました。ブロックはいろいろな種類のきれいな木材や金属や水晶でできていました。伯父のオディンは私の教育にとても関心を持ってくれていて、マグネットや学習キットなどいろいろな面白い物をもって帰宅してきました。私はそれらを使って、つまみを回したり、ボタンを押したり、ハンドルを回したりして、多くの種類の音を発生させたり、さまざまな仕掛けを作動させたりしていました。2、3歳になった頃、私はより創造的な遊びや工作に取り組むようになりました。初めは伯母が塗り絵用の下絵を描いたりして手助けをしてくれていました。しかし私はすぐに自分自身で絵を描いたり、安全な道具を使って木彫りをしたりし始めました。私はまた2体の操り人形を使って、それぞれをこの世界のポジティブな力とネガティブな力に見立ててお芝居をさせたりもしていました。まもなく私はハープのようなものや、ピアノのような楽器を弾き始め、それ以来ずっと音楽は私の生活に不可欠なものとなりました。

私は音楽に合わせてダンスをするのが何よりも好きで、いつも伯母が彼女自身の習い事として音楽を奏でる時間を心待ちにしていました。その音色に合わせて自分が考えていた新しい動作のすべてを練習することができたからです。誰が見てもダンスが私の一番のお気に入りの遊びでした。そのころ私は自分が描いたミュージカル風の絵画の前で、あるいは自作の曲に合わせて何時間でも飽きることなく踊っていたものでした。私たちの音響システムは居間の天井にはめ込まれた拡声器のようなものでしたが、実際はそんな単純な装置ではまったくありませんでした。私たちがある交響曲やメロディラインを思い浮かべるだけで音楽が流れ出して部屋全体を満たすのです。それは完全に思念でコントロールされ、心で操作されていたのです。

屋外の素晴らしい景観――物理的世界の時代の名残とともに

私たちの家の周囲を取り囲んでいた巨大な円形のエリアは、私の大のお気に入りの大庭園でした。この1カ所に伯母と伯父は、金星のいたるところから、そして近隣の他の複数の惑星から集めてきた樹木や低木や草花を植えていたのでした。それらはあらゆる種類の形、サイズ、そして彩りに溢れていました。多様な植生が一堂に会しているのはまさに絶景ともいえるほど素敵な眺めでした。私が特に気に入っていたのは東洋の扇のように見えるある1本の木でした。それは1つの根から4つの幹が広がっていて、それぞれが交互に明るい緑色と青色をしていました。その葉は輝くような黄色でしたが、どれも自然なままの色彩でした。そして枝から垂れ下がった蔓《つる》に花が咲き乱れている様子と相まって、木全体が大きな扇のように見えていたのです。私はその木の下でほとんど毎日のように遊んでいました。そして時々その大好きな木の上に登って鳥になったふりをしていたものです。

不思議なかたちをした木々は私たちの庭園ではどこにでも見られる光景でした。あるものは巨大な花のように見え、またあるものは幹も枝もそして葉っぱもすべて同じ色をしていて、たとえば明るい黄色、青、あるいは赤などの種類がありました。花の中には木のように見えるものもあり、そよ風に揺られると、羽根のような花びらから芳しい香りが運ばれてきました。ひまわり、バラ、チューリップなど、地球の人たちにもよく知られている多くの種類の花が私たちの庭にも咲き誇っていました。

　私は多くの時間を屋外で過ごし、鳥や動物たちのところへ行って餌をあげたり、世話をしたりしていました。その度《たび》に私はそこで新しい鳥や昆虫を見つけて飼い慣らしました。彼らは私にとてもなついてくれて、私も彼らに愛情を感じるようになりました。低木や草花や木々の間には果実が実り、野菜が伸び伸びと育っていました。どの家族も家庭菜園をしていたのは、人々の心の中にある物理的世界の時代の名残でした。私が大好物でいつも食べていたのは、ユンナという美味しい果実でした。それは洋梨とチェリーを掛け合わせたような味で、ただそのどちらよりもずっとジューシーでした。

　私は裏庭にある噴水のそばに座って、ゴボゴボとしぶきをあげながら流れている水を眺めているのが好きで、そこは昼も夜も内側から明るい光を放っていました。その姿はまるで輝く4つのマッシュルームが積み重なっているようで、それぞれの端はホタテの貝殻の形をしていて、上にいくほどサイズが小さくなっていました。てっぺんの蓮の葉の彫刻から澄んだ水が吹き出ていて、2段目に落ちる時は黄色に変わり、次の段に流れ落ちる時には紫色になり、一番下の段に落ちる時は明るいオレンジ色に変わりました。なんて素敵なのでしょう！

　もえぎ色の広場には伯父が私のために造ってくれた特別なブランコがありました。ただ、それを吊り下げているものは何もありませんでした。この宙に浮いたブランコは、風が吹くといつでも優しく前後に揺れていました。それは可愛い白のレース模様をしていたので、ハンモックのようにも見えました。オディン伯父さんの特別なプレゼントのこのブランコで、私は友だちと一緒に遊びながら多くの時間を楽しく過ごしていました。

金星の友だちとの創造的な遊び

私の最初の友だちはゼムラという名の女の子で、彼女は私と意識レベルがほぼ同じくらいでした。毎日ゼムラの両親が彼女を私のところへ遊びに連れてきてくれました。金星では年齢よりも意識レベルのほうが重要で、それは感じ取ることはできても、目には見えません。遊び仲間や友だちは、内面的な質が同じである者同士が共に過ごす時間を楽しむのです。

私たちがいっしょに遊んだゲームは、ほとんどの子供たちがするのと同じようなものでしたが、もっとずっと手の込んだものでした。私たちは庭の中にミニチュアの都市全体を顕現させ、そこにちっちゃな人々や乗り物も出現させせました。そして思念によってそれらを動かし、人々に互いに会話をさせ、自分たちで服を着ることまでさせました。私たちが建てたビルは細部に至るまで精巧にできていて、それは金星や他の惑星に実際にある都市全体をそのまま複製したものでした。そこに欠けていたものは何もなく、庭園、河川、船、そして橋や動物など、実際の都市にある何もかもが揃っていました。

アストラル界にいると、ゼムラも私も簡単に自分を透明にできたり、体のかたちを花や木に変えてみたりして、かくれんぼをして遊ぶこともできました。そして自分たちの体をちっちゃくして、小人の世界の小妖精になったつもりで創作物語を演じたりしました。私たちの未来に待ち受けている新しい体験は無限に続いているかのように感じられていました。またある時は、空から下を眺めたらどんなふうに見えるのかをただ知りたくて、巨大な蝶々を創造してその背中に乗って近所じゅうを飛び回ってみたこともよく覚えています。

やがてもう少し成長していくにつれて、女の子の友人たちと私は自分たちの親を真似てみることに興味が移り始めました。おままごとの中で、私たちは親たちがやっていることそのままにパーティを開いて、みんなでドレスアップしてダンスをしたり歌ったりしました。私たちの誰もが創造的で、何らかの才能に恵まれていたので、私たち皆がエンターテイナーになれました。そして演じる時はいつでも何か新しいことを学んだり、才能を開発したりしようとしていました。演劇ごっこをする時は、誰かがアイデアを思いつくと、別の子がそれを演じてみせたり、ダンスをしたり、または詩の朗読によって表現したりしました。私の伯父が家に持ってきていた他の惑星の歴史の本を参考にした劇をやる時は、私たちは昔の時代のさまざまな衣装や髪型でドレスアップしました。私たちが創造した服装は本当に過去に存在したものの複製でした。

幼い頃から物体の創造のしかたを学ぶ——行使に伴う重大な責任とは

物体に及ぼす私たちの心のパワーをもってすれば、これらの遊びは十分に可能なことであったのです。アストラル界では物体はとても高い周波数のもとにありましたので、私たちの思念でそれを動かしたり、変化させたり、周囲のエネルギーからそのまま顕現させたりすることができるのです。私たちがおままごとをする時はいつでも本物の家を顕現させて、衣服は心の中に視覚化したものを細部に至るまで正確に再現するのです。

金星の子供たちがこのような創造の能力について教えられるのは、物理的な世界の惑星の子供たちが歩き方や読み書きを必ず教わるのとまったく同じように必須のことなのです。私が伯母から創造のための訓練を受けた時はまだとても幼い頃で、2歳か3歳くらいでした。私はこれから創造しようとする物体の全方向からの姿、色、そして構造を正確に心に描き、そして顕現する物体の数を決めなければなりませんでした。

私はアストラル界では自分たちは無から物を創造しているのだと言っているわけではありません。私たちは自分の思念を用いて、フリーエネルギーを何でも自分が望むものに変換しているのであって、それが魔法のように見えてしまうのは、私たちが顕現させた物体があたかも希薄な空気の中から出現したかのように見えるからにすぎません。物体に作用する同じ思念の力は物理的な世界にも存在しますが、それが魔法のように思われることがないのは、その創造のプロセスがずっとゆっくりで、原材料や肉体的な労力が求められるからです〔訳注：オムネクによれば、アストラル次元にいても、3次元の肉体にいるのと同様に、すべては現実的なものとして感じられ、テーブルなどに触れても、とても堅い物体として感じられるが、3次元の肉体を持つ人がアストラル次元のものに触れようとしても、まるで指の中をすり抜けていくように感じるだけだという。それは生物の体はそれぞれの惑星に応じたバイブレーションでできているからだという〕。私はまた、このような力を行使することに伴う重大な責任についても教わりました。すべての創造は、至高なる神の名のもとに本来あるべき正しいかたちで行われなければ、良いカルマだけでなく、悪いカルマも作ってしまうのです。私は自分の創造行為が誰の人生にも干渉してしまわないように注意していました。

私の部屋のアレンジ——家具は自分でデザインを考え顕現させたもの

宙に吊り下げられたベッドで、室内庭園の中の滝の流れる音に耳を傾けながら横たわっているのが私のお気に入りの時間でした。その音はまるで水がハープの上に流れ落ちているかのような美しい旋律で、私は恍惚感に包まれていました。その変わらないメロディを私は飽きることなく聴いていて、滝のまわりにかかった霧の中に現れている永遠の虹をずっと眺めていたものです。

私の部屋の半透明の壁の向こうには、瑞々《みずみず》しい色とりどりの庭が見え、遠くのほうには紫色のクムリ山脈がそびえていました。私にとってこの部屋は、もはやただのベッドルームとは言えないようなところでした。そこは自分ひとりになれて、いろいろなことに思いをめぐらせたり、さまざまなフィーリングを感じたりすることができる私だけの世界でした。室内の家具のほとんどは、私が４歳くらいの頃に自分でデザインを考えて顕現させたものです。紫と青と白の大理石の床を覆っていたのは、草原のような肌触りで黄色や青の小さな花柄のあるじゅうたんでした。小さな木のような形をした自然の木材でできた小型テーブルは、伯父からの特別な贈り物でした。そこには彼の手による浮き彫刻が施されていて、丸いテーブル台の縁は精巧な葉っぱの絵が彫られていて、筆で緑色に塗られていました。頑丈なテーブル脚は木の幹の形に彫刻されていました。

家の中のそれぞれのベッドルームに専用の浴槽があり、もちろん私の好きなようにデザインすることが許されていました。それは貝殻で縁取られた丸いバスタブで、底の真ん中にはヒトデが描かれていました。彫刻の金魚の蛇口からお湯が出てくるようになっていて、天井にあるお星さまのかたちをしたものがシャワーノズルになっていました。

私の部屋の中で最も不思議に見えるのは、部屋の端に生えている本物の樹木でした。それがまだ庭にあった頃、私がとっても気に入って自分の部屋の中へ移したのですが、その木はそこでとてもよく育ちました。この世界の人々が食事をしなくてもいいのと同様に、木も土に根を張る必要はなく、人間と同じように必要なエネルギーを身の回りから直接吸収していました。それは幹のねじれた樫《かし》の木とほとんどそっくりで、深緑色の葉と紫の花をつけていました。その花の香りはまるで天国にいるような気分にさせてくれました。私はその木の枝に吊るされた小さな白いブランコに乗って長い時間を過ごしていました。樹木は金星の人々の暮らしを象徴するようなもので、木々が育つ場所であればそこに人々も生活できたのです。

チュートニアの学芸院——創造性と想像力を高めることが中心

学習することは私自身の人生の中では常に測り知れないほどの価値を持つものでした。金星社会においては、それは年齢に関係なく人々にとって各自の人生の日々の瞬間ごとに訪れる機会でもあります。私たちは地球に見られるような教育制度は持っていません。地球の学校は、まるで完成した製品を送り出すための工場での生産と組み立ての流れ作業のようです。私たちの言う学習とは、個人の魂の成長のための終わりなき経験の連続を意味します。

金星の子供たちにとって勉強は心の重荷になるような嫌な努力ではなく、楽しさを感じさせて、満足感を与えてくれるものです。アストラル界では私たちは生計を立てていくためのつらい労働からは解放されていますので、日々の生活は創造性と想像力を高めることが中心となっていて、教育システムもそのような生き方を反映しているのです。

チュートニアの中心部は商業エリアではなく、私たちの地域に住む人々のためのカルチャーセンターとなっています。都市の大部分は学芸院のための敷地となっています。各々の学芸院の建物はそれ自体が芸術作品となっており、それぞれが芸術や科学の1つの分野の発展に貢献しています。各学院では子供も大人も自分たちが選択した学習分野のマスター（熟達した教師）によって導かれています。そこでは常に生徒がマスターに昇進し、その分野を専攻する人々の教育に従事しています。また習熟度の高い生徒はまだ学習を始めて日の浅い生徒たちのガイドに加わるように奨励されています。学院での勉強をいつから始めるかについては、一人ひとりの子供の自由意思に委《ゆだ》ねられています。子供たち本人以外の誰も、彼らの代わりに意思決定や入学手続きをする権利はなく、それはたとえ親であっても同じです。どの科目をいつから習うかについての選択も、完全に本人の自由であり、学院にはカリキュラム、卒業、あるいは学位認定などの制度はありません。ここでの学習は個人的なものなのです。

すべての学芸院の中で私が一番好きだったのは芸術学院でした。そこで勉強を始めたのは私が5歳近くの頃で、私はだいたいいつも舞踏芸術のためのフロアにいました。ダンスが私の人生の一部となったのは、古代エジプトのモーセの宮殿で宮廷の踊り手をしていた頃からで、それは私にとって最も価値のある生まれ変わりの1つでした。もちろん私はさまざまな種類の学芸院を訪れましたが、私がこれほどまでに楽しむことができた場所は、この大理石の柱と階段に一面を囲まれた巨大なドーム型の芸術学院をおいてほかにはありませんでした。

私の朝の日課——どんな人になって過ごすのかを決める

毎朝、私は都市部へ出かける前に休眠から目覚めます。アストラル界では疲労する肉体はないので、睡眠もしくは休息は多かれ少なかれ心の休眠のためのものです。私たちはただ何か1つのものに心の焦点を合わせることで、意識的に心を空白にします。

日覚めてからいつも私が最初にすることは、その日はどんな人になって過ごすのかを決めることです。私は毎日何か違ったものになろうとします。いつも同じパーソナリティでいることは生き方に制限を設けてしまうことですし、飽きてくるからです。ある日はとってもウキウキした陽気な人になりたいと思い、また別の日には物静かな控えめな人になることを好みました。その他の日は、王女になることを選んで高貴な人として振る舞いましたが、誰もが私をそのように扱いました。なぜなら、これはただの子供のお遊びではないからです。すべての人たちがその日ごとに個性や人格を変えて、1つの性格に限定されることなく、人生をより興味深いものにしようとしていたからです。

私は毎日それぞれの新しい自分自身に似つかわしい服装を選びましたが、私はいつもとてもフェミニンで軽くて柔らかいドレスを好んで着ていました。私の想像力の許す限り、服のデザイン、素材、そしてスタイルに限界はありませんでした。私は太陽を着ることだってできたのです。輝く陽光のように見えるドレスです。星明かりのような服や、美しい岩場を流れる小川の水のような装いをすることもできました。それはただ心にあるものを顕現すればいいだけのことだったのです。

私は芸術学院に出かける前にわざわざ食事をすることはめったにありませんでした。通常、私はただ大理石の階段の前に姿を現すだけでしたが、気分転換をしたいと思った朝には徒歩で村を抜けて、村落と都市部を隔てる峡谷にかかる橋を渡りながら、道すがらの景色や聞こえてくる音を楽しんだものでした。

芸術学院の中は多くの階層に分かれていました。それぞれの階が多くの芸術の中の1つの分野専用となっていて、1つのフロアが特定の科目のバイブレーションで常に統一されていたのです。

各階には500~600人用の座席のある巨大な円形の会堂がありました。ここがメインの学習エリアで、それを取り囲むように小さな学習室がいくつもあり、個々の生徒が作業や考えごとをするために利用していました。

初級クラスでは、芸術の基礎、つまり自分のフィーリング、アイデア、そしてイメージを紙面に表現する方法を学びます。私はここで私たちが教室の椅子に座って思念の力を使ってスケッチを紙の上に出現させる方法を学んでいると言っているのではありません。芸術学院では、物理的な世界の芸術家たちと同様に、手やその他の能力を用いてクリエイティブになるように指導されます。次の階はメインホールになっていて、さまざまな媒体を使って絵を描く方法を習います。またそこには彫刻、コラージュ、切り絵や折り紙、木彫術、そしてすべての表現手段のための専用フロアがありました。その上階にはダンスフロアもありました。どの学院でも各部屋や各フロアは常にそれぞれ同じ種類の芸術や科学の分野専用となっていましたが、それは芸術学院と同様に波動を一定にするためのものでした。

放課後や自宅での創造活動

放課後は地球の子供たちと同じように、私も帰宅してから毎日、仲のよい友だちといっしょに遊びましたが、そこで口げんかなどが起こることはありませんでした。私たちがとりわけ楽しんだ遊びは、色とりどりの芳しい花々でとっても長いくさりを作ることで、それを持って近隣を走り抜けて木立や家々をドレープ飾りで装いました。近所の人たちも私たちと同じくらい喜んでくれました。数日もするとそれらは消滅して、私たちはまた最初からやり直すことができました。

子供たちの間ではパレードをすることが特に人気でした。もちろん私たちは特別な機会が訪れるまで待ってはいませんでした。どのみち子供たちにとっては毎日が特別な機会のようなものだったのです。子供たちはみな異国風の衣装を身にまとい、各々がお気に入りの楽器を手にして綺麗なハーモニーを奏でながら、近所中を盛大に練り歩きました。パレードが終わった後は、みんなで草むらの上にごろんと寝そべったり、転がったりして大はしゃぎしていました。大部分の子供たちは物理的な世界で起きていることに非常に敏感でした。私たちは昔の歴史上の人物になりきって劇をするのが大好きで、その時代のものを細部に至るまで思うがままに再現できたのです。

自宅でも私は歌やダンス、そしてハープの技能を高める練習をつづけていました。ダンスというものは、他のすべての芸術がそうであるように、その世界に深くかかわっていけばいくほど、これからまだまだたくさん学ぶべきことがあることを思い知らされます。ダンスはまた、精神的な経験を表現できるという点では、他のいかなる芸術でも成し得ない独特な芸術のスタイルでもあります。さらに金星のダンスには厳密なステップや決まりごとがなく、独自の解釈と発想による踊りのようなものなので、そこでは限りなく多種多様なコンビネーションや動作が習得できるのです。

私はまた服装のデザインは最も挑戦のしがいがある芸術のひとつだと常に思ってきました。出来上がった作品は、毎日の生活のあらゆる瞬間において楽しむことができるのです。私は着る人のバランスを損ねずに、高めることができる衣服を創造することにとても興味がありました。誰もが同じ服を着てそれが似合うわけではないということから私はインスピレーションを得て、さまざまなスタイルやデザインの服を実験的に作ってみたら、それが異なったタイプの人たちにどうマッチするのかを見てみたいと思ったのです。

物理的な世界のアイデアはすべてアストラル博物館からもたらされる

私たちの意識の奥底には利己的な気持ちではなく、無私の気持ちが深く根付いていて、それは人生のあらゆる面に自然に影響を与えています。教育においては、ある技能や技術をマスターした子供は、他の初心者の子供たちを導いてあげています。私はダンスを習っている友人たちに指導をしていましたし、一方ではある友だちに助けてもらいながら自分のハープ演奏の技術を上達させていました。

週に1度、私は伯母が通っているアイデア教室についていきました。いつも創造的でいるために、そして自分たちよりも限られた環境の物理的世界のために、近所の女性のメンバーたちは毎週集って、諸問題に対する各自の創造的な解決案を出し合って検討していたのです。そこでの試みはいつも難題を扱っていて、たとえば物理的な世界の1つの時代を通して普及させるための新しいファッションを考え出したりすることもありました。その際は各自がその時代の暮らしにおけるあらゆる要素を考慮していきます――気候、交通手段、倫理観、その他たくさんのことです。それから各々のさまざまなアイデアや解決策を次の集会の時に発表し合います。そしてその中の最善のもの、もしくは組み合わせたアイデアがアストラル博物館に寄贈されます。そこにはすべての新しい発明が、未来の物理的世界で役立ててもらうために蓄えられています。

博物館を訪れる発明家たちは、地球からだけでなく、物理的な世界の他の惑星すらからもやってきていますが、彼らは意識的に、もしくは睡眠中の夢の中で体外離脱をして、自身の問題への解決策を入手しているのです。私の伯父のオディンはその一生を科学の発展のために捧げてきた人でした。これは、自分たちよりも困難な状況の物理的な世界にいるすべての人々に、より過ごしやすい生活を送ってほしいという彼の人類愛と貢献心によるものでした。彼のような人は、アストラル・レベルのあらゆるところに数多く存在していて、物理的な世界をさらなる精神的開花へと導く手助けをしているのです。

本当のことを言えば、皆さんの物理的な世界におけるすべての発明は偉大なアストラル博物館に起源をもっているのです。最初の発明は、まず私の伯父のようなアストラル界に住む科学者たちによってなされ、上から降りてきたアイデアをこのアストラル界の環境で完成させてから、次にそれを物理的な世界に適応させていくのです（異なった密度の世界に降ろすためには、それぞれの密度に固有の特性と法則に適合するように変換させる必要があるのです）。密度の濃い世界での創造性とは、より希薄な世界での現実に既に存在しているものを感受する能力にほかならないのです。その根底にある精神的な法則は、「上の如く、下も然り」です。

私の伯父が家にいる時、彼が何かの新しい装置をいじっていないのを見る日はほとんどありませんでした。彼は家にいない時のほうが大部分で、科学者たちとの会合に出ていましたが、その人たちは金星や他の惑星の同等のレベルの世界から来ていて、彼のプロジェクトの一助となるようなアイデアを提供できたり、似たような専門分野の研究を続けたりしている人たちでした。

伯父が家にいる時はいつも楽しい時間が過ごせました。なぜなら彼は自分の最新の発明のためのモルモットとして私たちを使う習慣があったからです。つまり、彼はいつも発明したものをアストラル博物館に寄贈する前に自宅でテストをしていたのです。彼のプロジェクトの中には、太陽エネルギーを利用する先進技術、無害な貫通光線を用いた調理法、電気を用いずに室内環境をコントロールする方法、そしてその他の多くのアイデア機器は、家事をする人の生活をより楽にするために発明されたものでした。

テレポーテーション装置の開発――物理的な世界に革命的変化を

私の伯父が従事していたプロジェクトの中でも最大にして最重要なものは、地球のＳＦ小説家たちが非常に強い関心を寄せてきたもので、それは私たちの太陽系の進化した文明においてもまだ完成されていないものでした。彼と私の父はこのために共に最大限の努力を捧げてきました。それは生きた人間を物理的な世界のある場所から別な場所へと安全に〝送信〟する物理的なテレポーテーション装置で、一時的にその人の波動をアストラル・レベルにまで高めて、そして受信装置を使わずに再び波動を落とすという方法によるものでした。アストラル界の人たちは、自分たちの思念の力で移動できる自然な能力を持っていますので誰もこのような装置を必要とはしませんが、物理的な世界においては、この装置の発明は移動手段に革命的な変化をもたらすことになり、ひいては私たちの移送船や母船すら廃《すた》れたものにしてしまうほどの大変革となるでしょう。

オディンと私の父はこのシステムをアストラル界に持ってくるところまでは開発し、次は物理的な世界において物理的な法則のもとでさらなる開発を続けるべき段階にまで来ていました。このために、オディンは私が地球へ向けて旅立つのと同時に自分も波動を下げて物理的世界の金星に住むことを選んだのです。近況報告によれば、彼は現在でもシステムの完成に向けて取り組んでいるとのことです。それは彼が当初に想像していたよりもずっと難しいプロジェクトであり、ひとつの理由としては、物理的な世界ではアストラル界にいた時と比べて創造性が発揮しにくいことが挙げられます。

発明科学者の素敵なオディン伯父さん

私は伯父が最新の発明を家に持ってくるのをいつも心待ちにしていました。そしてもちろん近所の子供たちも我が家に新しい発明品が来たことを聞きつけると、すかさず飛んできました。

オディンは物静かな雰囲気の人でした。彼は控えめでしたが、振る舞いは良く、とても人を惹きつける魅力と威厳がありましたので、地球で彼を見た人は彼がどこかの国の王様かと思うことでしょう。彼はどこにいてもその存在だけで人々の関心を引くような人でした。彼の瞳はいつもきらめいているような感じで、今にも笑い出しそうな眼差しをしていました。彼独特のユーモアのセンスも絶妙でした。彼は絶え間なく可笑《おか》しな冗談を言っていました。そして何か面白いことを仕掛ける時は、自分はそしらぬ顔をして部屋の隅に立って、彼のしわざで皆が慌てて混乱している様子を、とぼけた表情で眺めて楽しんでいました。

また彼はとても心の広い人で、常に自分のことよりも他の人たちのことを気にかけていました。そしておそらく私がこれまで出会ってきた人たちの中で、彼は最も物事にこだわらない人の1人でしょう。何かが壊れてしまった時でも彼は決して心を乱されることはありませんでした。彼はただそれを忘れてしまうか、またやり直そうとするかどちらかでした。自分にはいくらでも時間があることを知っていたのです。

私の伯母はそれとは正反対でした。彼女はとても情緒的であらゆるものに愛着を感じていました。またとても物事の整理が上手な人でしたので、あらゆるものがきちんとしていました。そうでなかったら彼女は落ち着けなかったでしょう。伯父のほうは何かがうまくいかなければ別なことをすればいいさという考え方でしたが、それが伯母のやりかけていたことであった場合は、彼らは何とかうまくいくように2人で努力しようとしていました。それが私たちの家庭を円満に保つための暗黙のルールであったのです。

魂の旅行――スピリチュアルなエクササイズ法

夜になると私たち家族はたいていは暖炉を囲んで皆でいっしょに座って、至高なる神性の法則のスピリチュアルなエクササイズをします。私たちがよく学習の時間と呼んでいたように、それはスピリチュアルな学びのために捧げていた時間で、それをせずに私たちの1日が終わることは決してありませんでした。精神的なエクササイズは本当にすべての仕事の基礎となる大切なものでした。それによって魂は現在の体を離れていっそう高い世界を経験することができたからです〔訳注：以下にオムネクがセミナー等で指導している瞑想を紹介する〕。

魂の旅行（瞑想へのガイド）

それでは私が皆さんのガイド役となって、魂の旅行へご案内しましょう。

まずは物質的な世界から始めて、個人個人がそれぞれの世界または次元を超えていきます。各階層に対応するマントラ（真言）と色もお教えします。皆さんがすることはたったひとつだけ――リラックスして試してみることです。

中には瞑想に慣れていない人もいるでしょう。姿勢にはさまざまな種類があります。伝統的なポーズは蓮華座《れんげざ》ですが、いすに座る時は背筋を伸ばして肩の力を抜いてリラックスして下さい。両方の足元は必ず接触させて、ひざの上でゆったり組んだ両手の親指も接するようにします。このようにすると姿勢そのものが体にエネルギーを流れやすくします。

またベッドに横になっても構いません。両手を組んでおなかの上に置いて、親指どうしを接触させて下さい。足も互いに交差するか接触させて下さい。そして第3の目（眉間のあたり）に意識を集中させて、あたかも頭の中にテレビ画面があるようにイメージをしてください。肉眼で見るのではなく、そこに心を集中させて下さい。一番大切なことは、この旅全体を通してリラックスして心地よく感じていることです。

瞑想のポーズをとったら、深呼吸を3回して心身を浄化して下さい。それでは始めましょう。

●第1次元　物理的な世界

最初の次元は物理的世界です。マントラは「アライア（Alaya）」です。この音は雷鳴とドラムを表していて、色はグリーンです。このマントラは肉体のエネルギーバランスを整え、活力を高めますので、体を精力的に使う際に役立ちます。緑色をイメージしながら「アライア」のマントラをとてもゆっくりと、少なくとも3回唱えます。深く深呼吸して……では始めて下さい。

●第2次元　アストラル界

2番目の次元はアストラル界です。マントラは「カラ（Kala）」です。これは大海原の波の音を表していて、色はローズ（ばら色）またはピンクです。この音には情緒体にバランスと調和をもたらす効果があります。あなたが情緒的にとてもストレスを感じていて感情のコントロールが難しい時に、このマントラは各々の情緒に応じて効果的に働きます。泣きたくなったり、幸せに感じたりすることもありますが、そのどちらも情緒を安定させることに役立つのです。ばら色か桃色をイメージしながら「カラ」のマントラをとてもゆっくりと、少なくとも4回唱えて下さい。深く深呼吸して……では始めて下さい。

●第3次元　コーザル界

3番目の次元はコーザル界です。マントラは「オゥム（Aum／Om）」です〔訳注：「ム」は口を閉じて発音〕。これは小さな鐘がちりんちりんと鳴る音で、色はバイオレット（すみれ色）または紫です。コーザル界には魂の経験が記録されていますので、この音には潜在意識にある過去世の記憶を表層意識に浮かび上がらせる作用があります。すみれ色か紫色をイメージしながら「オゥム」のマントラをとてもゆっくりと、少なくとも5回唱えて下さい。深く深呼吸して……では始めて下さい。

●第4次元　メンタル界

4番目の次元はメンタル界です。マントラは「マナ（Mana）」です。この音は流れる水、または滴《したた》る水を表しています。色はブルーです。この音には、思考プロセスを刺激してバランスと調和をもたらし、精神的な混乱とストレスを排除する効果がありますので、知的な仕事をする際に有益なものです。青色をイメージしながら「マナ」のマントラをとてもゆっくりと、少なくとも6回唱えて下さい。深く深呼吸して……では始めて下さい。

●第5次元　エーテル界

5番目の次元はエーテル界です。エーテル体は、創造された魂が渦巻く下層世界の階層へと降りていく旅のために最初に身にまとう外皮です。マントラは「ブァジュー（Baju）」です。これは蜂がぶんぶんいう音を表しています。このマントラは内在する創造的なエネルギーを刺激しますので、クリエイティブな活動に役立ちます。色はゴールドです。金色をイメージしながら「ブァジュー」のマントラをとてもゆっくりと、少なくとも7回唱えて下さい。深く深呼吸して……では始めて下さい。

●第6次元　魂の世界

6番目の次元は魂の世界です。マントラは「シャンティ（Shanti）」です。これは荒涼とした風の音で、色は淡いイエローです。このマントラはこれまで述べたすべてのマントラの作用を持ち、それぞれの次元の体を調和させ、とても穏やかな充足感をもたらします。この音はまた、肉体の怪我、情緒的な危うさ、精神的な病など、あらゆるタイプの機能的な低下や障害を癒す作用があります。淡い黄色をイメージしながら「シャンティ」のマントラをゆっくりと、少なくとも8回唱えて下さい。深く深呼吸して……では始めて下さい。

●第7次元　アナミ・ロクまたは神の世界

7番目の次元は創造の「空《くう》」と呼ばれるアナミ・ロク（Anami Lok：名のなき領域、の意）または神の世界で、そこから森羅万象そしてすべての魂を創り出すエネルギーが流れ出ています。そこは創造の中心なのです。マントラは「ヒュー（Hu）」です。これは宇宙の音楽で、色はホワイトです。この音は個人にスピリチュアルな啓蒙《けいもう》をもたらし、意識を高めて人生観を変えるのに役立ちます。この次元が私たちの起源であり、魂はあらゆる知識を求めてここに戻ろうとするのです（訳注：Huはスーフィーの聖なる言葉でもある）。白い色をイメージしながら「ヒュー」のマントラを少なくとも9回唱えて下さい。深く深呼吸して……では始めて下さい。

はい、では以上で瞑想を終わります。

ここでご紹介したそれぞれのマントラは、それらが象徴する階層世界まで魂の波動を上昇させ、そこで体験すべき学習のプロセスへといざなうものなのです。物理的な世界よりも上層の世界に向かうにつれてバイブレーションも高まってきますので、ときおり瞑想中に高周波の音が聞こえてくることもあります。それは他の階層世界の音がチャクラを通して入ってきているもので、各階層に属した体の介在によって自己の内部で聞いているのです。その他のささいな感覚にも注意を払って下さい。ときどき頭頂部や第3の目あたりが開くように感じる人もいます。光やイメージを感じたら、それに従って一体化して下さい。そのような感覚は最初はかすかなものかもしれませんが、日々の練習によって強まってくるでしょう。瞑想とは各階層の体に対する一種のスピリチュアルな浄化であり、再び健全なエネルギーの流れに戻すものなのです。

現代の地球で活発に働くスピリチュアル・マスター

スピリチュアル・トラベラーまたはスピリチュアル・マスターと言われる人たちは、魂の旅行や初心者の体外離脱の指導に熟達しています。彼らはどの階層の世界のどの惑星にもいます。そして今の時期の地球において特に活発に働いています。真実のマスターとは下層世界から魂を導くことができ、自分自身も相手と同じ世界に身を置いて活動できる人です。もし彼が肉体を離れようとしている人を手助けしようとする際は、彼自身も物理的な世界で生きていることでしょう。私が子供の頃の魂の旅行の経験では、アストラル界よりも上層の世界にいる遊び仲間たちと一緒にいることがよくありました。けれども時間と空間を超越したこれらの世界での体験を言葉で説明するのはほとんど不可能に近いものです。それらは各個人がその人なりのやり方で経験すべきものなのです。

私たち家族の行っていたスピリチュアル・エクササイズは、マスターが私たちの内なるビジョンに現れるまで意識を集中させていることがよくありました。そして終わった後は、お互いにそこから自分が何を学んできて、どんな考えが心に浮かんだかを伝え合いました。私は子供だったこともあり、ほとんどの時間を自分から質問ばかりしていましたが、そうやって私は私たちが得た精神的な教えを非常にたくさん学ぶことができたのです。

私たちが話し合ったトピックの例としては、生まれ変わり、カルマ、創造主の実現、カル・パワー（ネガティブなエネルギー）、愛、距離を置くこと、バランス、そして不干渉などでしたが、そのいずれもが、学習するには一生涯かかるようなものでした。互いの意見を交換することはとても精神を高揚させるものでした。なぜなら全ての個人は独特な存在であり、新しい物の見方を示してくれるからです。

偉大な教訓――金星でのサプライズ・バースデー・パーティ

私の人生で特別な日のひとつは、悦びではなく悲しみで幕が開きました。私はもう1人の別の伯父が発明した興味深い装置で遊んでいました。それは小さな黒い箱で、物を空中に浮揚させることができ、いつの日か物理的な世界でも利用されるように、アストラル博物館へ送られることになっていたものでした。ところが何かが原因でそれは壊れてしまったのです。お仕置きとして、オディン伯父さんが私に科した罰は、屋外のブランコに一日中ひとりで座っていることで、その間は誰とも遊ぶことは許されず、呼び戻されるまでは家の中に入ってはいけないとの命令でした。私の心はひどく傷つきました。それは私が厳しく叱られた数少ない体験の内のひとつでした。けれども私は彼に抱いていた尊敬と愛情から、私がしてしまったことを申し訳なく感じて、自分の受ける懲罰は当然のものであると分かっていました。ブランコに座って遊ばずにいることは、私が何も考えてはいけないことを意味していました。なぜなら考えることは創造することだったからです。なんてひどい体験だったことでしょう！　何時間もの間、私はほとんど動くこともなく惨《みじ》めな気持ちで、自分のしてしまったことだけに意識を集中していました。

やがてついに私を家の中に呼び戻す声が聞こえた時は、どれほどホッとしたことでしょうか。しかし伯父はどういうわけか私に目を閉じるように言いました。彼は私の手を引いて居間の中央まで連れていき、そこで私は再び目を開けました。なんということでしょう！　そこには私の友だち全員がそろっていて、笑いながら私にハッピー・バースデーのお祝いをしてくれました。なんて素敵な光景、そしてなんて嬉しいサプライズなのでしょう！　私は自分の誕生日をすっかり忘れていたのです。私はそこにいる色とりどりの輝きを放っている友人たちを見て、喜びと興奮のあまりひと言も言葉を発することができませんでした。まわりをぐるりと見回すと、家の内部が全部そのまま中世のお城のような姿に変えられていました。私の頭に伯父がきらめく王冠をかぶせて玉座を指差し、私がこの国の女王であり、ここにいる者たちはすべてそのしもべであると高らかに宣言しました。宝石がちりばめられた玉座に座った私はこの宮廷の祝宴の主宰者でした。

金星で過ごしたすべての日々の中で、私はただの一度も単調で簡素なパーティを体験したことはありませんでした。祝い事となると、私たちは皆で繰り出していって、想像の力で豪華絢爛《けんらん》な催しを創造するのでした。そしてこの誕生パーティも例外ではありませんでした。私は伯父の役目を決めることに迷うことはまったくなく、彼は宮廷お抱えの道化師になりました。伯母は給仕のメイドにならなければいけませんでした。その主な理由は彼女はいつも私にいろいろな言いつけをしたり、お使いをさせたりしていたからです。

最初の祭事は宮廷晩餐会《ばんさんかい》でした。メインディッシュは豚の詰め物の蒸し焼きで、部屋の端から端まで伸びたテーブルの上に並べられました。私たちがそれを食べることは決してありませんでしたが、私はいつも口にリンゴをくわえた豚のローストが出てくる宮廷晩餐会を想像していたのです。それらの壮観な料理や黄金の脚付きワイングラスと共に、室内全体の設定がまるでおとぎ話の世界から出てきたようでしたが、実際にそのとおりだったのです。

私がリクエストした特別な音楽隊が街からやってきて、大宴会が始まりました。人々によるダンス、歌遊び、そして女王が望んだあらゆる余興が披露され、お祭り騒ぎは夜遅くまで繰り広げられました。私は友だち6人を指名して、玉座の前でアクロバット・ショーをさせ、他の8名のグループには民族舞踊を踊らせました。すべての演技は華麗で見事なものでした。宴会が引けた後は、皆で庭に出ていって私のバースデー・プレゼントの宝探しが始まりました。ちっちゃな黄色い花の幹のまわりにある葉っぱの下に隠されていたのは、私の母が私が生まれた日まで身につけていた指輪でした。かけがえのない贈り物を両手の平にのせて草の上に跪《ひざまず》いたまま、私は胸の奥から押し寄せてくる悲しみの波を感じていました。そして過ぎ去った日々はもう永遠に戻ってこないことをあらためて思い知らされました。それはちょっと変わった指輪でしたが、とても魅力的で、銀の輪の上にエナメルやチタニウムの小さな小片で縁取りされた、卵形をした深い赤茶色のカーネリアンが輝いていました。私の指はまだ小さすぎたので、伯父が指輪に銀のくさりにつけて、ちょうど私の胸元に下がるようにして首にかけてくれました。

彼によると、私の母も子供の頃にその指輪を彼女の母親から贈られたということでした。その日からずっと、私がチュートニアと金星を離れる時が来るまで、私はそれをずっと身に着けていました。

その晩、ベッドで横たわっていると、この特別な一日にあった素晴らしい思い出のすべてが私の心に溢れてきました。私は自分の人生にこんなにも悦びをもたらしてくれた伯母と伯父へ心からの愛の想いを送りました。そして私に与えられたお仕置きは、家の中の準備が整うまで私を屋外にとどめておくための方便にほかならなかったことに気がつきました。さらにそこには偉大な教訓が含まれていたことも分かり始めました――人はたとえ悲しみを経験することがあっても、喜びだけを味わうこともできるということを……。

第5章

アストラル界の仕組みと自然の法則

物理的な世界とアストラル界の違い

アストラル界は広大無辺の宇宙です。物理的な宇宙のすべての太陽系や銀河より巨大ですらあるのです。金星は他の多くの現実世界の中では小さな斑点のようなもので、地球が存在している限定された密度の濃い物理的なレベルの中でも小斑点にしかすぎません。しかし、より密度の希薄な多くの世界の中でアストラル界は唯一の存在です。体外離脱旅行によってこれらの世界を体験したことのある多くの人たちは、自分たちは天国を訪れたと言いました。その様相はあまりにも優美で平和に満ちていたので、他に適切な表現が見つからなかったのでしょう。このような体験を綴《つづ》ることができた昔の人たちの記録は、今日では宗教的、神秘的または神聖な書物とされています。

アストラル界は物理的な世界よりもずっと以前から存在していて、さらにより永続していくものです。物理的な世界で誰もが知っているようなものは、最初はアストラル界に現れていたのです。アストラル界には物理的な世界には存在しないものがたくさんありますが、物理的な世界にあるものすべては、それに対応するものがアストラル界に存在します。アストラル界と物理的な世界の違いを理解していただくには少し説明が必要になります。ちょうどX線が硬い石よりも高い周波数を持っているように、アストラル界全体は、物理的な世界よりもずっと高い周波数で存在しています。これは地球の科学者がまだその存在を証明できない理由のひとつでもあります。彼らはこのような非常に高い波動を検知する装置を持っていないのです。アストラルレベルの物体は周波数がとても高いので、そこに生きる私たちはそれを思念の力だけで完全にコントロールできるのです。地球上では、心だけで物体を直接コントロールなのです。

できるほどの能力を開発した人はほとんどいません。金星では心が物体を支配することは生活そのもの

アストラル界は創造力の世界——思念の力で物体を顕現させる

アストラル界においては、人は思念の力だけでどのような形態の物体でも顕現させることができます。それがそこでの自然の法則であって、それは地球において重力が自然の基本法則であることと同様です。実際にそこで起きていることは、人々が身の回りにあるエネルギーを変換して自分たちが望む物体を形作っているのです。創造された対象物は人が注意を向けた場所ならどこにでも現れます。家屋、衣服、家具、植物、食べ物、宝石類、そして想像可能なものなら何でも創り出せますが、そのためには特別な精神的なプロセスを用いる必要があり、それは幼い頃に習得するように求められます。創造にはいくつかの制限があります。自分が創り出した物体を破壊することや、元のエネルギーに還元することはできません。物体はその創造者がアストラル界からいなくなった時にのみ消滅します。ただし初めから期間限定で一時的に存在させる意図で創造されたものは例外です。

たとえば、私たちのお城、大牧場、それから凝った遊び道具などです。もし私が玩具を創造してすぐにそれに飽きたとしたら、その形を変えて別の種類の玩具を作ることはできても、それを指差すだけで瞬く間に消し去って、無に帰すことはできないのです。もし私の伯母のアリーナが、ある椅子がもうお気に入りではなくなったとしても、彼女ができる唯一のことはその椅子の形を変えることだけで、それをテーブルやその他の椅子以外のものへ創り直すことはできないのです。いっぽうで、私たちが物体を

創り出す時は、それらは実際に薄い大気の中から現れるように見えるのです。アストラル界の人たちにとっては、それは地球の人たちが車の運転を当たり前のことと受け止めているのと同じくらい普通のことなのです。私たちは各々の魂の個性を尊重していますから、誰も他人の創造した物に干渉したりはしません。もし私が正面の別人の家にある明るい青色の樹木が好きではなかったとしても、私はそれを変えようとは思いません。そのような行為は相手への干渉となり、カルマとして責任を負うことになってしまうのです。私たちの思念が空中のエネルギーを凝結させているからと言っても、アストラル界でのふだんの日常生活はまったく現実的なものです。大理石の床は見た目も触った感触も大理石のようで、肌は肌のように感じられ、水は水のように感じられ、花は花の芳香がして、蜂蜜は蜂蜜の味がするなど、あらゆるものが現実感を伴っているのです。

アストラル界での移動手段——対象を選んで思念するだけ

物を移動させることも、もちろんとても簡単です。ただ対象を選んで思念するだけのことです。私はただ心の中で命じるだけで、水の入ったグラスをテーブルから浮き上がらせることができます。大きなソファを空中に上昇させるのは、自分が寝ているハンモックを揺らすのと同じくらいたやすいことです。あちこちへ移動することもまったく簡単です。徒歩で行きたい人はそうします。私たちは歩かずに空中を滑空することもできれば、浮揚して漂っていくことも可能です。ただそうなることを意図すればいいのです。

長距離を移動する際は、思考のスピードで目的地にダイレクトに到着しますが、ふつうはただその場に現れるという感じです。私はチュートニアの街の芸術院に行く時はいつでも自分がいたい場所にはっきりと心の焦点を合わせます。その瞬間に私は寝室の中に立っていたとしても、次の瞬間には周囲が入れ替わって私は芸術院の正面に立っているでしょう。それはとてもシンプルなものです。私にはそれがどのようなメカニズムで起きているのか分かりません――ただちゃんとそうなるのです。

思考のスピードはいわゆる光速として地球の科学者たちに知られているものよりもずっと速いのです。アストラル体は凝縮されたエネルギーでできているために、非常に速いスピードで移動できるのです。それはアストラル界のあらゆるものと同様に、思念によって完全にコントロールされているのです。

輝く色彩に溢れた世界――物体それ自体が光を帯びている

アストラル体は物理的な世界の肉体と同じかたちをしていますが、それより遥かに美しいものです。それはただの小さな光ではなく、肉体とは違って周囲から直接エネルギーを吸収することで光り輝いたまま生きているのです。アストラル体には実際には内臓はまったくありませんが、人々は過去の習慣からただ純粋に楽しむために食べたりもしています。食物は飲み込まれた瞬間に都合よくエネルギーに還元されます。思念の力を用いて私たちは自分たちの外見を簡単に変えることも、完全に見えなくしてしまうこともできます。物理的な世界の惑星にあるような肉体の痛みや疲労といったものはまったくありません。このことはアストラル界に来たばかりの人たちが、ここを天国と呼ぶもっともな理由のひとつなのです。

私たちの毎日の生活の中に溢れる色彩は言葉で表現しようがないほどのものです。アストラル界の躍動する眩《まぶ》しいきらめきと比べると、物理的な世界の色彩は色褪《あ》せて見え、暗く曇ったものにしか感じられません。ここでの最もどんよりとした赤色が物理的世界では最も明るい赤なのです。また私たちがここで見慣れているとても多くの種類の色が、物理的な世界では存在すらしていないのです。

私たちの家の周囲にはありとあらゆる色彩が壮大なハーモニーを奏でていて、私はそれをどこから描写していいのかすらも分からないほどです。とにかく素晴らしいのは何もかもが光り輝いていることです。アストラル界の物体はそれ自体が光を帯びているのです。それは柔らかい朝の陽光を受けたステンドグラスのような淡い輝きを放っています。浮雲の漂う空一面は、まるで爽やかな彩りに溢れた大海原のようです。

アストラル界は情緒をつかさどっている

アストラル体とアストラル界は地球上でまったく知られていないというわけではありません。至高なる神性の法則が教えているように、物理的な世界で生きている誰もが、アストラル体を持っているだけでなく、その他の複数の体も同時に持っているのです。

多くの人たちが自ら体験したアストラル投影、つまりアストラル体による限定された体外離脱旅行についての書物を著してきました。高次な世界を訪れるためのより安全な方法は魂の体を利用することです。それはアストラル体とは違い、どの世界にも自由に行き来することができます。しかし当然のことながら、アストラル投影をする人の誰もが魂の旅行に気づいているわけではありません。物理的な世界に生きている人は誰でもアストラル体を毎日経験していますが、今の人生ではアストラル界に住む人々や実際の都市の様子を見ることは決してないでしょう。

物理的な肉体は感情を持つことができないのです。視覚や嗅覚といった物理的な感覚はありますが、これらは愛、怒り、喜び、心の痛みなどといったフィーリングとまったく同じというわけではありません。私たちの感情は生活の中でとても現実的なものであるということには誰もが納得するでしょう。でもそれらの感情はどこにあるのでしょう？　そしてそれらの正体は何なのでしょうか？

アストラル界は情緒の世界と呼ばれてきました。そのためアストラル体は感情体となっているのです。私たちがある感情を持つ時は、私たちは実際にはそれをアストラル体を通して感じているのです。感情とはアストラル体から肉体に流れてくる異なった種類のエネルギーに他ならず、それが思考や行動に影響を及ぼしているのです。したがって、アストラル界とは情緒が大勢を占めているところであり、魂は主に情緒的な問題への対応に専念しなければならないのです。物理的世界に生きるあらゆる人たちは、実際にアストラル界にも部分的に生きているということは事実ですが、通常はアストラル界を十分に意識してはいません。

アストラル界を超えた世界について

これらのことはすべて思念についても当てはまります。思念とは漠然とした何かではなく、物理的な世界またはアストラル界の物体やエネルギーよりも高い周波数を持つ非常に現実的なものなのです。心も実際にメンタル体と呼ばれる体であることを思い出して下さい。それはメンタル界で機能しており、アストラル界を超えたもうひとつの全宇宙の存在でもあるのです。

メンタル体は魂を取り囲んでいる青みがかった光の被膜です。私たちが思考する時はいつでも、この体は思念を発生し、それはより高次な感覚によって見ることができるのです。思念とはメンタル体からあふれ出て流れるエネルギーに他ならず、それはラジオの電波によく似ています。メンタル体を持っていることで、人は誰でも部分的にメンタル界にも生きているのですが、そこにある都市部、人々、そして風景を誰もが意識的に見てきたわけではありません。あなたがもし魂による意識的な旅行によってアストラル界もしくはメンタル界を訪れることがあったら、あなたはそこで燦然《さんぜん》と輝く色彩としての自分の情緒と思念、そして自身のアストラル体とメンタル体を見るだけでなく、地球にかつて暮らしていた存在たちとも出会うことになるでしょう。

地球の多くの宗教はその天の館をアストラル界かメンタル界に存在させています。アストラル界について、そして肉体の死の前に各自が意識的にそこへ旅する能力についてては、もっともっと多くのことが言えます。私たちは皆、過去にそこで何度も人生を送っていたことを忘れないで下さい。そして魂として私たちはその世界をよく知っているのです。アストラル界で暮らしている多くの人たちにとって、そこは究極の天国のように思えるところですが、実際にはアストラル界はまだ下層世界のひとつにすぎません。アストラル界の上にはまだいくつもの世界があり、そこもまた下の世界の人たちから見れば究極の天国のように見えますが、そうではないのです。

魂の世界に達していない世界は、すべて下層世界の一部なのです。私たちの目的は魂の世界に到達し、さらにそこを超えていくことであり、それは私たちが努力を惜しまなければ今回の人生で実現することすら可能なのです。

選択は私たち一人ひとりにゆだねられています。未来の知覚がなされるのは普通は魂の世界もしくはコーザル界です。おそらく魂は時間の軌道から離れて自分が見たい未来や過去に急速にズームを合わせることができるのでしょう。この体験は通常の夢よりも遥かに現実感を伴ったものですが、実際にそのとおりのことが起こるまでは自分が未来を見ていたことには気づかないかもしれません。しかし超常感覚に目覚めている人たちなら分かるでしょう。金星においては、私たちはおよそ40日後までの未来をかなりの正確さで見ることができます。未来の出来事を予知する私たちの能力は、私が地球へ訪れる準備をする際の手助けとなりました。

人は肉体の死後に下層アストラル界に移行する

アストラル界にはたくさんの階層または副次的な下層世界というものがあります。それらは人々の意識の多様な段階に対応するためのものです。それらは各々に上積みされた層を成しているというよりも、あらゆる意識レベルごとに明確な領域ができているという感じです。

金星の生命はふつうはアストラル界の上層と下層の間の中間層あたりに存在していますが、それは大部分の人々がいまだに物質的な世界の風俗習慣、そして当然のことながらその文化全般に愛着を持っているからです。アストラル界のある領域は、天国に対する特定のイメージを持って物質界で亡くなった人たちのためのさまざまな宗教的なパラダイスとして設けられています。人間が肉体的に死亡した後、先に亡くなっている友人や親族に出迎えられます。そして彼らは本人をその体が横たわっている場所へ連れて行き、自分がもう物理的な世界で生きてはいないことに気づかせるのです。

ふつうはそれから各自はアストラル界で休眠期に入ることを許されます。そこは魂の保育園のようなもので、これまでのライフ・サイクルでの疲れを癒し回復させ、新たな人生に向けて再び英気を養うのです。そして目覚めてからは、個人の精神的な発達度と意識のレベルに応じた領域へと導かれます。これらすべての案内役を務めるのは、カルマの調整を担当しているアストラル界にいる天使のような存在たちで、個々の魂が新しい人生を選択して適応していけるように、愛情を持って手助けしながら献身的に世話をしています。場合によっては、死んだ後に即座に物理的な世界へ帰されて、他の肉体として生まれ変わることすらあります。特に戦争や自殺などの突然死の場合がそうです。自殺者たちは再び生まれ変わり、彼らが逃れようとした問題と同様のものにまた直面することになります。

アストラル界にしばらく滞在する場合は、各自は家の中もしくは馴染みのある環境で目を覚まします。先立った友人たちや愛する人たちが近くに住んでいることでしょう。また生前に属していた宗教もしくは教えの道もそこに見出すでしょう。これらの環境が現れるのは、ほとんどの人たちが肉体を失った後もなお物理的な世界への多大な愛着を持ち続けているからです。アストラル界は人々が思念の力でそれまでの住環境を再現することによって、心地よく過ごせて、だんだんと新しい世界に順応していけるようにできているのです。

そしてこれはとても大切なことなのです。自分が魂であることに気がつかない人は物理的な世界に強く執着してしまい、そこを超えた未知の世界に恐怖心を持つようになるのです。やがてそこの美しさと調和に満ちた環境で過ごすうちに、各自は自分が最上の天国に来たのだと信じるようになります。アストラル界では自分の望むものが何でも手に入るために、人々はすぐにそこが非常に気に入ってしまい、さらに上の世界を探訪しようという気概を持つことはめったにありません。この状態は、あるとき彼らがアストラル界の天国よりももっと素晴らしい世界があると突然に悟るまで続きます。

アストラル界のさまざまな下層世界

地球の宗教的な書物にアストラル界の都市についての記述があるのは、その著者らが体外離脱体験によってそこに連れて行かれたことがあるからです。私が金星を離れる数日前に、私の伯父は私たち家族をサハスラ・ダル・カンワル〔訳注：千の花びらの蓮、の意〕と呼ばれる所や他の領域を巡る小旅行に連れて行ってくれました。今や私は、なぜ多くの人たちがアストラル界をパラダイスと信じてしまうのかが容易に理解できます。そこでは想像し得るどんな風景でも見出せるのです。中には地球の風景にとてもよく似たものもあります。そして同じ性質や好みを持った人々が同じ地域で暮らしています〔訳注：これは英国のスピリチュアリズムでも同様な説明がされており、類魂《るいこん》と呼ばれる同類の魂がそれぞれの村を作って生活しているという〕。

また、物理的な世界にある私たちの太陽系内の他の惑星にも美しい風景が見られます。下層アストラル界には、ネガティブな発達をとげた意識を持つ魂が引き寄せられます。そこは邪悪な人々が死後に訪れて、転生するまでの期間を過ごす場所と言えるかもしれません。生前に地獄の業火を想像していた人たちは同じものをそこに見出すこともありますが、それは一時的なものにすぎません。下層アストラル界は見るもおぞましい化け物や悪魔のような生き物が棲みついている領域でもありますが、それらは進化レベルの低い意識によって生み出されたものなのです。

アストラル界における人間の能力

今や地球で広く知られている物理的な世界の科学のほとんどすべては、アストラル界においては極めて簡単に説明できます。超能力と言われている能力はアストラル界に源を持つものです。心から心へと思念を送受信するテレパシーというものは、アストラル界の金星では最もよく使われている伝達手段で、それは地球よりも進化した他の物理的世界の惑星でも同様です。それは思念がラジオの電波のように伝わる仕組みなのです。人は誰もが秘密の思いを隠すための見えないバリア（防壁）を持っています。そしてこのバリアを貫通して相手の思念を読み取ろうとする者は、精神的な法則に逆らうことになります。

アストラル投影は一時的にアストラル体を別の場所に置き換えるために肉体から離すことです。これは長時間つづけてしまうと危険な行為ですから、できるだけ早いうちにアストラル投影から魂の旅行に切り替えられるように発達を遂げるのが最も望まれます〔訳注：アストラル投影は、いわゆる幽体離脱とほぼ似たようなものと考えられるが、アストラル体が離脱すると言っても、すべてが抜けてしまうと肉体が維持できなくなるので一部は残ると説く人は多い〕。

空中浮揚、もしくは心によって対象物を動かすことは、もちろんアストラル界で私たちが毎日使っている能力です。それは物理的な世界でも習得することができますが、それにはずっと多くの努力と訓練が必要となります。

視覚化とは、心が物体に及ぼす別な種類の能力です。アストラル界ではそれによって各自が固有の世界を創造しています。すべての存在は最初にそれらの視覚化がなされてから創造されます。物理的な世界との唯一の違いは、アストラル界では物理的な努力と時間は必要とされないことです。

超感覚的知覚（ＥＳＰ）とは、アストラル体、コーザル体、メンタル体、エーテル体、そして魂の体における「超感覚」を用いることです。中でも魂の体の感覚が最も優れていて、他の体とは異なり、どの階層世界でも使うことができます。奇跡とは実際のところ、この物理的な世界においてサイキックでスピリチュアルな能力を用いた場合にそのように呼ばれるものなのです。

物理的に濃密化された移送用の乗り物は、はっきりと金属的な外観を呈していて、物理的な形態となっています。アメリカのジョージ・アダムスキーによって撮影された金星の移送船がその良い例です。ただし、このことは心に留めておいて下さい。物理的世界、アストラル界、コーザル界、そしてメンタル界はすべて制限された世界なのです。

第6章

金星都市チュートニアと首都レッツ

おとぎの国のような美しさをもつチュートニアへの徒歩旅行

　私の伯母はいつも特別な体験を用意しておいてくれて、私が生活の中で常に何か新しいことを楽しみにして生きていられるようにしてくれる人でした。私たちが公共の舞踏場を訪問することも、アリーナ伯母さんが計画してくれていた特別な機会のひとつでした。そこは私たちの文化がまだ物理的なレベルにあった頃の、まだ人々が自分で浮揚できなかった頃の雰囲気を味わわせてくれる場所でした。

　今回の旅が私にとって初めてのチュートニア訪問となりました。それは私が学芸院に通い始める少し前のことだったからです。私たちの村はそこから近かったのですが、まだ子供であった私は伯母と伯父に引率してもらいながら新しい体験をしていたので、かねてからそこにあると知っていた美しいものを自分だけで見に行くようなことは決してしていなかったのです。実際には都市には誰も住んではいませんでした。前にもお話ししたように、チュートニアを始めアストラル界のどの都市にも商業や工業は存在しないのです。私たちの都市は文化の中心で、それは地球の皆さんがおとぎ話で読んだことがあるような、うっとりするほど素敵なところです。

　旅行の前は私にはまだチュートニアのはっきりしたイメージが心に浮かんでいなかったので、皆でいっしょに出発の準備をしている時に私の胸は期待で大きくふくらんでいました。出発の前夜は、私にとってもうひとつの初めての冒険として、フォーマルドレスを着てみることになりました。アリーナ伯母さんが私の部屋に持ってきてくれたのは美しいスカイブルーの色をした柔らかくて伸びやかなドレスで、ふわふわした白い雲が一面にプリントされていて、流れるような長い袖がついていました。中央の胸元には明るい太陽があらゆる方向に光と温もりを送り届けていました。私はこのドレスがとっても気に入りました！　チュートニアまで行くのに村々の中を歩いて抜けていった私たちの旅行は、それ自体が楽しい経験でした。私たちは舞踏場の正面に自分たちを顕現させることも十分できたのですが、それよりも徒歩旅行のほうが比べ物にならないくらい楽しいものでした。見上げれば、空は深いオレンジ色に染まっていて、ちらちらとピンクの微光が揺らめいていました。私たちの旅には私の友だちも5、6人加わっていて、私たちの近隣の家々のおとぎの国のような美しさを共に堪能していました。それぞれの家は独特のデザインで、見事に配置された樹木や低木、そして花々に囲まれていました。私たちはしばしば足をとめて、私たちの大好きな花の芳香を味わったり、楽しそうに歌う鳥たちのさえずりに耳を傾けたりしていました。いつも聞こえていた海岸に打ち寄せる波の音も加わって、私たちは自然が奏でる最上のシンフォニーのひとつへ招待されていたのです。やがて牧草地と小さな木立の中を越えると、東洋風の大きなアーチ状の橋が私たちの村落と都市部の間の大渓谷をまたぐように架けられていました。その下方には渓流が凄まじい勢いで海へ注いでいました。

魅惑の都チュートニアと舞踏場での経験

いたるところにある花園を通り抜けながらだんだんと目的地に近づくにつれて、私の胸の高鳴りはますます激しくなってきました。最初に私の目に飛び込んできたチュートニアのうっとりするような美しさをなんと表現すればいいのでしょう？　私たちの都市はどこも、ただそれについて読むだけではなく、実際に訪れてそれらを目の当たりにするべきものです。この白く淡い彩りの都市にある学芸院と博物館のすべてを私は見ました。それは私にとって2階建て以上の建物を初めて目にした体験でもありました。

チュートニアは異国風の造りをした建物の集まりで、それらのデザインの多様さはあまりにも壮麗で、私の全感覚を圧倒しました。塔型、ドーム型、風船型、そしてピラミッド型の建築物が自由にアレンジされていて、ほとんどの学院はパステルカラーの色合いでしたが、中には宝石や黄金をちりばめた象眼《ぞうがん》模様の真珠層で造られていたものもありました。またきらめきを放つさまざまな金属やクリスタルでできているものもありました。どれもがとても精巧でユニークな建物でした。

舞踏場は黄金の王冠の上に泡のように飾り付けられたラベンダーに似ていました。らせん状に渦巻いた細い階段を昇って入り口にたどりついた私たちを、玄関に集まっていた友人や近所の人たちが出迎えてくれました。そこで私たちは宝石があしらわれた留め具を受け取りました。私たちの流れるような長いドレスが頭上にまくれ上がらないようにするためにしっかり留めておくためのものです。男性用のダンスズボンは足首の部分がフィットしていて、全体はふっくらしていました。舞踏場に一歩足を踏み入れると、まるでそのまま空中を浮遊しはじめたように感じ、私は思わず息をのみました。この巨大な球体のホールは星降る紺青の夜空をイメージして造られていて、特殊効果の流れ星まで見えたので、私はあたかも自分が宇宙空間に浮かんでダンスをしているような錯覚を覚えました。舞踏場の周縁にはバルコニーがあり、チュートニアの音楽家たちが演奏をしていましたが、それは私がこれまで聴いた中で最も荘厳な調べでした。バルコニーにはまたロマンティックなセッティングも施されていて、キャンドルの灯ったテーブルについたカップルたちが星空の眺めと天上の音楽を楽しんでいました。

金星都市チュートニア（オムネクによる鉛筆画）
「アストラル界のどの都市にも商業や工業は存在しません。私たちの都市は文化の中心で、それは地球の皆さんがおとぎ話で読んだことがあるような、うっとりするほど素敵なところです。またチュートニアには通りというものがありません。綺麗な歩道が建物の周囲に織り込まれるように作られているのです」

ダンスをこよなく愛する私は、この素敵な夕べがいつまでも終わらないでいてくれたらいいなと思っていました。重力のない世界で踊ることは芸術にすばらしい一面を加味してくれます。それは私の人生の中で最も心ときめく経験のひとつとなりました。大人たちの多くはこの舞踏場を初めて訪れた人たちだったので、私の動作を真似ていました。誰もが自意識過剰にならずに何か違ったことをするのを見るのは楽しいものでした。あるカップルたちはただお互いを支えあったまま横に回ったり、上下に回転したりしていました。またある人たちは身の運びの凝った民族ダンスを披露していました。子供たちはいろいろな種類のアクロバットをしたり、手をつないで大きな輪になったりして楽しんでいました。

オディン伯父さんによると、金星に偉大なる変容が起こる前、つまり文明がまだ物理的な世界にあった頃は舞踏場はとても人気があったということですが、それは十分にうなずけることでした。けれども、宙に浮遊しながら踊ってみようという考えがこれまで私の心に浮かんだことはありませんでした。アストラル界では私たちはただちに新しい体験を試みようとはしないのです。そうするのは、それらが私たちに紹介された時か、あるいは今宵の舞踏場のような特別な機会が訪れた時だけです。制限のない世界に住んでいる私たちは、一度にあらゆる体験をしてしまわないように注意する必要があるのです。さもなければ人生の半ばで飽きてしまう恐れがあり、アストラル界においてはそれは何千年もの歳月になるのです（私の伯父は１０００歳をゆうに超えています）。私たちは常にいま利用可能な施設を利用するように奨励されていて、そうすることで他の人たちと共に人生を享受しているのです。

その晩、私は伯母と伯父そして小グループの子供たちといっしょに階段を降りて建物の王冠部分の中に入っていきました。ここにはチュートニアの楽器コーナーがあり、歴史を通して人々が創造してきたさまざまな楽器が展示されていました。あるものはとても変わっていて、かなり奇妙な外観でしたが、それにもかかわらず私は今日の楽器がどのような発展を遂げてきたのかを理解することができました。

帰途につく前に伯母と伯父は博物館に立ち寄りました。そこでは物理的世界の時代にさかのぼる発明品の数々が展示されていました。私はそのまま屋外で待機して、周囲一面に立ち並ぶ光り輝く学芸院に見とれていました。

チュートニアには通りというものがありません。綺麗な歩道が建物の周囲に織り込まれるように作られているのです。私はアリーナとオディンが図書館を訪れている間も外にとどまっていました。図書館には何世紀にもわたってチュートニアの人々が創作してきた著作物が所蔵されています。私たちの地域に住む誰もが自分自身の本を蔵書として寄贈することができるのです。

　私はとても疲れていたので、あまりに多くの光景や音を自分の心の中に詰め込まないようにするために外で待つことにしていたのです。そうすることで舞踏場での経験を記憶にとどめやすくなるだろうと感じたからです。しかしこの都市に対する私の興味はどんどんとあふれてきて、今回の旅の後に私はここへ何度も訪れることになりました。特に芸術学院が私の大のお気に入りでした。

自分に命を授けてくれた母の思い出

　その晩のダンスが終わった後で私は完全な恍惚状態になっていて、自分がどんなに幸せな気分でいるかを伯母に告げました。彼女は私の母もダンスがたいそう好きであったことを教えてくれました。実際それは母の大好きな娯楽のひとつだったのです。私はこのとき初めて伯母が私の母について何らかのことを口にしたことに気づきました。おそらく彼女は私の人生の中に再び悲しい記憶を呼び覚ますことを恐れていたのでしょう。

　私はアリーナから自分が多くの点で母と似ていることを知らされました――私の体形、しぐさ、そして手のかたちなどです。母はとても綺麗な女性だと言われていたそうです。彼女の生まれながらの優雅さと身のこなしは常に人々の関心を惹きつけていたといいます。

　母にはいくつかの優れた特徴がありました。彼女の深いモスグリーンの瞳が見せるある表情は人々の興味を引くものでした。また彼女はオディン伯父さんと同様に、相手の気持ちを感じ取れる人で、いつも自分自身のことよりも他人のことを気にかけていました。それから伯母は温かくほほ笑んで言いました。「あなたがいま身にまとっているドレスはね、あなたのお母さんも子供の頃に着ていたものなのよ」。私は自分に命を授けてくれた、あの素晴らしい女性と重ねて見られていることに感動して身震いを感じました。

かけがえのない母の形見と父の愛情

帰宅した日の夜、私はすでに寝床について枕に寄りかかって体を起こしていました。そのとき扉の向こうにアリーナがやってきて入ってもいいかどうか尋ねてきました。「ええ、もちろんよ」私は答えました。彼女は部屋に入ってくると私の横に腰かけて小さな木箱を見せて笑いながら言いました。「あなたに特別なプレゼントを渡すのをすっかり忘れていたの。自分のベッドのところまで来てそこに置いてあるのを見つけてやっと思い出したのよ」。箱の中にはネックレスと、おそろいのブレスレットとイヤリングが入っていました。それは私の母が身につけていたものでした。それらは母にとって特別なもので、とても大切なものでした。私の父から最初に贈られたプレゼントのひとつだったからです。

母が長いあいだ身につけていたかけがえのない宝物を私に持っていてほしい、と伯母が言ってくれたことに私は表現できないほどの喜びを感じました。そしてさらに嬉しかったのは、私の父もその宝石類を私に持っていてほしいと望んでいると聞いたことでした。

私にとってそのことはとても大きな意味を持っていました。なぜならそれは私への愛情の意思表示であったからです。ときおり父はアリーナとオディンに私がどうしているか、元気にしているかを尋ねていました。私の誕生日には毎年プレゼントを贈ってくれました。けれども私が彼の姿を見たり、個人的に連絡を受けたことは一度もありませんでした。彼が母にまつわるものを私に贈ってくれたということは、私にとってとても光栄なことでした。彼は母の持っていたものはどんなものでも手放したくないと思っていたからです。

今日はなんて素晴らしい一日だったことでしょう。こんなにも喜びに満ちて、新しい体験にあふれていたのですから！　私はそれから眠りについて、生涯でたった1日だけ母と一緒に過ごせた最初の日の夢を見たことを覚えています。

金星人と宝石――各人の内なる光と美しさを反映するもの

金星人はほとんど宝石類を身につけません。ずっと昔に人々が気づいたのは、ある段階になると宝石はそれを身につけている人の美しさを損ね始めるということです。私たちがそれでも身につける数少ない宝石類は非常に特別で精巧なものでなければいけません。それぞれの宝石はフィーリングによって創造され、宝石を通してフィーリングがその持ち主に戻って伝わってくるのです。宝石はまた各人の内なる光と美しさを反映するものでもあります。地球において最も貴重で価値のある金属や石は、金星では日常的に使われています。なぜならアストラル界ではこれらもまた思念によって顕現させることができるからです。

タイサニアンは非常に緻密《ちみつ》なデザインのものを楽しむと同時に、とてもシンプルなものも好みます。補給物に制限されることはないため、各個人は想像の許す限り最もエレガントで調和のとれた宝石類の創造に専心することができます。宝石の製造工場というものは存在しません。なぜなら独自で創造的な存在としての各人が、自身の衣服を創造するのと同じように、ただ単に宝石を顕現すればいいことだからです。

宝石は通常は相手への愛の証として手渡されるもので、はじめから事実上壊すことができないものとして創造されるものなのです。私たちがまだ物理的世界の文明社会にいた頃、宇宙探検家たちは貴重で希少な宝石類や石を見つけるために遠くの惑星まで出かけて行っていました。妻たちにとっては、夫が旅行から戻ってくる度に、珍しい、聞いたこともない石や貴金属を携えてくるのはいつも心が躍る体験でした。

トウモロコシやヒマワリは金星から来た

特別な機会などには、私たちは自然のものでできた頭飾りをまといます。それらは花々、葉っぱ、羽根、そしてビーズなどで作られています。ネイティブアメリカンに頭飾りのアイデアをもたらしたのは私たちであったろうと私は推測しています。私が事実として知っているのは、現在地球にあるトウモロコシやヒマワリは、そもそもは金星からの宇宙旅行者が持参してきたものを地球の先住民に広めたものだということです〔訳注：アダムスキーたちからも同様の情報があり、白鳥などの動物も他の惑星からもたらされたという〕。

創造的な趣味を楽しんでいた伯父と伯母から学んだこと

金星人は実際にとても感傷的でロマンティックな人々で、これは特に私たちが感情の世界であるアストラル界に住んでいることからも、十分にうかがい知れることです。私たちは人生における幸せの大部分を日常の小さなものごとや毎日のささやかな喜びの中に見出します。私にとっては父からの素敵な贈り物もそのひとつです。

アリーナ伯母さんはいつも陽気な人でした。つねに物事の良い点を見ることができて、とりわけ人々の中の良い面を見つけ出すことができる人でした。そして彼女は取り乱している人をなだめたり、神経質になった人や張り詰めた気持ちの人をリラックスさせたりするのが素晴らしく上手でした。誰かの助けが必要な人がいる時は、彼女は労を惜しまずにうまく相手のために尽くしていました。私は自分の気持ちを乱さない鋭敏な感覚を彼女から学びました。彼女のおかげで私たちの家の中はすべてが落ち着いていました。アリーナは私たちの家を取り囲むシンプルで自然なものを愛していました。自然の美しさに魅せられていた彼女は、室内庭園を造ったり、家じゅうの部屋を何百種類もの植物で飾ったりせずにはいられませんでした。彼女は毎日一定時間を屋外で過ごし、花々や草花や開花している木々の世話をするのが大好きでした。彼女は手作業を楽しんでいました。

金星社会のほとんどすべての人たちがそうであるように、伯母と伯父はあらゆる種類の創造的な趣味を楽しんでいました。伯父の毎日の時間の大半は科学的な仕事に費やされてはいましたが、伯父は多才な人で、立派な彫刻家、木彫師、そして音楽家としての顔も併せ持ち、多芸に秀でていました。アリーナ伯母さんもまた彫刻の才能に恵まれていました。私たちの庭園にある多くの彫像や噴水は彼ら2人によってデザインされて施工されたものです。4部屋ある寝室の内の2部屋は彼らそれぞれの作業室に充《あ》てられていて、3つ目の部屋を夫婦の寝室として共有していました。

伯母にとってハープやフルートを演奏することは個人的な楽しみの部類に入りますが、学習用玩具のデザインと創造は世の中への貢献のひとつとして行っていました。彼女が献身的に開発に取り組んでいた子供用の学習オモチャは、学べるだけでなく、楽しむこともできるものでした。私はこれらの多大な恩恵に浴することができました。なぜなら彼女は自分の発明品をアストラル博物館に送る前に私でテストしていたからです。

アリーナはまた洋服のデザイナーとしてもチュートニアでは有名な人でした。ここでは誰もが自分の洋服のデザインを考えて顕現させていたのですが、かなりの人たちは自分自身のアイデアに飽きてきていましたので、新しいデザインと素材を組み合わせるのが得意なアリーナに頼っていたのです。伯母の主な関心は常に、いかに各人の個性に合わせるかということでした。

金星人のファッションは意識の開花状態によって異なる

金星人の服装は通常はゆったりとしていて流れるようなスタイルのものです。ほとんどの場合、透き通るような素材でできていて、常にとても心地よい感触と着心地が楽しめます。ある一定の範囲においては、金星人は官能主義者ですが、精神的な発達を損なうほどではありません。各人はいろいろなスタイルのドレス、パンツ、ローブ、そしてガウンなどの試作において自分の感性を主体にしていますので、流行のファッションというようなものはまったくありません。そして各自が想像できるものは何でも創り出せるので、すべての衣類にはその人独自のカラーが表れていました。

女性向けには、全身を包み込むようなドレスが私たちの文化においては一般的です。男性の場合は、ふっくらとしたズボンとローブが主体です。これはファッショントレンドではなくて、意識の開花状態が同じような個人が引かれ合う結果として起きることなのです。もしあなたが金星の村落を訪れることがあれば、そこでの人々の服装にひとつ共通しているものがあることに気づくでしょう。誰もがサンダルを履いているのです。それはとても快適で美しい履き物です。なぜなら足の自然な美しさを包み隠さずに表に出して、装飾しているからです。これは物理的世界にいた時代の名残です。サンダルの靴底は紙一枚ほどの薄さですので、草や弾力性のある地面などの周囲の自然を感じ取ることができますが、足の裏を保護するために、何も貫通しないような材質として創られています。上部はそれぞれのサンダルによって個性あふれる作りとなっていて、各自の好みに合わせて、靴ひもの色や幅などもデザインされています。アリーナ伯母さんと私は、シンプルな色合いでデザインされた繊細で柔らかな靴ひもを好みました。そのほうがドレスの美しさを引き立てるからです。

私の伯母は自然の美しさを心から敬愛していましたので、その要素を織り込んだドレスを私たちのためにデザインしていました。たとえば、太陽のドレスはきらめきを放っていて、アストラル界の太陽と同じようなオレンジ色をしていました。背中には炎をあげる太陽の刺繍がしてあって、あらゆる方向に暖気と彩光を放っていました。水のドレスには滝と流れ落ちる水の泡がプリントしてあり、雲のドレスはふわふわとした白い羊毛でできていました。とりわけ綺麗だったのは月のドレスで、青みがかった白い輝きを放っていて、それはふっくらとした袖のついたロングドレスで、胸元から床に流れて広がっていました。私の大のお気に入りのひとつに蝶のドレスがありました。それはベルベットのような肌触りで、自然が本物の蝶々の羽根を彩るのと同じ柄でデザインされていました。私は成長するにつれてそのドレスを着てチュートニア近郊までの遠足に何度も出かけていましたが、同様に色鮮やかな秋の木々の葉のようなシフォンのドレスもよく着て行きました。

宇宙のダンスを踊りながら——黄金色の砂浜の思い出

6歳になった頃、私は友だちといっしょにチュートニアと海浜を隔てるクムリ山脈を丸1日かけて散策して楽しんでいました。屋外でのキャンプ体験をし近隣の村々から来た子たちと友だちになれたことで、アウトドア活動が私の生活の一部になるほど好きになりました。

でも私が最も大好きになったのは、黄金色の砂浜でした。私は来る日も来る日もただそこに座って目の前の海を眺めながら、足先を黄金の水晶砂の中に埋めているだけで心が満たされていました。しばしば私は早朝に浜辺へ出かけて、海に昇る朝日を浴びながら、ほとんど左右の水平線に届くくらいに広がって眩しいほどにきらめくビーチに驚嘆の念を抱いていました。そして水際に打ち砕ける波とその奥の深い紺青の海水をじっと見つめていたものです。さざなみと貝が奏でる音色の響きはただただ私を恍惚とさせました。そう、浜辺のあちこちにいる可愛らしい貝たちですら、自ら音楽を生み出していたのです。後方にそびえる山脈は紫、赤、そして青色に美しく染まっていて、そこにも私の目は釘づけにされました。これらの荘厳な色彩が周囲のすべてを満たしていたのでした。

海の上に広がる空は絶え間なく変化する彩りに輝いていて、だいだい色がかったピンクに染まった背景を前にオレンジ色の太陽とたなびく雲が浮かんでいました。空そのものが、下方に住む人々の想念を反映していたのです。もし人が自宅の上空の空がラベンダー色になることを望めば、そのとおりになるでしょう。

ビーチの後方には密林が生い茂っていて、あらゆる種類の異国風の樹木や草花が見られました。そのすぐ後ろにはクムリ山脈につながる裾野が広がっていて、もう一方の下り坂の先にある谷間には多くのチュートニアの人々が家屋を創造していました。浜辺にはいつも鳥や動物たちがそばにいてとても楽しかったです。彼らも私といっしょにいる時間を楽しんでくれていたように思います。そして私は海を眺めながら空想にふけるのが好きでした。たいていは父や母に思いを馳せながら、2人の面影を心の中によみがえらせていました。父はアリーナとオディンに自分のことは私には話さないように頼んでいて、彼らは父の意思を尊重していました。私はしばしば自分がもっと幼かった頃を思い起こしながら、これから自分はどうなるのだろうと考えていました。

ガラス状の小さなドーム型ボートが海面をかすめるように頻繁に横切っていき、私はそれが視界から消えていくまでずっと目で追っていました。ボートは透明だったので、そこに見えていた色は船内に座っている人々のものだけでした。ヨットもまたその優美で可愛らしいかたちのために人気がありました。浜辺に座りながら私はよく自分の感じていたことを歌にして口ずさんでみたり、友だちのためにハープを弾いてあげたりしました。彼らもお返しに私のために自分の好きな楽器を演奏してくれました。私は親友のゼムラやネイマといっしょにダンスを踊りました。それは宇宙のダンスというべきようなもので、私のお気に入りのひとつでしたが、覚えるのが最も難しいダンスのひとつでもありました。

マスターとの会見——地球の教えはほとんど真理を与えていない

私たちの生活の中で何度も繰り返し起きていた極めて重大な出来事は、年に一度レッツの街へ旅をして、そこで偉大な英知を備えたマスターの話を聞くことでした。人はテレパシーよりも強力な内的コミュニケーション能力を備えているものですが、実際に彼に会うことは私たちにとって非常に特別なことでした。その時が今年も近づいてくると、私たちはほどなく英知学院への徒歩旅行を開始しました。あるセミナーでは、マスターは真理とそれを与える個人との違いについて説いていたことを私は覚えています。

「物理的な世界や多くの惑星では、スピリチュアルな上層世界と同様に、精神的な教師たちがいます。彼らは多くの英知を備えています。しかし教師が崇拝され、その教えの言葉以上に大切なものとみなされてしまうと、真実はしばしば失われてしまいます。真理とはその媒介となる人物よりも重要なものであることを人々は学ばなければなりません」

至高なる神性の法則のもとでは、各人は自らがマスターの域に達しなければいけません。これが私たち全員のためのマスターの目標であり、私たちの目標でもあります。弟子たちが英知を宿したマスターとなるように励まして導く真の教えはほとんど見当たりません。特に地球上においては、あまりにも多くの教えは、ほんのひとかけらの真理をもたらしているだけか、または何ひとつ与えていません。儀式や迷信でがんじがらめにされた人々は、精神的指導者を崇拝して人間が作った法則を遵守するように導かれているのです。

魂の世界で起こる自己実現――バランスとソウルメイトについて

来るセミナーのために友人たちと私は魂のバランスを表現するダンスを披露する計画を立てていました。その趣旨は次のようなものです。

下層世界に現れた魂が分極し、男性と女性、与え手と受け手とに分かれる。ソウルメイトとは、この世界のどこかであなたを待っている別の個人ではない。それは1つの魂が分極した後のもう片方の存在。魂はつねに男性か女性のどちらかの体に宿り、生まれ変わりを繰り返しながら男性性と女性性の双方を学んでいく。やがて魂は男性性と女性性が互いにほとんどバランスのとれた調和状態に到達するが、魂が精神的に自覚するまで、これは一時的な状態のままである。ソウルメイト同士は再び一緒になって、各々が非極性の魂としての自己を認識する。これが魂の世界で起こる自己実現なのである。

私たちのダンスはこの原初の分離と最後の調和を描いたもので、少女と少年がソウルメイトの2人を演じました。最初の場面は背中合わせになって床に座った2人が互いに引き合って離れるところから始まり、魂が下層世界へ降りていく旅を表現するために、エーテル界、メンタル界、コーザル界、アストラル界、そして物理的な世界へと、各階層を象徴するさまざまな色の背景が下から上へ移動していく演出をしました。それから2人は立ち上がってそれぞれが別々の方向へと走り流れていき、各自の想念とフィーリングを表現します。ときどき2人は接近して手を触れ合わせたり、指先をからめたり、時にはしっかりと抱きしめ合ったりしますが、どれもほんのつかの間の出来事です。ダンスの最終場面でマスターが舞台に出てきて両手を高く挙げると、2人のソウルメイトがマスターの足元でバランスをとりながら並んで座ります。私たちはこのダンスを何度も練習しながら、やがてやってくるレッツへの訪問の旅を心待ちにしていました〔訳注：オムネクがダンスで表現した階層世界の呼び名は、神智学やバラ十字会の教義と一部同じであるが順番と意味合いが多少異なっている。彼女はエーテル界を第5層（上層世界と下層世界の乗り換え線）としているが、神智学でのエーテル界は物質世界の領域に入っている〕。

リムジとの深き愛の思い出

私が浜辺で新しい友だちのリムジと出会ったのは、セミナーの少し前のことでした。ゆったりとしたズボン、金色の紐がついた紫色のローブといういつもの格好で彼は毎日私とほぼ同じ時間に浜辺にいました。最初は2人とも言葉を交わしませんでした。私たちはただいっしょに黄金色の砂の上に座って、紺青の海をじっと見ていたり、お互いを見つめ合ったりしていました。彼の深い蒼色にきらめく瞳、ウエーブのかかった濃いブロンドの髪、そして真っ直ぐに伸びた鼻筋は今でも私の瞳に残っています。中でも私が一番好きだったのは、彼のちょっと口元を曲げたチャーミングな笑顔でした。

リムジと私はまだとても幼かったにもかかわらず、とても深く愛し合うようになりました。私たちは何をするにもいっしょで、私の伯母と伯父、そして女の子の友だちもみんな彼の存在を心地よく感じていました。私たちはよくクムリ山脈へいっしょに登ってとても高い頂上に座りながら、谷間を吹き抜ける風が渓谷の絶壁にこだまする響きに耳を傾けていました。そして家に帰る道すがら、楽しかった1日の思い出としてお互いのために花を摘んだものでした。リムジと私は自分たちの人生や将来について、そしてもちろん来るべきセミナーのことについてもよく話し合っていました。リムジは彼自身が書き上げたスピリチュアルな愛の歌を披露する準備をしていました。

惑星の首都レッツへ――瞬間移動ではなく徒歩で向かう旅

待ちに待ったレッツへの素晴らしい旅の出発日がやってきました。私はかつてないほどワクワクした気持ちでこの日を迎えていました。もっと幼かった頃は、私はいつもこの毎年のイベントを生活の一部として受け止めていましたが、当時はまだその素晴らしさのすべてを享受するには少し若すぎました。今や私は今度の訪問が自分の人生にとって非常に特別なもので、レッツの美しさとラミ・ヌリとの会見での感動を心に染み込ませてくることが重要なことであるような不思議な期待感を抱いていました〔訳注：オムネクによると、ラミ・ヌリは金星のマスターであっても、火星から来た人なのでアジア系の容貌をしているという〕。

レッツへの徒歩の旅は5、6日を要しますので、私たちは十分な衣類を荷物に詰め込みました。特にセミナーのために誰もがテーマに沿った舞台衣装をすべて独自にデザインしていました。この年次旅行は私たちの伝統文化で、まだ金星が物理的世界の文明であった頃から続いているものです。

アストラル界では私たちはとても簡単にレッツへ瞬間移動することもできますが、それでは十分な冒険も味わえませんし、体験全体も物足りないものになってしまうのです。チュートニアをはじめ金星の多くの地域の村落の人々はそれぞれの時間に出発し、自分たちのペースで歩いていました。私はリムジとゼムラに一緒に旅行してほしいと頼んでいて、彼らの両親とアリーナとオディンが合流した時点で私たちはすぐに出発しました。レッツはチュートニアの学芸院とは反対側に位置していて、リムジと私がよく登っていたクムリ山脈を越えたところにありました。私たちは山脈にできた洞窟を通り抜けて旅を続けました。それは偉大なる変容の前に発見された自然の通路です。そこには地下にできた池や滝、素敵な岩の形成物がありましたが、気味の悪い姿の動物たちもいました。洞窟全体はとても静かで音がよくこだましたので、私たちの歌声や詠唱は最も美しい音響を奏でることができました。深い割れ目に掛けられた幅の狭い網縄の橋を渡るのは、私たち子供にとってはまたとない冒険でした。

1日かけてクムリ山脈の洞窟から表へ出た私たちが目にしたのは、一面に開けた広大な平原で、そこにはあらゆる種類と色彩の花々が咲き乱れていました。そこには何千人もの人々の姿もありました。今や道は華やかな衣装に身を包んで彩り豊かな荷物を抱えた美しい旅行者たちで賑わうパレードの様相を呈していました。私自身のドレスは白いガウンに金色の紐とロープのようなベルトが付いたものでした。

次に私たちは深く茂った静かな森にたどりつきました。そこには他の多くの惑星から来た驚くほど多様な種類の高い樹木が立ち並んでいました。アメリカ杉、松、モミ、カエデ、そして地球では見られない木々もありました。私たちには森の中を抜ける時にはいつも、決しておしゃべりをしたり大きな物音をたてたりはしないという気高い習慣がありました。代わりに鳥や動物たちの声や、霜柱の立った地面を踏みしめる音、そして穏やかな静寂に耳を澄ましていました。湿り気を帯びた土や苔《こけ》のにおいは、ピリッとするような甘酸《あまず》っぱい木々や花々の香りと共に今でも忘れられないものです。

森を深く分け入ったところには小さな村落があり、5、6軒の家族がありあまるほど豊かな庭園の中にまばらに散らばった広大な家を創り出していました。それは金星に数多くある名前のない村落のひとつでした。日が暮れてきたので私たちは村で一泊させてもらうことにしました。見知らぬ人たちへの村人の態度は、何かを必要としている人が訪ねてきたら、何を尋ねるまでもなく誰にでもその必要を満たしてあげるというものでした。誰もがどんな人でも信頼し、家族に対するのとまったく同じようにもてなしていました。

夜が明けると、私たちは出掛ける前に「朝食」を共にしましたが、それは口に入れて食べる物ではありませんでした。私たちがそれを朝食と呼ぶのは、ともに意識的にエネルギーを吸収することが食事とよく似ているからです。私たちは輪になって座って目を閉じて、深呼吸をしながらエネルギーが全身の毛穴を通して取り入れられるイメージを描くのです。それは確かにとても心身を活性化してくれる朝食でした！

森を抜けるとそこにはもうひとつの山脈がそびえていて、私たちが越えるには高すぎるものでした。そこで山を迂回《うかい》しながら砂漠地帯を通っていくと、また別の山並みが目の前に現れました。そこには不気味な高原が横たわっていました。急斜面を登って私たちがたどりついたのは「水の平原」でした。青と紫と緑の大理石でできた平らな表面はほぼ完全な不毛地帯で、岩があちこちに散らばっていました。平原の一部は地面が隆起したようになっており、別の場所は裂け目や割れ目によってかなり荒れていました。水の平原はとても奇妙なところでした。なぜならあらゆるものがとても乾燥して干上がっているように見えるのに、じめじめとした湿気が辺りの空気を満たしているのです。割れ目や裂け目の中をのぞき込むと、水が勢いよく流れているのが見え、平原の中には深さ十数センチのくぼみがいくつもあり、水たまりで満たされていました。

平原を囲んでいる断崖には5、6個の滝がありました。平原自体が隆起したかたちになっていて、水があらゆるところへ流れ落ちていました。ここにある壮観な光景の多くは地球では自然の驚異と呼ばれるでしょうが、金星の人々はこれらを創造主の生み出した美のひとつとして受け止めていました。誰もが日々美しいものに囲まれて暮らしていますので、これらの自然をそれほどまでに壮観だとは感じていないようでした。素晴らしい驚異が当たり前のことのように思えてしまうのは、それらがどこにでも見られるものだからです。

スピリチュアルな波動が放たれる惑星の首都レッツ

高原を越えると目の前の風景は山のような緑の丘陵と、なだらかに起伏した草深い牧草地でした。この地点に達すると私たちはいつも青々とした緑の谷間がもうすぐ見えてくることが分かっていました。そこにレッツの都があるのです。眼下の遠方には壁に囲まれた魅惑の都市、私たちの惑星の首都がありました。レッツは円形の都市で、素敵な外観の学院、花園、噴水、そして美しい影像に囲まれているシンプルなものでした。上空から都市を見れば建物や歩道が2つに重なった十字の形をしているのが分かります。レッツは周囲をそびえたつ壁に囲まれていて、それはきらめく淡いブルーの色合いをもつ大理石でできた白壁でした。両端に尖塔《せんとう》のある巨大な木彫り扉でできたアーチ型のメインゲートは、地球のイングランドに見られる重厚な大聖堂の様式を思わせるものでした。

私たち一行が都市に近づくにつれて、いくつかの高い寺院の頂部が見えてきました。都市から放たれる波動に私たちは畏敬《いけい》の念に包まれてうっとりと魅せられてしまいました。何度ここを訪れることがあろうと、毎年その美しさは私たちを圧倒しました。レッツは地球上に見られるどの都市にもまったく似ていませんでしたが、地球のファンタジー物語に出てくるような場所にはとてもよく似ています。ここは想像し得る限りの調和とバランスを実現した建築物のファンタジー表現なのです。

金星の首都として、レッツは精神的な教えと芸術や科学のための学芸院を備えるスピリチュアルな都市です。他の大部分の金星都市とは異なり、レッツには多くの人たちが居住していて、その中には偉大な英知のマスターたちもいます。地球に存在する寺院は実際のところ上層世界にあるスピリチュアル都市群の学芸院の貧弱なコピーに過ぎません。私たちが心に留めておかなければいけないことは、創造性というものについての真実です。それは既に高次の世界に存在しているものに対する受容性にほかならないということです。

しかしながら、物理的な世界で最も美しい建物ですら、より上層の世界のものの美しさとは比べものにならないのです。レッツの学芸院はどれも独特の個性があり、それは建物のデザインにも反映されています。最も一般的に使われている装飾素材は貴重で希少な宝石類と金属で、たとえば金、銀、ダイヤモンド、ルビー、エメラルド、翡翠《ひすい》、そして真珠などがあります。これらは建物の内外に豊富に使用されていて、窓や出入り口の周囲、階段や天井や床、または建物全体が高い価値の材質でできていることもあります。なぜなら欲しいものは単に必要なだけ顕現されているからです。地球の宗教的な書物の作者は「黄金の街路」という言葉でそれらの存在を描写していますが、彼らはレッツのようなアストラル都市について述べているのです。

チュートニアと同様に、ほとんどの建物が自由な基本構造でデザインされてレッツの街並みを形作っています。建築様式は半球体、立方体、ピラミッド型、ドーム型、円筒型、三角すい型など多岐にわたります。これらのデザインの中には地球上で最も素晴らしい建築物と似ているものもありますが、物理的世界の他の惑星においてしか見られないようなスタイルのものもあり、その惑星はまだ地球では知られていません。レッツにはピラミッド型の学芸院もあり、明るい銀で覆われていて、比較的小さな建物でしたが、私は内部を見る機会はありませんでした。私が実際に見学できた建物のひとつは、物理的世界の他の惑星から集められた珍しい海の生物の博物館でした。それは淡いブルーにきらめく巨大な球体の建物で、窓や扉はありませんでしたが、内部から外の様子が透けて見えました。

私がスケッチをした学芸院は、深い青色をした水晶の球体で、銀色をした金属の支柱4本の上に載っていました。その支柱のどれもにいくつかの窓が縦に並んでいて、全体の外観は、凹面レンズを横から見たような感じでした。この学芸院の美しさは地球の言葉ではなかなか表現できません。私が面白いと感じたもうひとつの学芸院は、未研磨のアメジストの原石そのものでできた立方体の建物で、銀の縁取りが成されていました。アーチ状のマホガニー材の扉はまさに芸術作品でした。それぞれの面にはフルーツの精巧な彫刻が施されていて、とても色彩豊かなものでした。この建物にあるいくつかのアーチ型のガラス窓は、紫、黄色、そして白みがかった真珠色をしていて抽象的な模様が描かれていました。背後にはらせん状の階段が伸びていて2階フロアの入り口へとつながっていました。屋根の縁からは蔓《つる》が垂れ下がっていました。これはレッツではとても一般的なもので、人々は平らな屋根の上ではよく樹木を植えたり庭園を造ったりしているのです。

ここでの主要な建物のひとつである、「黄金の英知」学院は、ここアストラル界と同様に、物理的な世界のレッツにも同時に存在しています。それは円形の建物で、ほとんどが黄金と大理石でできています。基礎部分は白と紫の縞模様が入ったスカイブルーの大理石で造られています。周囲にあるいくつかの階段は主要階へとつながっています。腕を上方に伸ばした姿のスピリチュアルな存在たちをかたどった60本の黄金の柱が平らな大理石の屋根を支えています。これらの彫像は腰周りが並外れて細く、それは男性と女性の極性バランスを表現しているのです。この建物には屋内庭園やプールもあり、座り心地のよいベンチに囲まれています。

心のパワーの限界と無限性——実り多き首都レッツでのセミナー

セミナーのスピリチュアルな体験をただ言葉で捕らえるだけでは無意味です。私たちのセミナーは体験を分かち合うもので、すべての個人がそれに加わるものでした。何名かの講師が精神的なテーマに関する話をし、そのうちのいくつかは内容が重複してはいましたが、同じことの繰り返しではありませんでした。なぜならそれぞれの講師は非常に独創的で、私たちに新鮮な洞察を与えてくれていたからです。講演の他にも音楽の演奏や詩の朗読、芸術的な見世物や演劇、そして多くのダンスや歌が披露されました。私たちのダンスはその他のすべてのパフォーマンスと同様に大成功裏に終わりました。なぜなら私たちは自分たちのハートと心と魂をそれに捧げていたからです。すべてがその趣旨のとおりに理解され、そして楽しんでもらえました。私の心に残ったセミナーのハイライトのひとつは、後になってからじっくりと熟考するまでは多くは理解することができなかった、次のような特殊な講話でした。

人間が存在するかぎり、常にひとつの問いが挙げられます――なぜ世界はこのようになっているのか？

地球において人々は、すべては原子から成っていて、それらはいくつかの正と負のエネルギーの荷電粒子にすぎないと思い込んでいます。しかしそれでは何が多様な物を作り上げ、それらをひとつにまとめて維持しているのでしょうか？　答えは心の中にあります。人間が自身の思念のパワーで物質的な領域に自分の世界を創造しているのです。世界は人間の集合的な思念を反映して創られているのです。木がどのよう見えるかという心のイメージが世代から世代へと引き継がれて、これらの思い込みの思念が木々を変わらぬ姿のままに保っているのです。人の心のイメージが変化すれば、木々も変化するのです。

人が「これは不可能だ」と言う時、彼は制限された考え方から発言しているのです。あらゆることは可能なのですが、無知であるがために人は自らに限界を設けるのです。すると彼は限られた世界を持ち、それは彼の思考を制限し、その世界にさらなる限界を作ってしまうのです。人間の世界は、人間自身がその思考を変えない限りは決して変わらないのです。

あなたがある家庭に入る時、もしくは連れ合いと一緒に家族単位を作り上げる時は、より強いほうが自分の望みに従って家庭のあるべき姿を創り出します。もしその人が混乱していれば、そこには混乱した家庭が現れ、混乱した子供たちと混乱した生き方が見られるようになります。

私たちは他人が自分たちの世界を制限していることをとがめるべきではありません。もしある人たちいて心を乱さない生き方をしているとすれば、それは彼らが別の生涯（過去世）において正反対のことを経験してきたがために、何かに恐怖を感じて反応している可能性もあります。経験の積み重ねによる魂の成長という全体像を見る時、そこには非難したり裁いたりする余地は何もなく、ただ理解のみがあるのです。

講師は地球のことに言及しましたが、それはもちろんかつての金星での人々の生き方でもありました。これらの教訓は、制限された世界とは、制限されない世界と制限されない存在にいたるステップにすぎないということを念頭に置いて説かれました。

行事の合間に私たちは興味のある分野ごとに集まってグループを作りましたが、これは思念を感知することのできる私たちにはとても簡単なことでした。夜には各自はどこでも好きな場所で休眠をとることができ、それは街の中の学芸院のひとつであろうと、屋外にある多くの花園の中のひとつであろうと自由でした。私たちはセミナーそのものに、そしてそこで起こっていることすべてに気持ちが入り込んでいたので、解散して市内を巡り歩く気持ちにはなかなかなれませんでした。しかし帰る時になってから最後にもう一度レッツの街を見た時、私はその美しさにもっと浸っておけばよかったと後悔しました。生活の中にあるたくさんの美しさは、それらが周囲から消えてしまうまでは、あるのが当たり前だと大部分の人が思っているというのは本当です。それは金星人でも同じことです。レッツに滞在中には私にとって普通の生活の一部にすぎなかったものなのに、もはやそれらがなくなってしまった今となって、耐えられないほどの寂しさを私は感じているのです。

マスターは私たちに至高なる神について説き、それがどのようにしてすべての魂を等しく創造し、いかに不平等が人間の心の中から始まったかを説明してくれました。

物理的な世界の人間は、まだ他の個人を受け入れて共存していくことを学習していません。多くの惑星において、人々はお互いを受け入れることがなかなかできないでいます。それは彼らが神または魂のこと、あるいは一度死んでも生き続けることを何も知らないからです。人間の多くの苦闘は、人生は一度きりだという思い込みから生じているのです。そういう人は、死んだ途端に非常な恐怖にかられてしまうので、すぐにまた再生へと引き寄せられ、精神的にはほとんど成長しないのです。その理解に達するまで成長するには多くの生涯を必要とするのです。金星のすべての人々はそれを理解しており、そして幸いにもその理解に到達した少数の地球人もいます。他人をその意識レベルで批判するのではなく、今のままの彼らを理解して受け入れることによって、私たちは彼らの成長の手助けができるのです。私たちの愛と知恵を、他の人たちより強い力を行使する道具としてではなく、喜んで彼らと分かち合うことによって、私たちは同じものを至高なる神から受け取ることになるのです。

マスターはある質問への回答をもって講話を締めくくりました。その質問とは、なぜ絶対的な力をもつ至高神は堕落することがなかったのかというものでした。

それに対する答えは、至高神は絶対的な力を決して要求せず、力はすべての魂と分かち合われ、万物に等しく分配されているからであるということでした。

私はこれらのことを熟考し、自分が知りたいと思うことすべてについて思案していたものです。時が経つにつれ、物理的な宇宙に対する私の好奇心がだんだんと募っていきました。私の同胞たちはしばしば物理的な世界に、そして地球に対して祝福の念を捧げていました。そこで続いている大いなる苦悩のためにです。私たちの生活は喜びと安らぎに満たされていますが、地球のことを思うと、悲しみの気持ちがそこにもたらされます。私は地球で過ごした多くの生涯を記憶していました。そして金星でのこの生活がどれほど遥かに快適なものであるかも分かっていました。それにもかかわらず、私には地球と物理的な世界に惹かれる不思議な気持ちがありましたが、その時はまだそれが何を意味するのか気づいていませんでした。

レッツのスピリチュアル・マスターから届いた予期せぬ知らせ

後になって、チュートニアに戻ってから、ある晩の学習の時間にアリーナとオディンが私にある知らせを告げました。それはセミナーにおいて彼らがマスターと交わした会話についてでした。それによると、私はまもなく自分の人生について重大な決意をするだろうというのです。金星を離れて物理的な世界の家族といっしょに暮らす機会が私に与えられるだろうということでした。

私には物理的な世界において直面しなければいけないカルマがかなり多くあることは、私の〝記録〟から明らかでした。将来のどこかで私は再び物理的な宇宙で生きる必要がありました。しかし私は幸運でした。もし今回の人生においてそこへ行けば、私は自分が直面する試練に耐えることが容易になるのです。もし私がそこに生まれ変わる時まで待った場合は、物理的な世界で私が過ごさなければならなくなる期間はゆうに何千年にも及ぶことになるのでした。

伯父は私たちはまもなくレッツに向けての特別な旅に出ることになっていると告げました。子供の私が本当にアストラル界から物理的な世界へ直接行くことが可能なのか、そしてそれは何らかのスピリチュアルな法則に違反しないのかを確かめるためでした。私はとてもワクワクしました。当然のことながら、マスターが私的な用事の人たちに直接語りかけることは通常はなかったからです。

数日後、私は浜辺に座りながらレッツで見かけた1人の特別な人物のことを思い起こしていました。ある意味で彼は私になじみのある人であり、またなじみのない人でもありました。私は彼はアストラル界に住んでいるのではなく、物理的世界から姿を投影しているのだと感じました。彼は背が低く、素敵な顔立ちの若者で、おそらく20代後半であり、可愛らしい青い瞳をしていました。彼は私を一度ちらっと見て、数秒間私を見つめました。それが彼と私に起こったことのすべてでした。けれどその一瞥《いちべつ》には、暗黙の内に多くのことを伝える何かがあったように感じられました。ただ私にはそれが何であるのか分かりませんでした。私はもう二度と彼には会えないのだろうかと思い、そもそもなぜ彼と会うことをそんなに大切に感じているのか不思議でしたが、私には知る由もありませんでした。

アリーナは私が自分の考えを明確にして大人のようにしっかりと決断できるように特別な助言をくれました。今回の決断は極めて重大なことであったからです。伯母も伯父も、私は他の人たちが最善だと思うことを選ぶ必要もなければ、冒険をする必要もないと言い、私が一生を金星で過ごすことを選ぶのなら、このままずっと我が家に住んでもらって全然かまわないし、喜んで私を育てたいと言ってくれました。彼らは私のことを深く愛してくれていたので、私が自分にとって良き選択だけをすべきであることに気づかせてくれました。なぜならこのような機会はめったに与えられることはないからです。

第7章

アストラル界の金星でのクリエイティブな生活

金星はファンタジーランド――創造的に個性を表現する人間の住む星

地球での人々の生活に比べると、物理的な世界の他の惑星はまるでファンタジーランドのようです。金星での暮らしはおそらくもっと夢のような信じられないもので、それはそこにアストラル界の現実と存在という一面も加えられるからです。地球での生活を1冊の本を読んで理解しようとするのはとても難しいと思える人なら、アストラル界にある金星での生活をこの自叙伝だけから理解するのも非常に難しいことに気づくでしょう。

私たちがアストラル・レベルに移行したことを、良きカルマという視点で考察することもできます。なぜなら私たちはネガティブな鉄の時代に、対立と戦争よりも調和のもとに生きることを学び、物理的なレベルにおける次の黄金時代の始まりまでには自分たちの文化をより美しいレベルで楽しむように上昇させられたからです。アストラル界の金星には偉大な変容の時に物理的な金星にあったものとまったく同じ都市と風景があります。チュートニアの学芸院はまだ都市が物理的レベルにあった時代に、それぞれの科目のマスターたちによってデザインされて建てられたものです。そしてそれらがアストラル界に再創造されたのです。もちろん長い年月の中で私たちの家屋は人々の好みによって変化してきました。

私たちの文化がアストラルの次元または世界に入っていくにつれ、私たちはあらゆるものの色彩がより輝きを増して豊かになったことに気づきました。空は真珠のような虹色のきらめきが絶えず彩りを変える大海原のようになり、すべてが自ら光を放っているようでした。山々、野原、木立、草花、建物、衣類、家具、そして私たちの体までもが、それらに本来備わっていた温かい、色とりどりの彩光を放っていました。もはや天候は人々の集合的な想念によってコントロールされていました。もう決して寒すぎたり暑すぎたりすることはなく、乾燥しすぎたり雨が降りすぎたりすることもありませんでした。変化が欲しいと思った人たちは、自分たちの思念によって自宅の周囲だけに吹雪を顕現させることができ、他の家には一切影響を及ぼさないことに気づきました。そして自分の土地の上空の色だけをコントロールできるようにもなりました。不干渉というスピリチュアルな法則にのっとって、他の家庭の自由意思を尊重していたのです。

生きていくために食物を必要としないということは何と素晴らしい自由なのでしょう！　そしてアストラル体は途方もないスピードで移動できるので、物理的な移送手段は廃《すた》れてしまいました。誰もが目的地にただ姿を現すことを選ぶか、自らの思念の力で推進する乗り物での移動を楽しむかの選択ができました。家の周囲や近所においては、歩くこと（または地面から少し浮かんで滑空すること）が、あちこちを往来するのに最も容易な移動手段として残っていました。周囲のエネルギーから直接的に物を顕現できるようになったので、もはや物理的に何かを組み立てて建築する必要もなくなりました。ただ私たちの大部分は、手作業を楽しみたかったので技能を身につけたいと思っていました。

人間は精神的に開花を遂げると、これまでよりもいっそう個性的になります。これは惑星の精神的な成長としても表れます。地球はまだ精神的に幼少期にある惑星なので、大多数の人々はコントロールされていて、大勢順応の習慣がはびこっています。金星は成長するにつれ、住民たちは都会を離れ、大量生産の利便性を捨て、より自然な生活を営むために村落で自給自足の生活を送るようになりました。各人はより個性的で創造的になるように、自分に必要なものの大半は自分自身でまかなえます。

精神的に進化を遂げた惑星は自然な結果として、創造的に個性を表現する独創的な人間の住む星となっています。偉大なる変容の前、金星の人々は芸術活動に没頭していて、生活のすべての領域において、創造性が何よりも大切なものとみなされていました。調和と美しさの創造の中に自分自身を表現することがまさに自己の存在目的であると考えられていたのです。そして金星で栄えていた文化はすでにアストラルレベルまで進化していたので、アストラル界への移行は抜本的なものではありませんでした。私たちの同胞は生存のために必要なことよりも、人生における創造的な喜びに専心していましたが、移行後も家族と家庭がひきつづき生活と創造的表現の中心となっていました。偉大なる変容の後、各家族は自分たちの家をもっと自由に創造できるようになりました。物理的な材料や物理的な法則に制限されなくなったので、想像し得るものは何でも思念だけで顕現できたのです。ドーム型の自宅を建て、2階フロアを宙に浮遊させることは高度な技術の成し得る離れ業ではなく、創造的な設計のひとつでした。

優美な曲線を基礎とする金星の独創的なマイホーム

金星の建築物の大部分は、円と楕円と優美な曲線を基礎としています。私たちの近隣の家々は何層かに重なった風船のようであり、地面の上に群がった泡のようにも見えました。ドーム型はとても人気がありました。他の多くは異なった幾何学的な形のコンビネーションでした。宮殿やお城のような精巧で広範囲にわたって緻密な構造のものは少数でしたが、どの家も独創的でうっとりするくらいの美しさでした。

地球の建築家が金星を訪れたら、おそらくここを素敵なアイデアが現実化するパラダイスと呼ぶでしょう。ダイヤモンド、ルビー、エメラルド、そして真珠をちりばめた黄金のブロックで造られた家は、色つきのレンガで造られた家と同じくらい簡単に顕現させることができます。地球では1個の巨大なダイヤモンドやルビーから家を彫刻するのはほとんど不可能に近いでしょうが、金星（アストラル界）では心の中でデザインするだけで直ちに顕現できるのです。可能性に限界はないことを知りながらも、私たちの同胞は各個人の美的センスにマッチする家を創造します。大切なのは美しさであって、高価な宝石類や貴金属の数ではないのです。自分の欲するものはすべて顕現できるのですから。

私の記憶では、みずみずしく茂った花園に囲まれていなかった家はチューートニアでは一軒も見たことがありませんでした。もはや私たちの創造を制限するのは自身の想像力のみですから、花々、樹木、そして草むらはさらにずっと異国情緒に富んでいて、さまざまな色合いに満ちていました。もし私の伯母が白い斑点のついた高さ1メートルもの赤いマッシュルームを望んでいたら、それらは簡単に創造されていたでしょう。それらは香り、味わい、そして手触りも本物のマッシュルームで、物理的世界の惑星にあるものと同じものであったでしょう。

念入りにデザインされた庭園を縫うように巡らされている通路は、石やレンガ、またはおそらく黄金など、個人の好みに合わせて造られています。そして庭園に必ずあるのが噴水、彫像、池そして滝です。またベンチの材質も大理石、鋳造された金属、または異国風の木製のものなどがあるでしょう。彫像はあらゆる種類の存在を表象していて、スピリチュアルなマスター、天使、神話上の存在、そして自然界の元素の支配者たちなどがありました。彫刻を愛する人はそれぞれの像を自分の手で彫っていたでしょう。別な方面に関心がある人はおそらく各像を心の中でデザインしてそのまま顕現させていたでしょう。

タイサニアンは室内や屋外に多くのゆとりや広々としたスペースを設けることを好みます。室内は決して散らかったり、家具がありすぎたりはせず、家を飾るために創造されたすべてのものがそれぞれ便利な役割を果たしています。私たちの家具はもちろん実用的な目的で創造されますが、それには常に精妙さ、美しさ、そして独創性という品質を備えています。テーブルは単なるテーブルではなく、椅子も単に椅子であるだけでなく、訪れた人たちに必ず何かを感じさせるものなのです。

目に触れるものどれひとつをとってみても、それは芸術作品となっているのです。ある椅子の外見は、とても美しく優雅な浮き彫りを施された木製の椅子にクッションが置かれたもののように見えるかもしれませんが、座り心地はまったく別の感覚かもしれません。もしその椅子を創造した人が羽根の上に座っているような感触を好んでいたとしたら、そこに腰掛けた時の印象は、綿毛のようにふかふかした羽毛に癒されるような感じでしょう。あるいは空の雲のようにぷかぷかと浮かぶような感覚を好む人であったら、その椅子やソファにはそのような座り心地を感じることでしょう。ビロードのカーペットは大理石の感触かもしれませんし、大理石のように見える床を歩く時にまるで草原や水面、または羽根などの柔らかいものの上にいるかのように感じることもあるかもしれません。どんなものでも、各個人の好みに合わせて、見た目と感触が異なるように創造できるのです。

音、香り、触感、色彩の無限のバリエーション——個人の好みの感覚が作り出す部屋

各部屋は家族の個性、人格、そして興味が反映されたものとなっているので、そのバリエーションはほとんど無限にあると言って良いでしょう。ある家族は家全体をひとつの感覚のために創り上げていま

す。たとえば音や香りなどです。またそれぞれの部屋を音、視覚、芳香、触感、風味などの感覚のためにだけ創造している家庭もあるでしょう。そこでは部屋から部屋へ移動しながら各感覚のさまざまな印象を体験することになります。

音の世界の部屋では、あらゆるものが音に反応し、それ自身からも音を発します。カーペットの上を歩けばある音が創り出され、そこに横たわれば同じ音のバイブレーションが起こるでしょう。クッションの上に座ったり、またはただ部屋の中を動き回るだけであらゆるパターンのバイブレーションを引き起こし、その相乗効果ですべての家具から発する音が溶け合ってハーモニーを生み出します。そして部屋全体から溢れ出すメロディが天上の調べを奏でるのです。部屋には訪問者が演奏できるように楽器類も置かれているでしょう。生涯を音楽に捧げている人はその自宅も同様のものとなり、各部屋がそれぞれの楽器とその特有の音色によって振り分けられているでしょう。庭園の噴水は滝が流れ落ちるサウンドを生み出し、すべての樹木、草花、そして低木などが一斉に鳴り響いて、恍惚とさせるような美しい自然のシンフォニーを創造するのです。庭園に必ず備えてあるのがウィンド・ハープ（風の琴）です。そよ風がハープの弦にふれると、絶えることなく旋律を変える優美なメロディが流れ出てくるのです。

香りの世界の部屋では、あらゆるものがそれ自身の独特な芳香を放っています。じゅうたんに足を一歩踏み入れると、ある種の芳香が——おそらくバラの香りが——舞いあがるでしょう。植物や小さなクッションにふれると、それぞれを生み出した時に創造者の心にあった香りが発せられます。田園風景を描いた絵画から発せられるのは、きっと田舎の新鮮な空気のにおい、鼻にしみるひんやりとした渓流の風香、または野原の百合の香りでしょう。

触感の世界の部屋は、そこに入った途端に優しく肌を撫でるような波動に全身が包まれるのを感じるでしょう。さらに、そこには柔毛や素晴らしい触り心地の生地の壁掛けがあるはずです。そして床は濡れた草むらのようであり、滝の絵画は触ってみると本当に濡れているような感触がするでしょう。

もうひとつは色彩の世界の部屋です。ここにあるソファまたはコーヒーテーブルは、たえず色を変えつづけています。赤から紫、緑、青、黄、そして再び赤へ、あるいはランダムに変化することもあります。壁も床も照明もつねにさまざまな彩りに移り変わっていきます。これは音と結びつけることもできます。いろいろな旋律の歌声に合わせて家具類の色が変化していくようにするのです。

このように、あらゆるものは創造者のイマジネーション次第なのです。もちろん、各感覚が受容できる範囲内によっての制限はあります。あまりにも多くの変化は全感覚を圧倒してしまうからです。新しい家具のデザイン、色調、そしてインテリア装飾全般を実験的に試みているのは通常は家にいる女性ですが、家族の誰もがふつうは自分専用の部屋を1つかそれ以上持っていて、その装飾も行っています。地球では家の掃除に時間を費やしていますが、金星の家庭の女性は午後には家具をまるごと一新させたりもします。創造による速やかな変化は人生の一部なのです。

アストラル世界での物体の創造には、多くの訓練と責任が伴う

生活は見かけほどには簡単なものではありません。物を顕現させるには大変に多くの訓練と責任が伴います。物理的な世界と同様に、バランスとハーモニーの法則を遵守しなければいけません。

私たちが何かを創造する時には、ただ漠然としたイメージを思い浮かべるだけでは結果を生み出すこ

とはできません。もし椅子全体ではなく、椅子の写真を想像しただけなら、現れるのはペラペラの切り抜きのようなものでしょう。また言葉で「椅子！」と命じただけで創造することはできません。アストラル界での生活を始めたばかりの頃は、物を創造するのはなかなかうまくいきません。

家庭では子供の自由が大いに尊重されてはいても、彼らは思念形態の正しい使い方を学ばなければなりません。子供は大人ほどの集中力がなく、好奇心があちこちへと向けられてしまうので、とても幼い時期にはまだいろいろな物を顕現し始めることはありません。彼らの最初の玩具や衣類は親が創造してあげているのです。はじめのうちは子供たちはアストラル界では未発達な状態にいますので、そこでの生活に慣れる必要があります。地球の子供たちと同じように彼らにも適応のための期間が必要なのです。金星の子供たちは親から訓練を受け、心の焦点を合わせ、生き生きとした想像力を駆使することを学びます。

私たちは周囲のエネルギーから物を顕現することができるため、創造における製造プロセスだけは省略できます。誰にとっても一番労力を要するのはデザインをすることで、まだ独自のものを顕現させる技能を身に付けようとしている段階の子供たちにとっては、とりわけ骨の折れる作業です。最初はデザインは不完全でアンバランスなものになり、周囲と調和しないものになってしまいます。子供は心の中で映像化する物体が、すべての面において細密な部分にいたるまで正確な寸法、色合い、そしてデザインで描けるように練習を重ねなければいけません。もし心に思い浮かべた椅子の脚が１つ欠けていたら、顕現された本物の椅子も脚が１つ欠けたものとなってしまいます。また心のビジョンの中の椅子の寸法がおかしかったら、現れた椅子もゆがんだ形のアンバランスなものとなります。色彩、材質、そして形状は部屋の雰囲気とバランスがとれてうまく溶け合うものでなければいけません。不注意な創造はゴミの山を築くだけです。

アストラル界の金星は思念のパワーによって混沌とした状態になっているわけではありません。すべてのものは実質のある固形物で、各々の創造者によって形状を変えられるまではそのままの姿でありつづけます。もし私の伯母と伯父が数年間チューートニアを離れていたとしても、家はそのままの姿で保たれます。誰も他人の創造物に干渉することはないのです。そしていったん創造された物を簡単に消滅させることはできません。そのデザインを変更させることはできます。ですから人々は無用の長物を生み出してしまわないように気をつけているのです。

一度ある部屋を創造してしまえば、誰かがそれを変えるまではそのままの状態でありつづけます。創造者が変更を決めない限り、オレンジ色のソファに座れば常にバラの芳香が放たれるのです。何度も何度も実験を繰り返した後に、やがて家族はまさに自分たちにピッタリの、最も心地よく感じるスタイルや雰囲気の家具類に囲まれた生活に落ち着くことになります。私の伯母と伯父は自分たちが本当に求めていた家を創造できたと感じて以来、日に日に家に変化を加えることはしていません。金星の人々は絶え間なく変化する生活に慣れていて、それらを完全にコントロールしていますので、安定した毎日を過ごしています。

金星においては、誰もが芸術活動にいそしむ日々を送っている

金星では誰もがさまざまな工芸やクリエイティブな習い事をしています。人々は多くの労力を費やし

ながら工芸にいそしんでいます。なぜなら、そのほうが単に瞬間的に顕現させてしまうよりも、やり甲斐や達成感が感じられ、自分ならではの作品が創造できるからです。ここでは寿命が数千年にも及ぶので、数々のアートや工芸を習って身に付けるだけの十分な時間があるのです。すべての欲求が指をパチンと鳴らすだけで満たされてしまうような生活は、とても退屈で新鮮味のないものになりかねないことを私たちは十分分かっています。何かに挑戦してやり遂げることへの意欲や期待感が薄れてしまうからです。

アストラル界においては、ただ意思を持つだけで、フルートを演奏する技術をマスターすることは可能ですが、金星ではそういう行為は怠惰なものと見なされ、避けられています。物理的な世界の人々に求められているのと同様に、私たちも努力と練習によって才能を開発しようと励んでいるのです。家を建てることは例外として、私たちはできるだけ手作業で行おうと努めています。基礎材料から家具を作ることに対して、技能や興味がほとんどない人は、おそらくそれを簡単に顕現させることでしょう。また絵を描くのが苦手で、現時点ではそれを習うことに関心がない人も、はじめのうちは絵画をただ顕現させて自宅に飾ることでしょう。誰もが多くの分野で自分の才能を開発させていますが、それらは自分自身が選択したものに限られます。芸術は人々の生活の中で大きな位置を占めていて、それぞれの家は精神を高揚させてインスピレーションをもたらすような芸術作品で満たされています。それらはその家族の個性、好み、そして愛着のあるものを反映しています。木彫師の家は手作りの木彫り作品で飾られ、織工の家では自らの手による織物が壁や家具を装飾していることでしょう。多様な芸術の才能は長い年月にわたって磨かれているだけではなく、生涯から生涯へと引き継がれているものでもあります。ある高い才能をもって生まれ、一生をそのために捧げているということは、通常は魂が過去世においてもすでにその芸術に携わっていたことを意味します。私自身のダンスへの興味はこの人生で始まったものではなく、何世紀も前の古代エジプトにおいて私は踊り手だったのです。

彫刻もまた人気のある芸術です。私たちの近所の数軒の家は、全室が彫刻されてできています。これらは冒険的なことです。なぜならテーブル、椅子、そして壁の棚などのすべてが天井や壁と同じひとつの材質によって形作られているからです。

金星の音楽——ここではほとんどの人が自分で作曲し、演奏する

音楽は人の創造性を表現する最も優美な手段のひとつです。ほとんどの金星人は私的な充足感や喜びのために自分自身で作曲して演奏するようになります。話したり書いたりするよりももっと優雅に、そして完全なかたちで自分のフィーリングを表現するために、私たちは歌ったりメロディを創造したりすることができるのです。私たちの音楽においてはフィーリングの要素が最も大切で、シンプルで美しい音が多くの気持ちを伝えているのです。

私はチュートニアで楽器をひとつも演奏できない人には会ったことがありません。大部分の人たちは数々の異なる楽器を習ってマスターしていました。私たちの楽器の多くは地球のものととてもよく似ています。なぜなら物理的な世界で現在使われているすべての楽器は、最初にアストラル界で創造されてアストラル博物館で保管され、深い探索心をもった人によって発見されてきたものだからです。フルート、バイオリン、そしてハープなどは、私たちの使うタイプのキーボードと同様に金星で最もポピュラ

ーな楽器の仲間です。

私たちはまた、風、流れる水、海の奔流などの自然の音をそっくりに再現するさまざまな装置を持っています。私たちの音楽において打楽器はめったに使用されませんが、ときおりドラムのビートやシンバルを鳴らす音が入れられることもあります。耳障りな音を出す金管楽器もあまり人気がありません。これらの濃密なバイブレーションや打楽器類はさらに密度の濃い物理的世界や下層アストラル界により適したものなのです。私たちの音楽は地球で人気のあるロックンロールとは非常に異なっていて、流れるような、気持ちを高揚させるものです。私たちの高次な音楽は、地球の人には聴き慣れないものかもしれませんが、これまで耳にしたことのないほどに美しいものと感じられることでしょう。

地球に（西洋社会に）見られるような重たいビートはスピリチュアルな消化不良をもたらし、人間の高次な中枢ではなく低次な中枢を興奮させる作用がありますが、これは決して非難をしているのではありません。なぜなら、あらゆるレベルの個人を受け入れるためには、数多くの種類の音楽がその世界には必要とされるからです。各々がその目的を果たしているのです。私たちの音楽の大半は家庭で楽しむ私的な体験となっていますが、生涯を音楽に捧げたアーチストたちで構成されたオーケストラも実際にいくつかあります。中でも音楽において金星を有名にしたオーケストラは、レッツにあるシェリ交響楽団です。

終わることのない永遠の学習――高次な存在ですら、いまだに学び続けている

いくつかの部分だけを見て、金星での生活の全体像を把握することは容易《たやす》いことではありません。各

人には個性があり、性格、好み、そして過去世による影響からさまざまな創造的探求に惹かれています。ある人はものを書くこと、彫刻、そして木彫りにも熟達していながらも、全生涯を絵画と新しい楽器のデザインに捧げているかもしれません。またある人はフルートの演奏と同様に、物理学や化学にも魅せられているかもしれません。大好きな芸術や科学への興味がどれほど強くても、学ぶことに終わりはありません。たとえ一生を植物の研究に費やしたとしても、けっしてそのすべてを知る段階に至ることはありません。

ひとつの例として、幾歳月もかけて地球では植物の研究がなされてきましたが、彼らはようやく植物にも感受性があり、感情に反応することに気づき始めたばかりです。地球ではそれは偉大な発見でしたが、他の惑星ではずっと昔から知られていたことです。私たちはかつて自分たちがそうであったように、魂は植物にも宿ることが分かっています。

どのような惑星、あるいは階層世界に住んでいようと、そこには常に新しく学ぶべきことがあります。永遠の時の中で、たとえあなた方が物理的な世界に再度生きることになろうとも、そこには為すべきことと解決すべき問題が存在するのです。最も高い意識状態にある最も高次な存在ですら、いまだに学びつづけているのです。

地球の多くの人々にとって死後の世界がミステリーであるからといって、死がすべての終わりを意味するわけではありません。それは景色の入れ替わり、別のレベルの新たな始まりなのです。至高なる神そのものは、生きとし生けるすべての形態を通して毎日新しい経験をしているのです。

科学は演技と同様に私たちの生活にとって大きな位置を占めています。私たちは絶えず宇宙や自然について学び、それがどのように機能し、それを私たちがどのように利用できるのかを研究し続けています。私たちは毎日、自然に逆らうことなく、その流れと共に生きていくように努めています。自然のどこか一部でも枯渇させてしまえば、不安定な状態を招いてしまうからです。このような生き方は、特に物理的世界の惑星に生きる人々にとってはとても難しく、多大な努力と時間を要するでしょうが、人が自然を愛すれば、自然も人を愛してくれることを私たちは知っています。

アストラル界から地球へやってきた多くの金星人たちの活動

物理的な世界の人々を手助けすることは、私たちの多くにとっての共通の目標です。このようなかたちで私たちの個々のカルマを解消するためだけではなく、助けを必要としている人たち、特に地球のような惑星の人たちを援助することによって私たちは心の充足を得られるのです。

地球や他の物理的な惑星で亡くなった科学者たちは、全人類の利益のためにしばしば上層世界で自らの研究をつづけます。彼らの才能や知識が多くの生涯を通して持ち越されていくのは不自然なことではありません。私のように自分の波動を物理的な世界へと落として地球で生活しようと計画している者たちは、しばしば地球で役に立つ職業能力を身につけます。

今日、アストラル界から来た非常にたくさんの金星人たちが地球で生活しています。彼らは事前に膨大な知識を身につけています。アストラル界の科学者たちは、自分の仕事を地球へ行って続けるほかに道がない場合がよくあります。彼らの研究は、ある一定のポイントを超えた時点から地球の物理的な状況のもとで物理的な法則に従って進めなくてはならなくなります。私の伯父もこのことに気づきました。

思念のパワーのもとできちんと機能する装置を、物理的なレベルへ移行させても機能するように設計する場合、物理的な世界での実験がどうしても必要となるのです。

幸いなことに私たちは、これまで自分たちの教養をあらゆる面で完全に維持してこられました。自身の物理的な才能を開発せずに、アストラル能力に頼ってすべてのものを思念で創造するほうが簡単だったでしょう。でもそうしていたら、やがて鉄の時代が終焉を迎える頃に私たちの文化は苦悩の時を迎え、再び物理的な密度での生活に逆戻りしてしまうかもしれません。自身の知的能力を損わずに維持することによって、私たちは自然の力に屈することなく、物理的な密度での自分たちの生活を継続することができるでしょう。

変身の技を競う――金星での魔法の仮面舞踏会

金星人たちはとても社交的で、多くの機会によく集まります。音楽、ダンス、そして歌は、どのパーティでもとても大切です。誰もが才能に恵まれているので、誰もがエンターテイナーになります。ゲストの人たちは自分の楽器を持参して、オリジナルの新しい音楽を披露したり、昔の人々の暮らしを演じたり、自作の新しい詩を詠んだりします。ここでは金星の豊かな文化が創造的なフェスティバルと分かち合いの中でお披露目されます。このような催しを通して、本当の共同体、人々の間の真の相互理解、そして本物の人間関係がとても自然なかたちで築かれていくのです。

パーティで楽しまれたゲームのひとつに、物理的な世界よりも上層階層の人たちだけができるものがありました。ある意味でそれは仮面舞踏会のようなものですが、ゲストたちが単に衣装や仮面を着けるだけではなく、実際に自分たちの体の形と外見を変えるのです。私たちは思念の力を用いてただアストラル体を変化させるだけなので、人格、心、そして魂は同じままで、内的な性質や独自性も変わることはありません。パーティの男主人役と女主人役を務める2人は、訪れたゲストたちの正体を言い当てるという楽しい役割を担うのです。自分の個性を隠すということは、いつもとは違う体の形を顕現するよりも、自らが放っている波動を隠すことにあります。すべての個人は、ある表現、ある種の瞳の表情を持っていて、それは生まれ変わりを重ねても常に同じままで、外観がどのように見えていても変わることはないのです。それからその人独特のしぐさというものもあり、それは座り方、頬杖のつき方、手先の動き、そして笑い方などです。これらのすべてが正体を見抜く手がかりとなり、本人を言い当てられるかどうかは、容姿の奥にある内なる性質を感じ取っているかどうかにかかってきます。

パーティにはまた、彩り豊かなコスチュームに身をつつんだお馴染みの動物たちも姿を見せます。たぶんそれらは明るいピンクの猫であったり、毛むくじゃらの紫色の猟犬であったり、または青い尻尾をしたオレンジ色の子馬だったりするでしょう。これらはもちろん本物の動物たちではなく、そういうかたちの偽装を選んだゲストたちなのです。子供の頃は私は蝶々に憧れていたので、よくその姿で舞いながらパーティに訪れていたものです。

人間でありながらも植物や動物の姿になる体験をすることで、私は人間の体というものは、魂が人間の意識をもって生きていくためのより完璧な乗り物であることを学びました。蝶の体でいることは、しばらくの間は素敵なことでしたが、とても制約が多いことに私は気づきました。

アセンションした金星でさえ、まだユートピアではない

物理的な世界に比べれば制限が少ないとはいえ、金星はユートピアとはほど遠い場所で、魂が想像し得る最高の世界などではありません。私たちはここよりも濃密な、いかなる世界に住むいかなる人たちともまったく同様に成長の過程にありますので、至高なる神性の法則を学ぶことは私たちにとっても極めて重要なのです。

私たちにも解決すべき諸問題や、学ぶべき教訓がありますし、同じようにより高い気づきを得るために努力をしているのです。自分たちの欲するすべての物が手に入るアストラル界にいる私たちにとって、問題や教訓というものは別なところにあります。

物理的な世界では、感情は物質的な問題と混ざり合っています。たとえば生計を立てたり、病気になったり、そして物理的なあらゆる責任を果たすことです。そこでは大抵の場合、物理的な問題が純粋に感情的な問題を上回っています。いっぽうアストラル界においては、私たちは物理的な問題から解放されて、自らの感情にもっと丸ごと向かい合って対処するようになっているのです。金星人たちは情緒のバランスを維持するために多大な努力を払わなければならないのです。アンバランスな情緒の状態は魂にに損傷を与えかねません。私たちはこの世界では感情的な問題が遥かに圧倒的なパワーを持つ傾向があることに気づきました。

愛着というものはどの階層世界においても非常に危険なものです。それは魂から自由を奪うからです。気をつけなければいけないのは、私たちはいろいろなものにとても愛着を感じやすいということです。

家族に対して、他人に対して、そして儀式や生き方に対して……。良い訓練は、ものごとを嫌うように好きになろうとすることです。嫌いと感じるのにはすべて理由があります。それはたいてい感情的なものです。私たちは自分が魂の存在であることを自覚し、魂ではないものを認識できるように心がけています。それは考え方や思い込みといったものです。また私たちは、一度にすべてのことをしようとしないように自分を律しています。何ごとも急がずに、地にしっかりと足をつけてバランスを失わずに生きることです。

私たちはいま自分が持っているもの、そしてこの瞬間の自分の状態に感謝しています。私たちは寿命が非常に長いので、人生で体験できるすべてのことをゆっくり味わいながら生きていくことが大切なのです。何かに夢中になってしまうことはここではとても簡単なことです。なぜなら想念の力を使うだけで欲しい物はすべて手に入るからです。しばしば私たちは自分の欲求を抑えておく必要があります。もしあらゆる経験を数年の内に済ませてしまったら、その先は何世紀にもわたって退屈な日々を過ごすことになりかねないからです。

私たちの同胞が抱える最も重大な問題のひとつは愛する人への未練です。私の父もその1人です。彼は私の母を失ったことへの悲しみからどうしても立ち直ることができませんでした。金星人にとって、それは深刻なアンバランスをもたらして精神的な成長を遅らせてしまう問題のひとつです。情緒的な感情は雪崩のように襲い掛かってきて、本人は何が起きているのか分からないうちに飲み込まれてしまいます。情緒の安定はまさに命綱なのです。魂はアストラル界でもカルマを作り出します。それは物理的な世界や他のあらゆる濃密な世界とまったく同じことです。

物理的な世界の多くの人にとって、肉体の死後に訪れるアストラル界は天国です。私が述べた金星での生活の様子が、あなた方が物理的な世界を離れた後のアストラル界での生活をイメージする手助けになることでしょう。それは非常に美しいものでしょう。けれど、どの下層世界とも同じように、それは制限されたものなのです。

第8章

次元上昇した金星から物理的次元の地球へ
——生まれ変わりの準備

マスター・カンジュリに呼び出され、再びレッツへ

今回のレッツへの旅はより速やかなものになりました。私たちはマスターからの呼び出しを受けていたのです。ドーム型の乗り物の座席に掛けた伯父と私は瞬く間にレッツの街のゲートの前に現れました。私たちはお土産を手に、きびきびした足取りで「黄金の英知」学院へと向かい、建物内で私たちを迎えてくれたマスター・カンジュリと挨拶を交わしました。

カンジュリはやや年配で、顔に髭《ひげ》はなく、流れるような長髪は珍しいほど真っ白で、ほとんど銀白色をしていました。カンジュリの面前に立った時、私は彼がとても太古の昔から生きていながらも、非常に若いままでいることを感じました。矛盾していることなのですが、うまく説明することが私にはできないのです。

彼の深い碧眼《へきがん》の瞳は無限の英知と慈愛を湛《たた》えていました。本当のマスターの誰もがそうであるように、カンジュリは穏やかな静寂のたたずまいに包まれた美しい魂の存在でした。私たちは贈り物として、学院のための植物と、マスターのためのフルーツを手渡しました。私たちはクッションの上に座って、いっしょに大きな声で「アミューァル（amual）」と唱えました。それはタイサニアの言葉で「愛」を意味します。室内はたちどころに温かいピンク色に輝き、カンジュリが語り始めました。

「私があなた方をここへお呼びしたのは、オムネクが選択をできるようにするためです」

金星名オムネク・オネクの由来と前世のカルマ

私の金星名はオムネク・オネク（Omnec Onec）といいますが、金星の言葉の発音に近いかたちでこのようなスペリングにしました。名前の意味は「精神的なこだま（スピリチュアル・リバウンド）」です〔訳注：この名前は家族代々引き継がれてきたものであるという。ちなみにヒンドゥー語では「オム」は万物の根源や宇宙の創造を意味する聖なる音である〕。

カンジュリがつづけて言うには、ある少女が地球に住んでいて、彼女と私（オムネク）はかつてフランス革命の時代に姉妹として生涯を共にしていたとのことでした。当時私は貧困層を救うために特権階級に立ち向かっていたため、王朝への反逆者として命の危険にさらされていました。彼らが私の居場所にやってきた時、妹は自ら私の名前を語って彼らの前に歩み出ました。私を愛する気持ちと、私に活動を続けさせることが重要であるという判断から、彼女は私の身代わりとなって断頭台で首を切られたのでした〔訳注：オムネクによると2人は双子の姉妹であったという〕。

カンジュリはまた、過去世でのオムネクの姉妹は今は小さな女の子としてアメリカ合衆国に暮らしていて、家庭内で非常に苦しい思いをしていると説明してくれました。彼女の母親は娘の世話をできる限りしてはいるものの、夫婦ともにアルコール依存症となっていて、争いが絶えない家庭であるということでした。シーラという名のこの少女は、夫婦間のもめごとや喧嘩の巻き添えにならないように、7歳になった時にテネシー州のチャタヌーガに住む祖母のもとへ送られることになっていました。その時シーラの未来の様子を見ていたマスターは、祖母のところへバスで向かう途中にあるアーカンソー州のリトルロックで彼女が交通事故で死んでしまう光景を見ました。

カルマの清算のため、地球に生まれ変わることを私は決意した！

私は昔から存在する魂で、今生においては金星との縁はそれほど強くなかったので、私には特別な選択が用意されていました。私は自分のカルマを清算するために体の波動を物理的な世界へと落として地球へ行くことができるというのです。シーラの乗るバスの事故が起きた後、シーラの遺体はきちんと処置を施され、私は彼女に成り代わってやっていくことができ、オムネク・オネクではなく、シーラとして彼女の家族の中で生きていくことができるというのです。こうすることで、いろいろなかたちで原因と結果のバランスをとり、私自身と彼女のカルマのいくつかを解消することができるということでした。

地球で再び生まれてくる代わりに、自分の金星人としての体を地球の物理的な世界まで濃密化するという特別な機会が私に提供されたのです。地球で私が直面することになる試練を乗り越えていくための助けとなる堅固な精神的土台として、私は自分の意識、認識、そして記憶を保持したままでいられることになっていました。

もし私が高次元の世界の真実を知らずにただ地球に生まれたとしたら、自分のカルマを理解してそれに対処していくことは私には難しいことでしょう。マスターの説明では、私の場合は今地球に行けばより少ない苦しみでカルマを解消することができ、もう二度と物理的な世界の地球へ転生しなくても済むようになるだろうということでした。加えて、私は地球においてスピリチュアルな仕事をし、ある計画に携わるように運命づけられていると言われました。それは諸惑星の同胞愛について人々の心を開くことと関係があるそうで、詳しいことは私が地球で生きていく中で明かされるだろうということでした。

この話に私は非常に強いショックを受け、当然のことながら大変に驚きました。私は自分がそんなにすぐに金星を離れることになるとは思っておらず、子供の頃に他の世界へ旅立った人の話などまったく聞いたことがありませんでした。大人であれば、物理的な世界でのカルマを負った人たちが自らの波動を低下させ、アストラル界を離れて地球で暮らすことがしばしばあるということを、レッツでのセミナーの期間中にマスターたちから聞いていました。ただ同時に私は今回の機会はとてもエキサイティングなもののようにも感じられました。私は今生では地球についてあまり多くのことは知りませんでした。私はそれについて少し耳にしただけで、ちょうどアメリカに住む人たちの多くがアジアや世界の遠い地域のことについて聞いているのと同じ程度でした。

他の人々が被っている受難について、離れた場所で聞いている限りは、それは現実味を伴ったものとしてなかなか伝わってこないものです。私は冒険心にあふれた子供だったので、自分の地球での生活が刺激に満ちたものであるように感じられたのです。そこで私はカンジュリに向かって、心が決まったら連絡しますと答えたのでした。

カンジュリはもし私が金星を離れる決意をしたら、必要な知識のすべてを授け、すべての準備を整えさせることを約束してくれました。私はその少女の家族について学び、彼らが使うアメリカ英語を教わるだろうとのことでした。そして旅立つ前に、地球の人々について、彼らの意識、文化とテクノロジー、とりわけ私が経験することになるアメリカ合衆国の南西部について、その概要の説明を受けることになっていました。

また計画上において必要な時は、金星の人々から精神的な導きが私に与えられることも約束され、それはオディンまたは誰か身近な者を通じてなされるとのことでした。この最後の励ましの言葉で話を締めくくったカンジュリは、私には自分のこれからの人生の方向について考える時間が5、6日あると付け加えました。私はためらうことなく、自分の決意はすでに固まっていると告げました。私は金星を離れて、残りの人生を惑星地球で全うする意思であると伝えたのです。

カンジュリがしばらく沈黙していると、伯母が口を開きました。彼女は、私がそうすべきでないと感じるならば無理に行く必要はないと念をおしました。私はそれは理解していると伯母に言いました。しかし私は心の中では、自分の決意はカルマから来たものであり、私には選択の余地があるというよりも、金星を去る運命にあるのだと感じていました。

物理的な世界では私は7歳の子供として生きることになるのは分かっていました。私が金星を出発する時のアストラル体は7歳の少女のようになっているでしょう。しかし、私はアストラル界で生まれてからその文化を受け継いで金星の教えを受けてきていますので、物理的な体になった時にでも意識はより発達した状態でいることでしょう。私が内なるビジョンで最初に見たシーラからはとても多くのことが感じられました。私が彼女にとても深い親しみを覚えたのは、私たちのカルマによる結びつきのせいでもありました。外見的に私たちはとてもよく似ていて、それはすべてがあらかじめ計画されていたこと、すなわちカルマであることをなおいっそう私に確信させました。私はまたシーラは物理的な世界から解放される必要があるとも感じていました。もう彼女は十分に苦しんできていたのです。

金星を離れるという私の決心は、直感以外の何ものでもありませんでした。そして心の内奥から促してくるような感覚は、地球へ行くという私の決意自体がもはやカルマによって決められていることのように感じられていました。

カンジュリはトレーニング・プログラムが開始されることを再度保証してくれました。誰かが数日以内に私のもとを訪れることになっているとのことでした。私たちはマスターにお礼を述べ、彼は私がとても賢明な決断をしたと言い、言葉を続けました。

「地球におけるあなたの人生では、ずっと後年になってからでないと、金星の精神的な教えの数々を見出すことはないでしょう。そしてあなたは、これらの教えをそこで語ってはなりません。なぜなら人々はまだそれらを理解することができないからです。しかるべき時が来れば、それらはアメリカで公に明かされるでしょう。しかしあなたからそれらを求めてはなりません。教えは向こうからやってきます。そしてあなたはそれらの教えに触れて驚くことでしょう」

ほほ笑みを浮かべながらマスターは沈黙の世界に包まれていきました。私たちはお別れを告げ、その場を後にしました。

地球で暮らす少女シーラと入れ替わるための個人レッスン

家に着いてからは、私は自分が決断をするに至った経緯について思いを巡らすためにひとりになりたいと思いました。私は一度ならず最初から考え直してみましたが、あの決意は自分の気持ちではなく運命であるといっそう強く感じました。私は来るべき旅行について、未知の体験にあふれた冒険として子供じみたとらえ方をしていたのでした。

カンジュリの言葉どおり、5、6日後に1人のマスターが家のドアの前に姿を現しましたが、彼は金星人としてはとても変わった人物でした。暗褐色の瞳と肩まで垂れた長い黒髪は、ほとんどの人がブロンド髪である金星においてはとても人目を引くものでした。ヴォニックというのが彼の名前でした。彼は私にシーラと彼女の家族、そして英語について教えるとともに、地球での人々の態度がいかに私たちと異なっているかについて説明しに来たと言いました。私たちは腰掛けて話をし、それはその後もつづいた長時間の会話の1回目となりました。ヴォニックはその忍耐強さのために私の教師として選ばれました〔訳注：訳者がオムネクに聞いたところでは、ヴォニックがマスターであるかどうかは彼女ははっきりとは分からないとのことであった〕。

私は生涯を通じて、また多くの過去世をも含めて、衝動的な性格であることで知られていて、考えることもなく唐突に別な話題を持ち出すことがよくありました。私の心には予期せずしてまったく無関係な考えがポンと浮かんでくることがあったのです。これには多くの人たちが話に水をさされたと感じていましたが、ヴォニックは違って、彼は快くそれに対応してくれていました。彼はとても物静かで、ただ事実だけを私に告げ、私の言うことにじっと耳を傾けるだけで、それについての自分の見解や批判は何も口にしませんでした。

数週間ほどつづいた個人レッスンの中でヴォニックは私が知っておくべきほとんどすべての内容を伝えてくれました。私はこれほど多くのことを一度に記憶する作業をしたのは初めてでしたが、幸いなことに私は生まれつき記憶力が良かったので、物理的な世界の心を持ってからもそれが記憶保持の障害となることはありませんでした。ヴォニックはシーラとその家族の性格や生き方について私があらかじめ知っておくように彼らの歩んできた道のりをかいつまんで説明してくれました。私は7歳の少女となる私が知っておくべき範囲で、シーラの祖母や母親についての情報を与えられました。そして彼女の親族の誰に会っても相手を識別して適切な会話ができるように、私はそれぞれの人物についての説明を受けました。ヴォニックはまたアメリカ南部の人たちの習慣や意識について私にいろいろと教えてくれました。同様に、私が体験することになる一種の貧困家庭の生活状態についても詳細に説明してくれました。

彼は私にこう言いました。

「物理的な世界では、人々はしばしば生きていくために必要な基本的なものに恵まれないでいます。アストラル界で私たちが欲しいものを何でも思念の力ですぐさま創造しているのとは状況が違うのです」

これらすべてのトレーニングには多大な時間を要し、来る日も来る日も私は彼と顔を合わせてさまざまなことを学び、私自身はシーラになりきっていました。私はシーラの話し方や仕草を練習し、ヴォニックは彼女の家族について私が正しく答えられるように質問を続けました。ヴォニックは私が単にシーラのように演じるのではなく、自分を彼女だと思い込むことがとても大切であると言いました。学習はさらには彼女の母親の子供時代、彼女の実の父親、彼女のすべてのいとこたちが生まれた婚姻関係、そして彼女の継父がどんな人物であるかについてまで及びました。そして私はシーラの患った病気、これまで過ごしてきた多くの場所、そしてバス事故で亡くなるまでに彼女が経験することになっている苦難についても記憶しておきました。彼女自身の経験、母親から言われてきたこと、そして自分自身で学んできたことも、ヴォニックとの会話の中でその大半が触れられました。

私はヴォニックがどのようにしてシーラの家族に関するとても私的な情報を知り得たのかについて一度も彼に尋ねたことはありませんが、私は金星から地球へ行って住んでいる人たちの中の誰かが彼女の家族と親しい仲になっていたに違いないと思っていました。ヴォニックは私が地球に行ってから直面する特別なことと、私がそこでしてはいけないこと、つまりこれまで発達させてきた超常的な精神の力の発揮についても言及しました。そのような能力を目の当たりにしてしまうと、地球の人々はそれらを理解できず、恐怖を感じるあまり、私を悪魔崇拝者や黒魔術師として非難するかもしれません。しかるべき時が訪れるまでは、私は自分がどこから来たかを言ってはならず、それは私が地球でもっと成長してからのことになるだろうということでした。

ヴォニックはまた地球にはさまざまな宗教があり、それらが単に儀礼的な集まりであり、真のスピリチュアルな教えを説いているものではないと言いました。私はまた地球には神に対する多様な概念があり、神話的な存在であるサタン（悪魔）というネガティブな力の概念があることも教わりました。また私は地球では金星にいる時のような自由は期待できず、生活のあらゆる面で制限を感じて非常に落胆するだろうと告げました。またヴォニックは私が通うことになる学校はどこも教育内容も指導のしかたも未熟なものであるけれども、自分が多くの知識を持っていることを悟られないように気をつけなければいけないと説明しました。私は自分が学校で教わることを受け止め、それに失望していないように見せかけなければいけませんでした。ヴォニックによると、地球の教師たちは地球の制限された状況の中で自分たちが知り得る限りのことを伝えるために最善の努力をしているのだと言いました。

私は地球の地にいったん足を降ろしたら、もう二度と引き返すことはできないということを肝《きも》に銘《めい》じておく必要がありました。それは皆に多大な迷惑をかけてしまうことになるからです。そして私は自分のカルマを解消するどころか、さらに積み重ねてしまう結果になってしまいます。どんなにつらい苦しみがあっても、私は決してそこから逃げ出そうとしてこう言ってはいけないのです――「私は本当はシーラなんかじゃないの！　私はこんなことに耐えるのは嫌よ！」。

私はシーラが遠い過去に被った苦悩のために負った私のカルマを清算するのであって、今度はそのお返しとして私が彼女のために苦しみを経験するのです。ヴォニックは私には多くの試練が待ち受けているると何度も念を押しましたが、それがどのようなものであるかの詳細が説明されることは決してありませんでした。彼がひとつだけ私に約束してくれたのは、彼らは私と精神的なコンタクトを常にとり続けてくれるということでしたが、同時に彼らは将来の出来事を変えることはできないとも言いました。

今振り返ってみると、私はヴォニックが私に地球で暮らすための準備をさせるという任務を完全に遂行してくれていたことに気づかされます。すなわち、私は地球の家族に楽々と溶け込むだけの十分すぎるほどの知識を身に付けていたのでした。ヴォニックと私はとても仲のよい友だちとなりました。

地球の人が天国と呼んでいる、アストラル界を巡る旅

トレーニングの期間中に私の誕生日が訪れ、アリーナ伯母さんが私のそばにきて素晴らしい知らせを急に告げました。今晩、私たち家族と友人たちはアストラル界を巡る旅に出るというのです！　私たちが同じ意識レベルを保ちながら、誰もはぐれてしまったり、どこかにとらわれてしまったりすることが

ないように、私たちみんなはあるパイロットの監視下に置かれることになっていました――オディン伯父さんです。

一同は悦びと期待に胸をふくらませながらドーム型の乗り物に搭乗しました。私はこれから自分の人生の中で最も思い出に残ることになる体験のひとつが待ち受けているのが分かっていました。それは私が金星の地表を初めて離れ、多くの地球の人たちに天国として知られている広大な世界を巡る旅行でした。宇宙船が上昇するにつれて、下界に見えるチュートニアの町がだんだんと小さくなっていきました。

それは私がこれから目にすることになる息をのむような光景の始まりでした。チュートニアはまるで巨大な天使の星のようで、2つの山の間から海に向かって長く伸びる先細のかたちになっていました。私たちが金星を離れていくときに周囲のすべてを取り囲んでいたのは、まだ顕現していない思念と情緒の華麗な彩りの渦巻きでした。あるものは花火のような色鮮やかな光彩を放射していて、それは物理的な世界では決して見ることができないものでした。アストラル界にはまだ顕現、つまり形となって現れていないエネルギーの満ちている領域があり、それは素晴らしい眺めの天界の大海原のようでした。アストラル界ではすべての外宇宙はこのように見えるのです。

私たちの最初の目的地は下層アストラル界で、そこは悪夢と醜い情念の大地でした。私はここでアストラル界が階層構造になっていて、上層や下層に移動できるようになっていると言っているのではありません。私たちが下層、中間層、そして上層と呼んでいるのは、そこにとどまっている存在たちの意識や認識のレベルが反映している体の構造、色合い、風景、そして領域全体を包んでいるフィーリングを指しているものなのです。

アストラル界の下層領域——よこしまな魂たちの様子

下層アストラル界に入るにつれて、恐怖のフィーリングが私に覆いかぶさってきました。そこは気味の悪い一帯で、ゆがんだ景色、ねじれた木々、巨大なクモの巣、くすんだ森、そしてグロテスクな生き物たちがうごめいていました。もし皆さんが幽霊屋敷がどんな感じに見えるかを想像することができれば、おそらくすでに下層アストラル界に存在しているものを心の中で選び取っているのでしょう。

ここに棲んでいる魂は、怒り、貪欲さ、渇望といった情念にあまりにも執着していますので、恐ろしい容貌をした、人間になりきれていない姿の生き物となっています。そのいくつかは興味深い外見ですが、大部分はぞっとするようなもので、暗く陰気な色が周囲を取り囲んでいます。

ここにも家々や共同体がありますが、住民たちは創造的なことや芸術に専念することはなく、自分の情念の中に溺れながら日々を送っています。大食漢はほとんど食卓から離れることなく、来る日も来る日も身のまわりを美味しい料理で満たして自分の感覚を喜ばせています。同様に守銭奴は宝石類、黄金、そして高価な物を現象化して家の中を満たし、足の踏み場もないような狭い場所で生活しています。

下層アストラル界は、物理的な世界にいたよこしまな魂たちが、また物理的な世界に生まれ変わるまでの間に過ごす場所です。自身の情念への執着が多少薄れるまで一時的にそこに滞在するのです。通常の宗教の多くは実際に自分たちのための地獄の領域を下層アストラル界に持っています。不幸なことにそこに囚《とら》われた魂たちは、そこが自分の永遠の居場所だと信じ込んでしまうのです。地獄とは、その存在を信じる度合いによって現実味を増すのです。

アストラル界の中間層――まさに天国のような様相

アストラル界の中間層に戻ってくると、私たちの眼下にはたくさんのとても綺麗な文明地域が見え、いろいろな宗教集団が彼らの天国の共同体を設立していました。ここに住む人たちはとても平和に暮らしていて、私たちが金星の自分たちのレベルの世界で過ごすのと同じように、自分自身の創造的な才能を開発させようと学びつづけていました。また彼らは自分たちがいずれ物理的な世界に戻っていくことをもはっきりと認識していました。

彼らの多くが物理的な惑星で慣れ親しんだ環境や家屋を再び創造していました。ただし、いま私たちの目に映っている風景や村々は、物理的な世界の火星、金星、木星、地球、そして他の惑星にある同類のものよりも遥かに光り輝いていて、鮮やかな彩りを帯びていました。そこには色づいた山脈、ごつごつとした山岳、起伏のなだらかな丘陵、渓谷、牧草地、湖、砂漠、そして森林などの多様な景観が無限に広がっているように見えました。金星と同様に、自然は輝く色彩の祝宴のようでした。その光景はまさに天国と言えるものでした。

アストラル界の上層――より高次な魂が住む領域

旅を続ける間、伯父は私が注意を引かれたものについては何でもできる限りの説明をしてくれました。上層アストラル界はずっと精神的な領域で、より高次に進化した魂が住んでいます。そこを訪れた経験をもつ人は誰でも、それを物質的な世界の言葉で表現することは容易ではないことに共感してくれるでしょう。そこでは色彩がさらに精妙に純化され、精神の高揚をもたらすとともに、いっそう素晴らしい心の安らぎ、悦び、静寂さ、そして魂の気高さが感じられます。

ここの首都であるサハスラ・ダル・カンワルには、私がこれまで目にした中でも最も美しい場所のひとつがありました。そこはズレフと呼ばれていました。私はなぜ多くの宗教がここに彼らの天の館を持っているのかが分かる気がします。ズレフの花園はとても言葉で描写することはできません。それらはその世界の居住者を楽しませるために存在しています。もし人が肉体の逝去の後にここを訪れたら、ここが死後に到達できる最高の極みであると確信するでしょう。

しかしここも長く厳しい旅路の第一歩であるにすぎないのです。私たち一行はここで立ち止まっている時間はなく、またアストラル界の多くの興味深い領域を探索する時間的余裕もありませんでした。そのようなツアーをすれば、地球の時間に換算して、ゆうに7回分の人生が過ぎてしまうからです。

サハスラ・ダル・カンワルの住人の祖先である、セレス族についてオディンが説明してくれている時に、眼下には最も壮観な光景のひとつが広がっていました。この天界のような純白の都市の中央付近には、巨大な像が立っていて、その近くを飛んでいる私たちのドーム船はまるで空の斑点のように小さなものに見えました。上空からの景色は息をのむようで、地上から像の頂上を見上げたならば、その高さに目を見張ったことでしょう。

伯父によると、その巨大像はセレス族を象徴するもので、彼らは物理的な世界の私たちの太陽系の惑星に最初に植民したスペース・ピープルであったそうです。巨人たちの中で、後にアトランティスとなる場所に定住したのはセレス族の一部でした。私を魅了したのはその像の美しさだけでなく、そのサイズの大きさでした。その巨像の両足の間の距離はとても離れていて、足元を徒歩で一周するには何日もかかってしまうことでしょう。この都市自体が地球のひとつの大陸ほどの大きさがありましたので、そこにある多くの名所はその全体の寸法だけでも壮観なものでした。

物理的世界と多くの生命体を維持している光の山

都市を取り囲む輝く白壁は、地球の最も高い摩天楼に十分肩を並べるほどでした。最中央部には荘厳な光の山がそびえていて、そこはこの世界の源泉でした。光の山の頂上からは無数の彩光が流れ出ていて、どの光も生きていました。それはまったく息をのむ光景でした。

うなりをあげる光の海の音が天空を満たしていました。空に溢れ出した光の波は全方向へ流れ込んでいき、物理的な世界とそこにある多くの生命体を維持しているのです。光の山は物理的な宇宙にあるどの山よりも高くそびえています。私たちの船がその真上を通過した瞬間、私はおもわず目を閉じてしまいました。アストラルの人にとってすらも、その光はあまりにも強烈で痛みを感じるほどでした。オディンは、ここはより高次に進化した惑星の人々にとって非常に大切な都市であると説明してくれました。それはアストラル界と物理的な世界がクロスオーバー（交差）している都市であり、私にとって将来にとても重要なものとなるということでした。

ここはアストラル存在が物理的な肉体を顕現することを可能にする場所であるのです。ここの人々はとても美しく、その容貌は深い英知を宿していました。流れるようなチュニックを身に着けてサンダルを履いた姿は地球の古代ギリシャ神話に出てくる人たちのようでした。この都市に住む存在の中には、創造主の荘厳なる共働者たちがいて、私たちはその存在たちを天使と呼んでいました。金星の私たちの文化と同じように、ここでも人々は人生の一瞬一瞬をクリエイティブな表現として生きていました。

旅の終わり――天国での暮らしを心にとどめて

伯父は最後にもう一度だけ風景を見渡すための一時停止をしてくれました。私はその最後の機会にその美しさを目に焼き付けました。それは今でも少しも色褪せずに私の目に鮮明に浮かんできます。

純白に輝いて、ところどころにちょっぴり青みがかっていたあの都市を、言葉も出なくなるようなあの壮観な建造物たちをどうして忘れることができるでしょう。私たちが空の旅の中で訪れたいくつかの村落は、なんとも言いようがないようなメロディに包まれていました。それは各々の村そのものの音でした。ズレフもそうでした。その音楽はシロフォン（木琴）とハープのような音色で、ときおりバイオリンのようにも聞こえました。

アストラル界は精神的な高揚感、自由さ、そして美しさに満ちた世界です。想像してみて下さい。人々がお互いを怒りや虚栄心、嫉妬や羨望などで見ることなく、完全に自信を持って、自分自身でいることを楽に感じながら生きている世界を。彼らはお互いを魂として見て、神からほとばしり出た生命として誰もが等しく優美で有能な存在であると感じています。

私がときどき過去を振り返って心を痛めるのはおそらくこのためでしょう。私の金星での生活についてお話しするのは気楽にできることではありません。天国での生活を味わった後で、この地球に来て暮らすのはとてもつらいことです。けれどもここでの短い生涯を終えた後でどんな生活が待っているかを私は知っています。そのとき、地球で過ごした多くの生涯で経験した苦しみは、ただの悪い夢であったかのように感じられることでしょう。

私たちは復路は近道をして戻りました。私たちは皆疲れていました。それは肉体的な意味での疲労ではなく、素晴らしい思い出をたくさん詰め込んだからでした。帰宅すると私は横になって目を閉じ、それらのすべてを心の奥底に深く染み込ませていきました。そうすることで、いつか私の気持ちが沈んでしまうことがあった時は、再び記憶を引っ張り出すことができるからです。

地球への旅を目前に、自らの使命を心に刻む

アストラル界の驚異の光景を目の当たりにして、私は地球への旅がよりいっそう楽しみになってきました。私はそれを冒険的なものと考えすぎていたのですが、ときおりひどく怖くなることもありました。私は地球には下層アストラル界のようなところもあると告げられていたからです。

私はこのように事前に準備をしてから地球に行けるのはなんて素晴らしいことなのだろうと思っていました。私がどのようなカルマを積み上げてきていようと、これから起きることすべてが私の人生における教訓と経験となることが分かるので、それらに翻弄されたり圧倒されたりすることなく、すべてを受け入れる心の準備ができていたのです。そして制限のある物理的な生活よりも素晴らしい何かがあることを、私はすでに過去の人生体験を通じて自分の心と体で知っていたのです。これらの素晴らしい世界が少数の人のためだけでなく、すべての人のために存在しているということを知っていた私は、いつの日か物理的な世界で暮らしながら人々に話して聞かせ、彼らに希望を与えることになるだろうと思っ

ていました。

翌朝、私は伯母と伯父に、私の人生で最も素晴らしい体験のひとつをプレゼントしてくれたお礼を言いました。私はおよそ2日後には、再びあのそびえ立つ壁に囲まれた偉大な純白の都市に出向くことになっていました。そこでただ一度だけ、私たちは自分たちの波動を落として物理的な世界の金星に現れることになるのです。

アリーナ伯母さんの許しを得て、私は母の指輪と伯母からの贈り物の宝石を携行することにしました。伯父からの贈り物は物理的なレベルの金星からのもので、後になってから与えられることになっていました。宝石ならば地球で生活する上で容易に隠すこともでき、見つかっても言い逃れができますが、金星のドレスやサンダル、もしくは私たちの文化を反映した特別な物はどれもそうはいかないでしょう。変わった物を持っていかなければ、私は自分を守るために不誠実になる必要もなくなります。私は嘘を言わない誠実な人であるように注意をしなければいけないと忠告されていました。もし私が偽りを言う子供として知られてしまえば、後において私の語る話も本当だとは受け止められなくなってしまうからです。

私の旅立ちへの準備の大半は、自分の考えを整理するための内なる準備でした。伯母はときどき激励をして助けてくれました。彼女は私をとても愛してくれていたので、私と別れることをとても悲しんでいて、私にはまだ考え直すことも可能だと言いました。そしてこれからの私にはつらい時期が待っていることを忘れないようにと念を押し、それを耐え続け、自分が見捨てられたと思わないだけの強さが必要であると再三にわたって告げました。伯母たちは私がつらい思いをするのを見てどんなに心を痛めても私自身のカルマに干渉することはできないのだと言いました。けれども内なる感覚によってどんな時でも私を見守っていて、アドバイスを送り、そして至高なる神性の法則（自然の法則）を地球で公に教えるための然るべき時が訪れたら、私は自分が知っている誰かと会い、自分の話を世界に伝える機会を持つことになるだろうと言いました。

その時が来るまでは、地球の人々が生来持っている傾向を考慮して、私は口を閉ざしていなければなりませんでした。地球の人たちは限られた状況や環境に基づいて反応する傾向があり、子供たちに対しては各自の個性を尊重するのではなく、大人たちをそっくり真似るようにさせる習慣があるということでした。私の行く手には多くの落とし穴があり、さまざまな宗教の道へ導かれることもあるであろうが、それらに関わりすぎてはいけないと言われました。

金星での最後の日――地球の少女シーラと入れ替わるための服、メモなど……

私は金星での最後の日のことをよく覚えています。

その日の朝、伯母は私が地球で着ることになる服を私の部屋まで持ってきてくれました。小さなシーラがバス事故に遭う当日に着る予定の服と同じものです。伯母はマスターが彼女に与えた指示を念頭に置いて、その服を顕現してくれたのでした。私はそれを身に着け、シーラの母親が書いたメモの複製をポケットにしまい込みました。シーラはそのメモを持ってテネシー州の祖母のもとを訪ねていくことになっていました。

私はまた白いソックスと、バックルの付いたエナメル革の靴を履きました。これらはとても変な感じがしました。私はこのように足元を完全に包み込んだことはなかったからです。たしかそのとき、アリーナ伯母さんは私の友人たちに私がまもなく出発することを伝えてあげようかと尋ねてくれました。でも私はむしろ、しばらくひとりきりになりたいと答えました。彼女はうなずいてその場を去りました。私はアーチ型の出入り口に立って、ゆるやかな傾斜のついた正面廊下を歩き去っていく彼女の優美な肢体を見つめていました。その先の左右には花々の咲いた草むらと木々の間にたくさんの小さな石造りの小道が曲がりくねりながら伸びていました。青い葉っぱと幹の2本の青い木々が正門を形づくっていました。それらは地球の松の木に似ていました。

振り向くと、そこには白いレース状の壁によく似た金属細工の垣根が肩の高さぐらいに立っていました。私は白い花を1本摘んで鼻に近づけ、その甘い香りと艶やかな緑の葉を堪能しました。私は居間の中央まで歩き、私たちが学びの時間に何度も共に体験を分かち合った暖炉のそばに行きました。そこはとても広々とした部屋でした。あちこちにさまざまな種類のカラフルなソファが浮遊していました。私は天井へ向かって湾曲した綺麗に透き通っている壁に目をやりました。彩り豊かな周囲の風景や庭園を望むことができるこれらの透明な壁の美しさを私は当然のことのように思っていました。そしてお気に入りの絵画の前で足をとめました。それはとても大きな絵でしたが、目には見えない方法で吊り下げられていました。絵は絶え間なく渦巻く色彩で描かれていて、それぞれの色が固有の音を生み出しながら、渦の流れに合わせて変化していく色に従って各々が異なった音色を奏でていました。私はずっと飽きることなく絵画を眺めて耳を傾けていました。それは常に人を惹きつけるようなメロディを創り出していながらも、決してハーモニーを乱すことはありませんでした。このような芸術作品は金星ではとても人気がありました。

もう二度と会えなくなる優しい父の思い出を振り返って……

室内にある小滝の水が生み出す甘美な調べに聴き入っていたとき、私はいつもいつも繰り返していたように父親の顔を思い浮かべました。私は生まれた直後に見た父の美しい顔を瞳に焼き付けていました。内なる意識ではもう二度と彼に会えなくなることを知っていたのです。

私は目を閉じるといつも彼の顔をまぶたの裏に映しました。そうやって心の奥底に彼の印象を植え付けることで、彼が私に引き寄せられてくるかのように感じていたのです。私は彼の広く四角い顎、高い頬骨、そしてほとんどネイビーブルーのような深い色の瞳と、弧を描いた白っぽいブロンドの眉毛を覚えています。

父の鼻は長くまっすぐで、鼻孔は張り出した形をしていました。肉付きの良い唇は深い紅色で、髪はほとんどの男性が中央で分けているのに対して、彼はブロンド髪を横分けにしていました。髪は肩まで垂れていて、柔らかく波打った前髪が左目にやさしくかかっていました。彼の優しく甘い笑顔は今でも目に浮かびます。私が誕生した日にこちらをじっと見つめていた彼の眼差しの中に、私への愛情が感じられました。そう、私は父の顔をよく覚えているのです。顎の深い割れ目、そしてほほ笑んだときに浮かぶえくぼまで……。

すべてを永遠の記憶に刻むかのように歩いた最後の散歩

私は目を開けてゆっくりと起き上がり、暖炉の周りを歩いてソファの横を過ぎる時にその柔らかい感触を指で味わいました。そして小滝の水辺を囲んでいる小さな擁壁《ようへき》に腰かけました。擁壁の上には黄金で縁取りされた真珠層の小さなタイルがちりばめられていました。小池の中には金色や青色のさまざまな色彩の魚たちがすいすいと泳ぎまわっていました。流れ落ちる水を指ですくってみると、滝の音色が変化することに気づきました。私は目を閉じて耳を澄ませてみました。もし想像していただけるなら、それはハープの弦に水が注ぎ落ちるような調べでした。

このように室内で過ごしているあいだ、ずっと私は心の奥底から何かいつもとは違うような感情が湧き上がってくるのを感じていました。それは自分が罰を受けたと思い込んだ日に感じたような奇妙な気持ちとほとんど同じで、悲しさのあまり息苦しくなってきました。

左側に目を向けると、そこには伯母の素敵な円形のハーブ園があり、何百種類ものさまざまなハーブが植えられていました。彼女はそれぞれの薬効や、ハーブにまつわる何世紀も前からの神秘的な民間伝承についてすべて説明してくれました。そこに立っていると、彼女と過ごしたひとときが次々と思い起こされました。前方の離れたところには私が大好きだった美しい扇形の木がありました。私はその上に登って鳥のまねをしてみたり、木陰で遊んだりしました……幹が広がって蔓《つる》が垂れ下がっているこの優美な木は本当に東洋の扇によく似ていました。

私は鳥のさえずりに耳を傾けながら、そよ風に吹かれて宙に揺れている私のブランコに目をやりました。そのレース状のデザインは地面の草むらに面白い影を映し出していました。私はそばに歩み寄ってブランコに乗り、揺すりながら下を向いて小さな昆虫たちが這い回るのを見ていました。私が自分で創造した昆虫たちです。実際にはアストラル界には害虫または昆虫の類は一匹も存在しません。そこで見かける昆虫はすべて人々が顕現させたもので、その中には可愛らしいと私が感じる虫たちもいました。私は十分な虫の情報を手に入れた時はいつでもそれを顕現させていました。

私はひょいと顔をあげ、ピンクがかったオレンジ色の空に浮かぶ色とりどりの雲をながめました。それから小道を引き返して家に戻ると、戸口の前に立ち止まりました。そしてもう一度振り返って目を閉じて、その眺めを永遠に自分の記憶の中に焼き付けようとしました。

自分が顕現させた魂の一部のような私の部屋とのお別れ

私は向き直ってゆっくりと家の中へ入っていき、自分の部屋の扉の前まで来ました。中に入った私は花々や葉っぱが縫い合わされたようなベッドカバーの上に横になりました。さまざまに色を変える動物たちがデザインされている枕は、私が赤ちゃんの時に伯母が作ってくれた布団を私が枕に変えたものです。それは多くのカラフルな枕のひとつで、そのほとんどは私が柄を考えて創造したものでした。

私はベッドの上に腰かけて、見慣れた室内を上から下まで見回しました。花たちに縁取られた金色の紐、精妙なブランコのある木、そして蔓や花々に覆われた壁……。私は貝殻とヒトデを使った自作の浴槽に歩み寄って金魚の蛇口から水を注ぎ入れ、そこに座って少しのあいだ足をバシャバシャはねかしていました。それから小さな木製のテーブルに目を移しました。伯父が彫刻して自分で彩色もしてくれたちっちゃな樹木のようなテーブルです。彼がそれをプレゼントしてくれた瞬間から私はずっとそのテーブルが大好きだったことを今も覚えています。

私はもう一度部屋の中を見渡しました。私が創った自分の部屋……、まるで自分の魂の一部のように思えるくらい、私の魂を映し出したような部屋……、そのとき私の目から頬に温かい液体がつたいました。私の中から湧き上がってくるこの感情はこれまで一度も経験したことのないものでした。私は生まれたとき以来、人生で初めて泣いていました。そしてこぼれ落ちる涙とともに自分の心の奥に溜まっていた感情が解き放たれて流れていくのを感じていました。うっせきしていたこれらの思いを外へ押し流すことで、私は大きな満足感に包まれていました。私は座って静かにすすり泣きながら、頬を流れて手に落ちていく涙の粒を見ていました。

私は起き上がって顔に水をはねかけて、もう一度部屋をぐるりと見回した後、深いため息をつきました。そして自分に言い聞かせました……「私はこれを絶対に忘れない」。

私は湾曲した仕切りを伝って居間のほうへ戻りました。私が最後に見るところは食堂でした。食堂へとつづく翡翠《ひすい》の階段には大理石がちりばめてあり、曲がりくねった段をゆっくりと昇っていくと、しだいにあちらこちらに緩やかな弧を描いた東洋風の橋が見えてきました。手すりの付いたバルコニーを回って歩き、食堂に掛かる小さな渡り橋のひとつを越えて私は部屋の真ん中にあるお気に入りの浮き彫り飾りの樫《かし》のテーブルにつきました。私は1杯のハーブティーを顕現させました。椅子に腰かけてお茶をすすりながら自分がどれほどこの場所を、そして伯母と伯父を愛していたことだろうと思いにふけっていると、アリーナが私を呼ぶ声がしました。

金星での最後の日の思い出――愛する人たちとのお別れ

階段を降りてきた私の顔を見たとたん、彼女は私の様子がいつもと違うことに気がつきました。私は彼女のもとへいって抱擁しました。私たちはお互いを抱きしめながら静かにすすり泣いていました。アリーナもきっと初めての涙を体験していたことでしょう。私たちは何も言わずにただそこに立っていました。彼女は腕を伸ばして私を引き離すと、私の目をのぞきこみました。

私は口を開きました。「アリーナ伯母さん、伯母さんは私に人生の美しさをとてもたくさん教えてくれたわ。伯母さんのおかげで私はお父さんが本当に私を愛してくれていることも分かったの。伯母さんは私のことを大切にしてくれたわ。私に対して本当の子供以上に良くしてくれていたことを知っているの。私は伯母さんからとても深い思いやりの気持ちを教わりました。伯母さんが私に与えてくれた安定した情緒のおかげで、伯母さんが言っていた私の地球での試練をきっと乗り越えていけると思うの。伯母さんを通して、私は何に対してもその美点と良い性質を見ることを教わったわ。そして私よりも気づきや生活レベルが恵まれていない相手を気の毒に思うことも学んだの。私にはまだ十分な経験が足りないから、これからももっともっと思いやりの心を持たなくちゃいけないと思ってます。伯母さんは誰にも負けないくらいとってもたくさんのことを私に教えてくれたのよ。私は伯母さんのしてくれたことすべてに深く感謝しています。アリーナ伯母さん、私は伯母さんのことを絶対忘れません。あなたは私の命の恩人です。だから私は知ってるの。私のお母さんもいつまでも伯母さんに感謝してるって……」

ちょうどその時、オディン伯父さんが歩み寄ってきました。私は彼のもとへ行って強く抱きしめながら尋ねました。「私が言っていたことをみんな聞いていてくれた?」。彼はうなずきました。「伯父さんにも同じ気持ちよ」。私は言いました。「伯父さんがいてくれたおかげで、私はつらい時でも笑顔でいることを覚えたの。ユーモアも言えるようになったの。落ち込む代わりに受け流すこと、悲しいことは忘れて、たとえ他の人たちが災難だって言っても影響されずに、生活の中の小さなことから大きな喜びを収穫することを教えてくれたのも伯父さんよ。そう、伯父さんからは本当にたくさんのことを教わったわ。強くあること、うまくいかない時でもやりつづけること。私はどんなものごとでも何かの役に立つようにして、時間を無駄にしないことを学んだの。伯母さん、伯父さん、2人が私にくれたたくさんの素晴らしい贈り物に感謝しています。そして私を家に住まわせてくれて、変わることのない至高なる神性の法則を教えてくれてありがとう。おかげで私は本当の自分が何なのかに気づくことができました。伯母さんと伯父さんは私がこれから地球で自分のカルマを乗り越えていくための準備をしてくれたけれど、私は何もお返しができません。私にできるのは2人を愛することだけです。本当にどうもありがとう」

私たちはしばらく何も言わずに立ちすくんでいました。アリーナが外でたくさんの友だちが私を見送るために集まってきていると言いました。私は通り抜けるのはこれが最後となるアーチ状の正面口から歩いて外へ出て、そこで待っていたすべての笑顔に迎えられました――リムジ、ゼムラ、ヴォニック、そしてもう今は私の意識から名前が消えてしまったその他おおぜいの人たち。私たちは実際には名前で呼び合わないのです。私は自分が個別に記憶しやすいようにこれらの名前を自分で考えて付けたのです。

外の芝の上で私たちはそれほど多くの会話を交わしませんでした。私の友人のそれぞれがひとりずつ特別なお別れをしてくれました。ある人たちはまず手をゆっくりと自分たちのハートの上にかざして、それから私の両手を握って、それを彼らの唇へ当てました。また、身をかがめて私の第3の目のところにやさしく口づけをした人たちもいました。私はとても悲しくなりました。リムジと離れたくなかったのです。

「これはさよならではないんだ。僕はまた君と会うんだ」。私への彼の最後の言葉でした。

伯母が私を抱きしめて言いました。「あなたを愛しているわ。私の力がいつもあなたと共にあることを忘れないで。私はあなたをとても信じているの。あなたなら地球でもうまくやれるわ」

そして伯父も言いました。「しばらくの間は君は物理的な世界での生活にうまく対応できないだろうけど、しだいにちゃんとできるようになるよ。私たちは時には別々の人生を歩まなければならないけれど、いつか時の輪の接するところで私たちは再びめぐり逢うことを誰もが魂のレベルでは知っているんだ」

私は自分に注がれている皆の眼差しの中にとても深い愛と本当の暖かさを感じて、これからも目を閉じてそれらのすべてを心によみがえらせていけば、私は生涯彼らの温もりに包まれていられるだろうと思いました。もし誰もがこんなにたくさんの美しいものを経験することができるのなら、私が地球でどんな苦しみを受けてもかまわないと感じました。これが私の金星での最後の日の思い出です。

宇宙船に乗り込んで――サハスラ・ダル・カンワルへの再訪

私は伯母の海のように美しい緑の瞳を見つめて最後の抱擁を交わすと、涙に濡れた冷たい唇を頬に感じました。私は伯父といっしょにドーム型の宇宙船に乗り込みました。伯父は自身の科学的な仕事を完了させるために私と一緒に物理的な世界へ移動することになっていたのです。もう１人、宇宙船を操縦する男性も同行することになりました。後になって聞いたところ、オディン伯父さんが私を無事に地球に送り届けた後、アリーナ伯母さんもアストラル界を離れ、彼と物理的世界の金星で一緒に過ごすことになっていました。

私たちの宇宙船がスピードを上げて上昇するにつれ、地上から私たちを見上げている多くの顔と振られている手に向かって、私も手を振ってお別れをしました。そして最後の見納めとして、草花と木立に囲まれた美しい我が家を見ました。ほんの一瞬、決断をしなければよかったという思いが心をよぎりました。私は両手を双眼鏡のようにして目の周りにつけて、ほんの数秒でも長くその光景を見ていようとしていました。

宇宙船は私の見慣れた山並みの上をスピードをあげて飛んでいきました。遠くのほうにはチュートニアが見えました。そこは私の第二の我が家ともいえる素晴らしい学芸院が建ち並ぶ都市でした。さらに黄金色の砂のビーチが見えてきました。私はよくそこで遊んでつま先を波に浸すのが大好きでした。きらめく海のさざなみは私の家からもいつも聞こえていました。これらのすべてを空から眺めるのは私にとって最初で最後のことで、こんなにそのありがたみを感じたことはありませんでした。

宇宙船が雲の中に入ると、私はまっすぐに座り直し、深いため息をついて、これらすべてのものと、もう今回の生涯では永遠のお別れになることに気づいていました。私は自分の気持ちを新しい人生に向けて準備するため、これからのこと、そして伯父がよく言っていたことに思いを巡らせていました。

サハスラ・ダル・カンワルへの移動はとても速やかなものでした。そして私たちは光の山の近くに着陸しました。先に建物の中に入った伯父がマスターからこの特別な領域を使用する許可を得る間、私は屋外で待っていました。マスターとの謁見の機会が与えられるのはスピリチュアルな旅人たち、彼らから伝授を受けた者たち、そして少なくともアストラル界で1000年の歳月を過ごした者たちだけに限られていました。この都市で長い年月を送った人々が自分たちは究極の天国に到達したと思い込んでしまうのも容易に納得ができるものでした。

アストラル界と物理的世界を結ぶ特別な領域

私たちはその特別な区域へと徒歩で導かれました。私はその正確な所在地を公開することを許されていません。このような一帯が存在することを知っている地球上の人たちはほとんどいません。そしてそれは秘密にされているほうが良いのです。

この区域を通して、ほとんどあらゆるものを物理的な世界へもたらすことが可能です。たとえば黄金や未来の高性能の発明品などです。欲深い人なら自分の目的のためにこの領域を悪用しかねないでしょう。ここは人が物理的な肉体の死後、より上層の世界へ移動する際に通過するエリアなのです。人がその生涯で背負ったカルマはここで秤《はかり》にかけられ、各個人はそれぞれが獲得したスピリチュアルな感覚に見合った階層の世界へと送り込まれるのです。

この区域の中で私たちは特別な部屋に入りました。それは円形の部屋で青い光に満たされていて、あまりにも明るかったために私はほとんど何も見えませんでした。私たち全員、伯父、もう1人の男性、そして私は床にあぐらをかいて座り、秘密のマントラを唱えました。マントラはどの階層の世界においてもとても威力を発揮する道具となる言葉です。なぜならそれは音の流れ（波動）に関係するもので、すべての創造の基本構造であるのです。

アストラル体から肉体を顕現する

アストラル界においては、私たちはふつうは「魂の旅」のために自分の波動を高める時にマントラを唱えます。そしていま私たちは、まさにその逆のことをしようとしているのです――自分の波動を低くして物理的な身体（肉体）を顕現するのです。

アストラル体の中で生きることを非常に心地よく感じている者にとって、肉体を顕現することはショッキングな体験となります。アストラル界を離れる人たちの大部分が経験するように、私も同じような苦悩と不快感を覚えました。その体験そのものはなかなか説明がしにくいものです。

私たちが目を閉じて秘密のマントラを唱え始めて数分が経過した頃、それは起こりました。それはまるで一瞬にして世界が崩壊したような感覚でした。私が覚えているのは、自分の中に輝く白い閃光と花火が見え、耳鳴りのような音が聞こえ、そしてあたかも全身の筋肉がいっぺんに張ったかのように、体がぐいっと引かれる奇異な動きを感じました。これらすべては同じ一度のショックの中で起こりました。

私は目まいを感じ、方向感覚を失って、息をするのもやっとの状態で、全身になんともいえない不快な生温かさを感じていました。そのとき私は自分が肉体の殻に覆われていることに気づいたのです！目を開けると、私たちは芝の上に座っていて、近くには光沢を放つ小さな円形の乗り物がありました。それはあなた方の世界にあるお皿を逆さまにして、上にドームを付けたような形でした。数キロほど離れたところに、物理的な世界の金星にある都市、レッツが見えました〔訳注：オムネクによると、レッツはシカゴ市ほど大きくはないドーム都市で、ドームの外側はガスや炎で覆われているので、上空からはよく見えないとのこと〕。

肉体の中に存在していることは恐ろしい感じがしました。私は呼吸をしつづけることに苦労していました。なぜならそれまでは一度もそんなことはしていなかったからです。そしてアストラル・アイ（目）の広い視野の代わりに、私は2つの小さな穴を通して見ているのです。それが私の肉体の目でした。私がどれほどみじめに感じていたかを理解していただくためには、あなた自身がある日突然に全身を鎧《よろい》ですっぽりと包まれてしまったことを想像してみて下さい。体の自由がきかず、身動きがしづらくなり、そしてそこから抜け出すことができないことが分かっている時の気持ちです。

私が初めて話してみようとした時、自分の声は他人のもののように聞こえました。私は伯父に自分の肉体が好きではないと言うと、彼は笑っていました。そして私はそれに慣れていかなくてはいけないと言いました。

「どうして私はこんなものに慣れていかなきゃいけないの？」。私は大きな声で尋ねました。彼は人は何にでも慣れていかなければいけないものだと答えました。

「でも首を回さなければ周りを見ることもできないのよ！」。私はそう訴えました。私は見るために首を回すことに慣れていませんでした。アストラル界では私たちは身の回りのすべてを認識することができていたからです。

私たちはまた体の形や外見を変える能力も持っていました。しかしここでは1つの体の中に閉じ込められていて、顔の表情以外は何も変えることができないのです。肉体には制限があることは伯父も認めました。そして私に対して、これから体のバランスを保ってちゃんと歩くことを覚えなければいけないと言いました。歩行は最も厄介なものでした。私はどこでも行きたいところへ滑走していくか、単に目的地に現れることに慣れていました。しかし肉体ではそのようなことはできず、ちょっとずつ、一歩一歩進まなければなりませんでした。私は身体的基準ではわずか7歳の子供でしたので、3人の中では私だけが、起き上がる動作や、自分の新しい脚を伸ばしたりするのに苦労していました。

首都レッツは物理的次元とアストラル次元が二つ同時で完全に存在する

物理的な世界の金星は地球のネバダ州やアリゾナ州によく似ています。遠くのほうには山脈や興味深い植生群が見えました。気候は乾燥して気温が高いようでしたが、まったく不快感はありませんでした。レッツはここでもアストラル界と同様に人里離れた谷間にありました。伯父は私たちがアストラル界を巡る旅に出る数日前に、レッツは同時に2つの世界に完全に存在している都市であると説明してくれていました。この物理的な首都は物理的な金星の精神なのです。アストラル都市のレッツが最初に存在し、物理的な都市のレッツはその複製として現れたのです。それは金星の偉大なる変容の時代に起きました。

その時に人々は、自分たちが物理的な世界に残してきた都市の複製としてアストラル界に都市を再現させたのですが、その逆となっているレッツは本当に独特な存在です。

伯父ともう1人の男性と私は自分たちの新しい手足の使い心地を試してみました。私は伯父の外見は変わっていないことに気づきましたが、体から発していた光は薄れていました。実際に、周囲のあらゆるものが、それまでの素晴らしい特色であった輝きを失くしてしまっていました。

私は自分の容姿がどのように見えるのか分かりませんでした。私は地球に到着するまで鏡を見ることはなかったのですが、それでもぎこちなさと重々しさははっきり感じていました。最初の数歩を踏み出した時には、私は自分がまるで鉛の服を着て歩いているように感じました。

宇宙船に向かって歩き出す前に、伯父が私に特別な贈り物があると言いました。私の金星での思い出の品とは、この物理的なレベルの金星の近くで育った植物や花をこれから集めてサンプルにするものでした。私たちは皆で一番興味深そうな草花を2ダースほど収集してきて、地球に輸送するための準備をしました。これらの草花と私の指輪と宝石が私の唯一の持ち物でした。伯父は私の手を取って金星の〝移送船〟(円盤型の宇宙船)へと導きました。

スカウトシップ(偵察円盤)への初めての搭乗

地球の上空でときどきスカウトシップ(偵察円盤)として目撃される〝移送船〟に搭乗するのは私にとって初めての体験でした。金星だけでもいくつもの型の宇宙船がありますが、すべては同じ原理で飛行しています。進化した惑星においてはそれぞれが固有のタイプの宇宙船を持っていて、大きさや形状

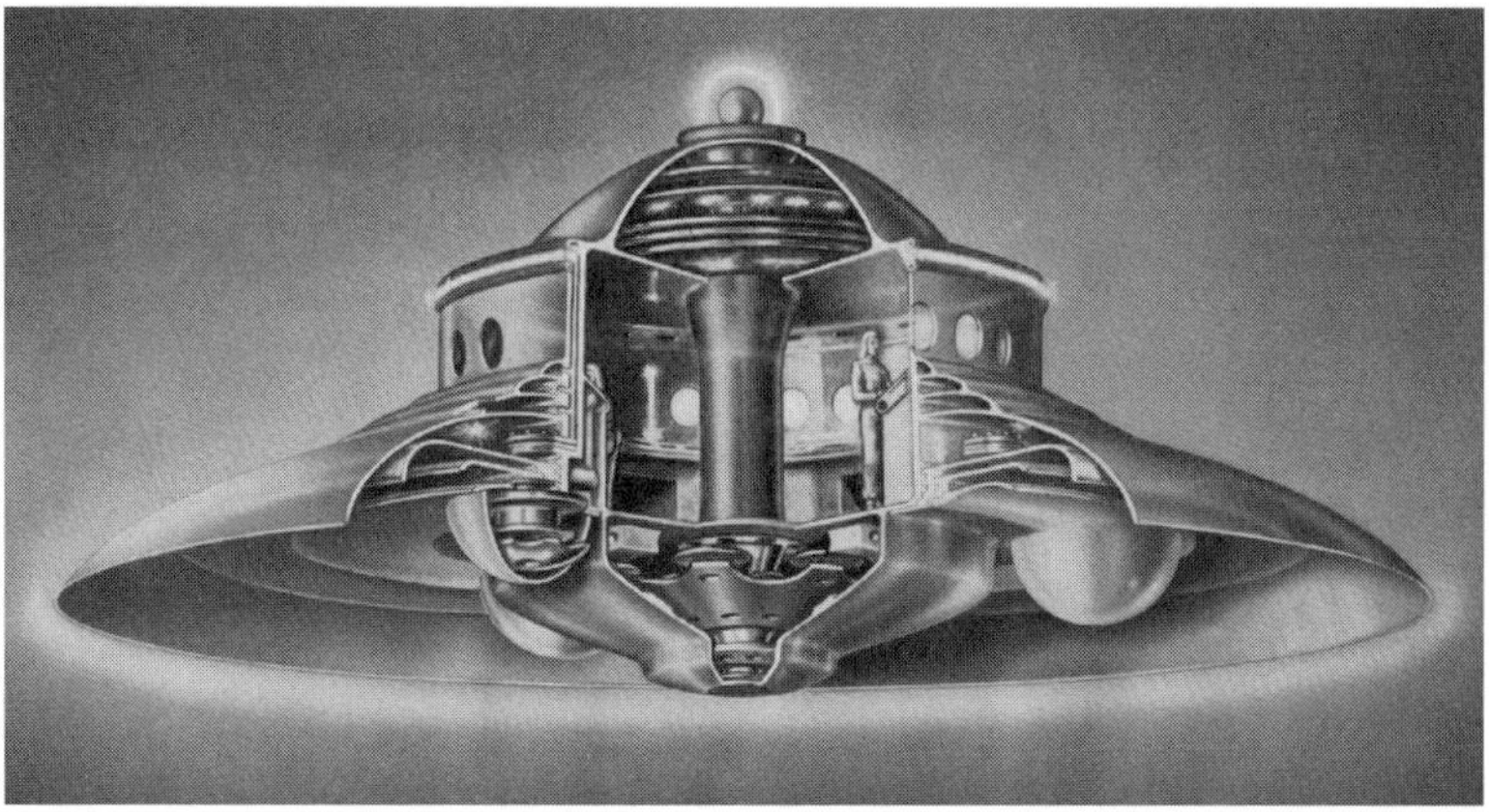

スカウトシップの内部構造（レナード・クランプ著『宇宙・重力・空飛ぶ円盤』より）

もさまざまです。

私が乗ろうとしていた宇宙船は２つのお皿を逆さまに重ね合わせたかたちとそっくりでした。盛り上がったガラスのようなドーム内にはコイルがはめ込まれていて、そのちょうど下には船体を取り囲むように小さな船窓が並んでいました。宇宙船の底部には３個の半球が均等に配置されていました。

宇宙船の船体の材質はチタニウムで、大気中を飛行する際の摩擦や熱に耐えるための特別な処理がほどこされていました。それはとても光沢があって、メタリックな外見をしていましたが、地球で見られるようなチタニウムではなく、ファイバーグラス（繊維ガラス）のような半透明のものでした。私たちは船体下部の円形の昇降口から乗船しました。そのドアには私は本当に驚かされました。伯父がその開閉のしかたを説明してくれました。最初に船体表面にちっちゃな穴が現れます。しかしそれまでそこにはドアや開口部と思われるような形跡は何もなく、継ぎ目すらもなかったのです。開口部はしだいにだんだんと大きくなり、それはカメラのシャッターが開く様子によく似ていました。そして背の高い金星人が楽に通り抜けられるほどのサイズの昇降口となるのです。閉じる時は、丸い開口部がどんどん小さく閉じていって、やがて消えてしまいます。そしてそこには開口部の痕跡はどこにもなく、まっさらな船体表面があるだけです。伯父はその仕組みを科学的に説明しようとしてくれましたが、私には理解することができませんでした。それは何か分子の分離と関係があるようでした。

あらゆる種類の輝くスクリーンが並ぶ宇宙船の内部

船内に入ると伯父が私を座席に案内してくれました。船室の真ん中には床から天井のガラス状のドームまで伸びる柱が立っていました。その根元を取り囲むように大きなレンズが床にはめこまれていて、そこを通して私は飛行中に地上を見ることができました。そのレンズを取り囲むようにして、乗客用の湾曲したクッション状のベンチが間隔をおいて並んでいました。私は連れの操縦士の男性といっしょにそこに座り、伯父はコントロール・パネルの前の座席につきました。そこは昇降口が現れて消えた壁とは反対側でした。

オディン伯父さんが宇宙船を発進させ、ブーンという低い音がしました。伯父は操作が分かっているようでしたので、私は彼は私たちがチュートニアを発つ前にこの種の宇宙船を動かすための訓練を受けていたのだろうと思いました。

私はこの時あまり注意深く周囲を観察してはいませんでした。というのは、私の関心は自分の新しい体とそのたまらない不快感に向けられていたからです。しかし私が確かに覚えているのは、船内の円形に区切られた壁には、あらゆる種類の輝くスクリーンが並んでいて、そこには閃光を放つ色彩、格子模様、そして波打つ彩光線が現れたり消えたりしていたことでした。オディン伯父さんの説明によると、そのグラフは彼が宇宙船を操作するのを助けてくれていて、惑星の周囲や宇宙空間のさまざまな大気や磁気の状態を示しているとのことでした。

コントロール・パネルはとてもシンプルに見えました。伯父は回るバケットシート〔訳注：体がすっぽりはまる一人用座席〕に座っていて、目の前の傾斜型パネルには4つのボタンと1つのレバーが付いていました。パネルの上方には2つのスクリーンがありました。その1つには、閃光を放ってジグザグに動くいくつもの彩光に覆われた小さな正方形の格子模様のようなものが映し出されていました。それぞれの正方形に番号がふられ、異なった色をしていました。すべてのスクリーンは実際にはとても重要なものだったに違いありません。

操縦士の1人は常にそれらを非常に注意深く見ていました。操縦士の目の前のもう1つのスクリーンには宇宙船が向かっている先の実際の眺めが映し出されていました。このスクリーンは船体の外縁部に設置されている数個の小型レンズとつながっていました。私が宇宙船の推進原理について聞いたのは後になってからのことです。それからオディン伯父さんが、私たちは着陸して数分間レッツの中に入った後、大きな母船に乗りかえて旅行を続けることになっていると説明してくれました。母船は私たちが今乗っているような小さな宇宙船を多数格納しながら深宇宙を航行するのです。

飛行中の宇宙船内にいて最も驚いたことは、船体が動いている感覚をまったく感じなかったことです。飛行の最初から最後まで、私は一度も乱流を感じたこともなく、加速あるいは上昇や下降に伴う体の感覚を覚えたこともまったくありませんでした。この宇宙船が時速数千キロのスピードで直角に方向転換する時も、乗客はあたかも地上の部屋の椅子に座ったままでいるように感じるのです。乗客は宇宙船が動いているのかどうかを確認するためには船窓またはビューイングレンズを通して外を見なければなりません。

低い波動を感じさせる物理的世界のレッツを訪れる……

私は地面が下方に遠のいていくのを見るまでは、すでに離陸していたことに気づきませんでした。レッツの街並みが下界を過ぎ去って、私たちは反対側にある街の正門近くに着陸しました。都市を囲む壁の内側には宇宙船を着陸させてはいけないことになっていたのです。私たち3人は宇宙船を降り立って徒歩で正門へ向かいました。歩くのは容易ではありませんでしたが、オディン伯父さんに手を取ってもらいながら短い距離をなんとか歩き切ることができました。それから先は伯父がときどき私を抱きかかえてくれて、私たちは〝黄金の英知〟学院に到着し、そこで私の大好きな人の1人であったマスターからの祝福を受けました。

私は正門からここまで歩いてくる道すがら、物理的世界のレッツはアストラル界のものとほとんどそっくりなことに気づきました。レッツの街には以前に何度も訪れていたので私は街の中を、ましてやこの体の状態で、これ以上見て回ろうとは思いませんでした。その時の私は何かをしたいと思う気持ちにはほとんどなれなかったのです。

レッツは地球の基準で見れば天国のようなところでしたが、アストラル都市のレッツと比べればその美しさには限りがありました。色彩は透明さと明るさに欠け、建物も輝いていませんでしたので、都市全体から感じられる雰囲気は同じではありませんでした。代わりに私はずっと低い波動も容易に感じられるようになっていました。マスターは以前と変わらず、ただただ美しい方でした。マスターはいくつもの異なった階層に住む人たちに非常に上手に対応していたことを私はここで述べておかなければいけません。これが彼がマスターと呼ばれている理由のひとつでもあります。学院の中で私たちは彼と会見し、英知の言葉を授けられました。私は彼が言ったことを覚えていないのですが、それはおそらく私たち以外の人が聞くべきメッセージではなかったからでしょう。

再びスカウトシップへ——惑星大気圏内の短距離移動にのみ使用される

私たちは再び宇宙船に搭乗し、伯父が発進の動作をすると同時にブーンという聞きなれた音が響いてきました。ここでもまた私は離陸の瞬間に気づきませんでしたが、素早く垂直上昇するにつれて下界のレッツの街並みがどんどん小さくなっていくのが見えました。そのすぐ後に私たちは金星の上層大気の中を角度をつけて突き抜けていきました。

私たちがレッツを飛び立ったのは夕暮れ時に近かったので、高度が上昇するにつれて周囲の空は暗くなってきました。船内ではほとんど会話は交わされませんでした。私は眼下に見える金星の様子を見るのに忙しくしていて、伯父と彼の仲間が席を入れ替えて任務を交代していたことにほとんど気づきませんでした。私の隣の席に座ったオディン伯父さんはこの宇宙船は惑星の大気圏内の短距離の移動にのみ使われることを説明してくれました。宇宙旅行は実際はもっとずっと大きな円筒形の宇宙船に乗って行われるもので、そこには小さな宇宙船を50機まで格納できるということでした。母船はめったに地上に着陸することはなく、その動力源は惑星で採掘される元素ではなく、宇宙そのものからエネルギーを取り入れているのです。移送船と呼ばれる小型宇宙船は母船で定期的に再充電される必要があります。

船内を見渡すと、私はこの宇宙船がとてもシンプルなデザインであることが分かりました。中央には私たちが座っている円形の船室がありました。上方には補給物や修理用パーツの収納区分がありました。私たちのテクノロジーは進化してはいますが、それでも故障することはあるので、定期的に保守点検が必要なのです。ですから船内には緊急着陸のための特別な装置も積まれています。通常これらの小型円盤には数名の乗客しか乗っていませんが、緊急時にはもっと多くの人を乗せて安全に移送することができます。

船内にはまた食料貯蔵室によく似たウォークイン・ルームが脇のほうにありました。そこは回路室で、ヒューズや電線やフラッシュ装置が収められていましたが、私のような小さな子供は入室が許されていませんでした。その時、私は操縦士が2人ともチャートに現れたものに突然注意を向けたことに気づき、何か重要なことが起ころうとしているのが分かりました。すると、ビューイングレンズを通して、巨大な暗い影のような塊が下方に見え、横に逸《そ》れていく姿が見えました――それが母船でした。

金星の巨大母船――驚くべき広大な船内ラウンジ

私たちの宇宙船は浮揚しながら、長い円筒形の母船の丸みを帯びた先端部へゆっくりと近づいていきました。細長い光の開口部に向かって私たちは下降を始め、やがてはっきりと体感できる震動を覚えまでした。これは私がこの乗り物に搭乗して初めての体験でした。オディンの説明によると、母船のレールが私たちの円盤の外縁部をとらえ、それに乗って私たちは母船内奥の格納庫へと滑走して行くとのことでした。

降下に伴う体の感覚がすべて止むと、レールの敷かれた小さなプラットホームの前で宇宙船のドアが開きました。私たちが降り立った時、美しい女性と男性が私たちを出迎えてくれました。私はその女性は火星人で、男性のほうは土星人であると分かりました。２人は宇宙船をケーブルでつなぎ、私たちはプラットホームのエレベーターで上に向かいました。扉が開くとそこには長い通路が伸びていて、オディンと同行の男性が私の手を取って導いてくれました。

最初に私たちは船内のラウンジへ出ました。そこは広大な長い部屋で、とても簡素に装飾されていて、ゆうに１００人は収容できるように見えました。椅子、ソファ、そしてテーブルのセットがあちらこちらにアレンジされていました。色のデザインもとてもシンプルでした。ある領域には青いカーペットの上に抑えた色調の黄色い備品があり、反対側のラウンジはベージュと土色のトーンの色彩でコーディネイトされていました。その部屋はとてもきれいでエレガントに見えました。

室内の照明は、実際に母船内のあらゆる場所でもそうであったように、どこもとても不思議な照明で、それは小型宇宙船内でも同様でした。柔らかで微《かす》かな明かりが空気を満たしていて、まるで空気そのものが光を発しているようでした。室内にはどこにも照明装置は見当たらず、影すらもできていませんでした。

ラウンジの壁にそって、絶え間なく流れては吸い込まれる噴水が間隔をおいて配置されていました。

壁にはまた男性と女性が完全に調和した人物の肖像画が掲げられていて、それはただ「神格」と呼ばれていました。その肖像画は多くの宇宙船にも掲げられているものだそうです。そしてこの人物は「エラム（Elam）」、つまり物理的な世界の主（Lord）とも呼ばれていると聞きました。

船内に飾られていた絵画はまるで写真のようで、私にはその区別ができませんでした。そこに描かれていたのはさまざまな惑星の風景、都市群、そしていくつかの宇宙船でした。大地と海の織り成すパノラマの景観は地球で見られるものととてもよく似ていました。自然の創造物は宇宙に普遍なものであるのです。ラウンジには散乱したものはほとんどなく、雑誌や新聞の類もひとつもありませんでした。いくつかの彫刻がここかしこに見られましたが、それがすべてでした。

母船での静寂な晩餐会に土星、火星、木星の人々も来ていた

私たちはラウンジを越えて食堂へ出ました。長いテーブルに用意された美味しそうな料理が私たちを出迎えてくれました。数席を残してほとんどの席は埋まっていて、テーブルの最上席には宇宙船のマスターが座っていましたが、彼は船長ではなくスピリチュアルなマスターでした。金星のすべての母船にはマスターが乗っているのです。

テーブルの両サイドには男性と女性が同人数で掛けていていました。彼らはさまざまな惑星から来ていました。この母船は金星で建造されたものでしたが、ひとつの惑星専用のものではなく、他の同胞惑星のすべての人たちに自由に共有されていました。私は晩餐会の席に着いていた人たちが、金星からだけではなく、土星、火星、そして木星からも来ていることが分かりました。この母船は金星のものであったので、当然ながらマスターも金星人でした。

私たち3人がテーブルについた際に自己紹介は何もありませんでした。私たちは皆、名前を用いる代わりに静寂の中で他の人たちの存在を認識するのです。私たちの同胞は通常は名前すら持っておらず、それぞれが固有の波動を有しているのです。私と伯父の名前は晩餐会が済んだ後で紹介されました。私は地球で知られることになるシーラの名で呼ばれました。

全員で祈りを捧げ、私たちは静寂の中で会食をしました。誰かが何か大切なことを言う時は、すべての人たちが食事を中断して耳を傾けるのが礼儀となっていました。

晩餐会はまず生野菜のサラダとチーズ料理から始まりました。アペタイザーとして私の好きなフルーツのユンヤを少し頂くことができました。私たちは肉は食べませんでした。代わりに軽く調理した野菜にとろけるチーズソースをトッピングして食べました。パンは地球の基準で見れば少し変わったもので、こげ茶色をしていて、パンケーキのような微かな甘みがあり、薄くスライスされていました。私たちが飲んだ水は地球の人にはあまり馴染みのないようなものでした。それはわずかに濃度が高く、薄い油のようで、味はまったくありませんでした。食べ物は私の新しいデリケートな味覚にもすべて美味しく感じられました。

マスターのメッセージ――意識的な記憶を完全保持した子供として地球へ行くこと

晩餐会の後でマスターが私たちに話しかけてきて、私のように意識的な記憶を完全に保持した子供として地球へ送られるのはとても珍しいケースであると言いました。その理由のひとつはカルマでしたが、もうひとつの別な使命に関しては後に明かされることになっているということでした。

マスターはさらに言葉をつづけ、私は後年になってから自分が地球に来た本当の理由を（そしてこのようなかたちで来た理由を）さらにはっきりと知る時が来るであろうと言いました。自分自身の個人的なカルマを果たすためだけに行くわけではないという点で私の旅は特別なのだということでした。

彼は次のような思いを述べて私へのメッセージを締めくくりました——「後世になってから、人々は彼女の勇気を称えるであろう」〔訳注：オムネクによると、地球に来ている金星人のほとんどは生まれ変わりを通してやってきていて、中にはオディンのように体の波動を落として宇宙船で来た人もいるが、彼女のように幼い子供として来た人にはまだ会ったことはないという〕。

母船内の様子と生活——2日間かけての地球への旅

母船内はとても興味深い場所でした。乗組員はいつも忙しそうに見えました。彼らの仕事は多岐にわたり、操縦のための航路設定、保守点検と修理、食事の準備（ここでは思念による顕現は無理なのです）、補給物の調整、近距離往復のシャトル船の運航、そして言うまでもなく多くの科学的なプロジェクトがありました。

私が聞いたところでは、2名の乗務員が2日ごとの交代制でそれぞれの業務に就いているということでした。こうすることで、誰もが操縦や航路設定から調理器の操作に至るまであらゆる仕事をすることができるのです。各期間の終わりには乗組員による総会が開かれていました。私は二度ほどその集会を見学しましたが、1度目は初日の特別な晩餐会の後、2度目は地球の大気圏内に入る直前でした。

地球への旅はおよそ2日間かかりました。晩餐会の後で私は特別な宇宙服をあてがわれましたが、それはスキー服にとてもよく似ていました。それから私は集会の様子を傍聴させてもらいました。それは本当に非公式の話し合い以上の内容で、各自の報告を聞いて新しいアイデアを分かち合うというものでした。問題は常にすべての乗務員に伝えられ、創造的な解決法が広く求められていました。宇宙船の進行状況や、科学者たちが継続して遂行している実験の最新の経過も報告されていました。

これらの宇宙船が宇宙空間を放浪している主な理由のひとつは、学習することです。宇宙船には常に科学者たちが乗組員として搭乗していて、惑星の大気の状態の研究や、宇宙空間における惑星内外の変化の分析をしていました。私たちの同胞たちが宇宙に惹かれているのは、私たちもすべてを知っているわけではないからです。もし科学者たちが何か新しいことを学べば、それは他の乗組員たちとも分かち合われていました。テストと実験の結果は毎日全員に知らされ、何が分かり、どこにまだ問題が残っているのかを誰もが把握していました。私自身は集会で話し合われたことの詳細までは何も覚えていません。私の興味の範囲には限界があったからです。

私はアート・セットをプレゼントされ、2人の女性乗組員に助けてもらってすべての色づけを完成させました。その晩、伯父は地球の子供たちの遊び道具についていろいろと話してくれました。彼らはアストラル界の子供のように自分のオモチャを創造することができなかったのです。伯父はぬり絵の本やクレヨンなどを見せてくれました。これは金星にも似たようなものがあったので私は気に入ったのですが、地球に持っていくことは許されませんでした。

私の最初の睡眠体験は思いがけないかたちで訪れました。はじめは私は睡眠をとることの必要性に気づいていませんでした。なぜならアストラル界では心の休眠しかなかったからです。そこでは私は心が機敏である限りアストラル体を休ませる必要はありませんでした。肉体を顕現して以来、目新しく不思議な体験が続いていたため、私は眠ろうと思ったことは一度もありませんでした。私がラウンジにいた時のことです。ただ座って近くで誰かが会話しているのに耳を傾けていたら、突然にコトンと頭が落ちるのを感じました。私はびっくりして体をぐいっと引きました。何がどうなったのか分からなかったのです。私の肉体はとてもおかしな動きをしている……私はそう思いました。同じことが何度も何度も繰り返し起きて、とうとう誰かが私に歩み寄ってきました。彼が説明して言うには、私の今の体は物理的なものなので、休息をとらなければ体がひとりでにそうしてしまうということでした。そしてたとえ私の心が鋭敏であっても私の体は眠りに落ちてしまうだろうと彼は言いました。それが肉体の機能であったのです。意識的な心はやがて完全にどこかへ行ってしまい、私はそのまま眠ってしまいました。

翌日、私は母船内を見て回りました。最初に見に行った場所は、母船に入ってレールに乗った小型宇宙船が下方に滑走していく先の格納庫でした。宇宙船に再充電が必要な際はいつでも係員が円盤の外縁部に締め金を取り付けてレバーを引きます。再充電中は赤いコイルが燃えるように輝きます。

私はまた船体の反対側にある下層部にも案内されました。そこから円盤がエアーロック（気密式の出入り口）を通して外へ出て行くのです。母船は三層構造になっていました。底部に本当の格納庫があり、そこには最大50機までのシャトル船を収納できるのです。中央の階層にラウンジ、食堂、そして2つの操縦室が備えてありました。操縦室は船体の両端に位置していました。私は操縦室には興味がなかったためにそれらの部屋は見ませんでした。私を案内してくれた人の説明によると、母船の操縦室はシャトル船のコントロール領域と大差はなく、ただサイズが大きく、より特殊化されているだけだということでした。母船の操縦室にもビューイングレンズが床にはめ込まれていますが、シャトル船のものよりもずっと高性能であるとのことでした。

ほとんどすべての部屋に宇宙空間がはっきりと見える船窓が付いていて、特にラウンジに目立ちました。この船窓を通して私はやがて地球の姿を初めて見ることになるのです。母船の上層階は寝室と格納領域に分けられていました。個々の寝室はモーテルの部屋のようで、壁に備え付けのベッドがありましたが、昼間は机と椅子のある居間となっていました。各部屋には飲用の噴水とお手洗いもありました。以前にヴォニックは私に睡眠と排泄やその他の肉体の機能について教えてくれていましたが、今回の人生では一度も肉体を持ったことがなかったために、当時の私はそれらの概念がよく理解できませんでした。女性の搭乗員の中の1人が私にトイレについて説明してくれて、使い方も教えてくれました。私は驚きの声をあげてしまいました。各部屋は2人用の寝室となっていましたが、乗組員は習慣的に宇宙空間が眺められる個室に泊まっていました。2部屋ごとに1つの船窓を共有していたのです。母船にはおよそ60の寝室がありましたが、満室になってはいませんでした。

船窓からみた青く白い地球――大気圏内への下降

母船に乗っていると時間は駆け足で過ぎていきました。2日目の終わりに差しかかった頃、1人の乗組員が私に手招きをして彼といっしょに船窓をのぞいてみるようにうながしました。そこに見えたのは地球でした。それは暗い宇宙を背景にした青く白い球だったのです！〔訳注：メンジャーも宇宙船の船窓から見えた地球について、「地球は青白く輝いて、ところどころに赤みがかった箇所があり、まるで巨大なテニスボールがインクのように真っ黒なプールに浮かんでいるようだった」と述べているが、それは後年にＮＡＳＡ等が初めて撮影した宇宙空間の地球の様子とよく似ている」。

青い領域は大洋であると私の友人が説明してくれました。渦巻いている雲が奇妙な、でも綺麗な模様を大海原の上に形作っているのだと私は思いました。地球の一部は暗くなっていて、それは夜がまだ昼に変化していない部分でした。そう、これがもうすぐ私が暮らすことになる惑星なのでした。

母船は地球の大気圏内に少し入っただけでしたが、残りの航程は移送船に乗っていくことになっていました。私たちの出発の時が来ると、皆がラウンジに集まってお別れの挨拶をしてくれました。それぞれの文化的な背景によって、ある人たちはさよならの握手をしてくれ、他の人たちは抱擁をしてくれました。伯父と私と私たちの仲間の操縦士は廊下やドアを歩いて抜けて宇宙船の格納区域へ向かいました。再び私たちがプラットホームのエレベーターに乗ると背後で保護手すりが回転しながら出てきて定位置で止まりました。

私たちが到着した時のものと同じシャトル船が私たちのために待機していました。オディンがコントロール・パネルの前に座り、私はビューイングレンズの近くに座りました。ほどなくドアが閉まると、宇宙船はレールに乗って静かに、そしてなめらかに滑走しながら低層部のエアロックとハッチに向かって下降していきました。降下するにつれて地球がだんだんと大きくなってくるのが見え、昼と夜の境界線が目の前に近づいてきます。するとまもなく視界の中に巨大な山脈がはっきりと見えてきました。伯父がビューイングレンズのそばのひとつの目立たないボタンを押すと、レンズが横すべりして別のレンズと入れ替わりました。私たちにはもはやそれほど高い拡大率のレンズは必要ではなくなったのです。

私たちの最大倍率のレンズはとても高性能であるため、まだ宇宙船が地上からは斑点ほどにしか見えないほど高い位置にあっても、乗組員たちには陸上の道を歩く人たちまで見えてしまうのです。さらに横からすべるように保護カバーが出てきてレンズを覆いました。これは宇宙船が着陸する際のホコリからレンズを守るためのものです。宇宙船が山脈の頂上をかすめるように飛んだ時、谷間の村落の明かりが視界をさっと過ぎました。私たちが降り立とうとしている田園地帯は壮大な美しさを湛えていました。宇宙船が地球の明るい側へ近づいていった時、私は広大な山々と青々とした緑の渓谷を目のあたりにして畏敬の念に包まれました。

そして伯父は、私たちの目的地はヒマラヤ山脈の中のスピリチュアルな都市で、アガム・デスという名で知られていると言いました。ほとんどのスペース・ピープルは、惑星地球の低い波動に順応していくために、まず最初にアガム・デスを訪れるのです。

第9章　太陽系内の科学・スピリチュアル・人間の超真相

太陽系の兄弟姉妹たち――地球の宇宙飛行士たちはいずれ諸々の惑星で文明の痕跡を見つける

地球の宇宙飛行士が金星や火星に初めて降り立つ日が来た時、彼らはそこに人間の生活の形跡を見つけるでしょう。それはこの太陽系の他の惑星についても同じことです。他の惑星の兄弟姉妹たちは、タイサニア（金星）のアストラル文明について（他の惑星と同様に）よく知っています。

しばらくの間、アストラル界の金星の人たちは物理的な身体を顕現させて物理的な世界の金星に再び移住したり、あるいは地球に住んだりしてきました。私は自分が去ってからの金星がどのようになったのかについては分かりません。他の惑星から地球に来て現在暮らしている兄弟姉妹たちが、少し前までの母星の様子について語っていることでしょう。ほかの惑星の多様な文化について学ぶことは浜辺の砂の粒を数えるようなものです。広大な宇宙の同胞たちの暮らしを研究することに比べれば、地球の多くの異文化を学ぶことは幼稚園での勉強のようなものです。

惑星での生活の様子を大きく決定づけるのは、そこに住む魂たちの精神的な成熟度です。個人が精神的に発達するにつれて、彼らの生活からは複雑さが消えていき、物質文明への依存の度合いも減っていきます。そして心を通して働く魂の自然な力のほうにより頼るようになります。

文明進化の段階――地球はテクノロジーの進化が魂の成熟度を追い越してしまった危うい惑星

最初は惑星における人々の暮らしはとてもシンプルで原始的なものです。やがてまもなくテクノロジーが現れて複雑化していきます。それから惑星は現在の地球とてもよく似た状況に達します。すなわち、ある程度進化していても非常に複雑であるのです。

最終的な段階は、他のより進化した惑星に見られるように、テクノロジーは再びもっとシンプルになると同時に、さらに発達している状態です。たとえば、歩行はとてもシンプルですが、移動手段としては制限されたものです。動き回るためのより複雑な方法は馬に乗ることです。さらにもっと複雑化したより進化した手段は自動車の利用です。しかし魂の体による移動はいっそう進化した技術でありながらも、下層世界の移動手段のどれよりも遥かにシンプルなものです〔訳注：ここで言う下層世界とは、魂の領域より下の世界を指している〕。

他の惑星はすべてこのレベルのどこかに位置していて、よりシンプルになりながらも技術的には進化した生活を送っています。それはすべて彼らの精神的な進歩によるものなのです。中には地球のように大幅に遅れた段階にいる惑星もあります。私たちの太陽系の誰もが地球のことを気にかけています。技術的な進歩が精神的な成熟度を追い越してしまうと、前途には多大な困難が待っています。

金星、火星、木星、土星、天王星、海王星、冥王星には人間が存在する

以前にもお話ししましたように、金星、火星、木星、土星、天王星、海王星、そして冥王星にはその環境に適した形態の人間が存在しています。また冥王星よりも外側にある複数の惑星にはまだ人間は住んでおらず、名前すら付けられていないと私は聞きました。しかしこれは私が金星を離れて以来、何か変化があったかもしれません。

私たちの太陽系にはもともとは4つの惑星しかありませんでした――水星、金星、火星、そして木星

です。全12個の惑星の内の残りの8個は、その後もずっと続いた自然なプロセスとしての創造と崩壊によって形成されていきました。惑星というものは、多くの地球の科学者たちが信じていることとは反対に、絶え間なく形作られ、壊されているのです。

地球上での原子力の実験はとても深刻な事態を引き起こしかねません。なぜなら過去に水星で起きたことが地球でも起こり得るからです。軌道の変化によって惑星が太陽により近づいてしまい、人々は脱出を余儀なくされたのです。幸いにもその当時は土星にはまだ人が住んでおらず、水星の宇宙旅行の技術は避難を可能にするほど発達していました。地球の場合はおそらくそうはいかないでしょう。

地球以外の惑星で人々はすでに生命の法則、カルマの法則に基づいて暮らしている

至高なる神性の法則（自然の法則）の真理は私たちの太陽系の他の惑星ではとてもよく知られ、受け入れられています。これらのすべての惑星に共通しているのは、地球とは反対に、スピリチュアルな法則のもとに生き、これらの真理を人生で最重要なものと位置づけている住民によって今の状態になっているということです。

私たちは同じ人間である仲間を物理的な体としては見ておらず、また心、意識の状態、考え方、その他いかなる二次的な特性としても見ていません。これらは一時的な仮面にすぎないのです。各々の生命形態は魂の表現そのものなのです。ですから私たちはすべての生命を理解するのであって、裁くことはしないのです。

精神的に進化した惑星の人々はすべてカルマの法則を非常によく理解しており、自分の良き行いと悪

しき行いのすべてに真正面から向き合う時が必ず来ることが分かっています。同様に、彼らは死とは終わりではなく、別の世界への移行に過ぎないことも知っています。生命の法則に気づいているかどうかで、人々の行動には大変な違いが出てきます。

もしカルマの法則が理解され、受け入れられさえすれば、地球での生活も変容することでしょう。個人による内なる精神的開花によってのみ、地球を戦争と圧政の時代から脱却させることができるのです。自分たちの世界にそれがあるのは、自分たちがまだそれを求めているからなのです。もうたくさんだと感じた時に人は成長するのです。

ネガティブな激情の内なるコントロールがなされるまで、対立と戦争は続く

魂にとっての共通の敵とは、もちろんカル・パワーです。この世界では思考と感情が常に原因となりますから、思考と感情をコントロールすることが運命をコントロールすることになるのです。人間を通して発生するネガティブな流れは、５つの激情の内の1つ、もしくは複数として現れます。それらは、貪欲さ、怒り、渇望、虚栄心、そして物質的な物への執着です。これらの激情が人々の中で全体としてコントロールされている時、生命は飛躍的な発達を遂げ、金星や他のいくつかの同胞惑星における存在と非常に似かよったものとなるのです。このような内なるコントロールがなされているところには、対立や戦争は起きないのです。この太陽系での最後の惑星間戦争は、まだあなた方の社会が存在すらしていなかった頃に起こりました。人生に現れている外的な状況は、常に心と感情の内なるコントロールを反映させたものなのです。

地球の近隣の惑星から来ている人々を理解しようとする際に、肉体的な外見を超えてはっきりと分かることは、他の人間に対する私たちの心の態度です。私たちは他の人々を自分たちの基準に照らし合わせるのではなく、各々の存在は魂であり、下層世界とは学びの場にすぎないという認識を通して受け入れているのです。もし私たちが地球上で偏見を持った人や何かに悪感情を抱いている人に出会った時、私たちはそれを受け入れます。なぜなら、それはその人の意識レベルが生み出した結果であり、それはすべて本人にとっての学習であるからです。私たちは誰も悪くはないことに気づいています。それぞれの人は、現時点での限られた知識の中で生きているのであって、自らの経験を通してのみ、精神的な態度を変えて、意識的な気づきのレベルを高めることができるからです。

私たち金星人は生きとし生けるものすべてに愛情を注いでいて、穏やかで麗《うら》らかな顔つきをしていることでも知られています。私たちはどのような状況をも自らを成長させる経験として受け入れています。それがいかにネガティブに見えるものであっても、表面どおりに受け止めることはありません。他の惑星の人々と打ち解けた関係になるのはとても容易《たやす》いことです。私たちには人を惹きつける内面的な要素があるからです。私たちは地球人より優れているわけではなく、ただ今生においてはこのように心が安らいで、人生におけるスピリチュアルな真理に触れられる環境に生まれてくる機会を得ただけなのです。

私たちの多くは同様に過去世において地球での生活を体験してきているのです。ほとんどの地球の人々は自身に内在する力に気づいていません。ですからそれを自らの体験を通して実現させてきた人たちを崇拝してしまう傾向があるのです。私たちは自分たちが何者であるかを認識する機会を持ちますが、地球の人たちは、自分自身の中に眠っている個人としての偉大な潜在能力を自覚できていません。誰もが一個人として自らの歩む道を選ばなければならないのです。

不干渉の法則――魂がより高い世界へ精神的進化を遂げるために必須のもの

バランスを整えること、そして余計な干渉をしないということは、私たちの同胞が何世紀にもわたって大きな発達を遂げてきた人生の秘訣でもあります。これらは魂がより高い世界へ向かう旅の中で精神的に進化し、自己実現そして神の顕現を成就させるために必須のものです。けれども地球の人たちはまだこれらの教訓を学んでいないのです。

不干渉とは、各個人の自由のためにあるスピリチュアルな法則です。この世界に同じ人間はひとりもいません。考え方、感じ方、反応のしかた、そして心の傾向や視点は個人によって異なり、精神の開花の度合いもそれぞれ違っています。一人ひとりが持っている自分独自の私的な世界を尊重すべきである、というのがスピリチュアルな法則なのです。このことが地球では認識も理解もされておらず、今日の多くの問題の根底要因となっているのです。もし人々が自分自身の人生を主導することにより多くの関心を注げば、世界中の問題はもっと少なくなることでしょう。人が他の人々の人生に干渉すればするほど、その人の人生も他の人たちに干渉されることになるのです。これがカルマの法則のはたらきです。相手に対して、このようにすべきだと思ったり、ある基準やものの見方を持つべきだと思い込んだりすることが干渉につながります。

理想的なのは、他の人たちの個性を受け入れ、それぞれの人がそのレベルに応じて自分に必要なレッスンを受けている魂の存在であると認識することです。自分の考えや見解を押し付けること、相手の許可を得ずに手助けをしたりアドバイスを与えたりすること、さらには相手のしていることは間違っていると思うことすらも干渉に含まれます。単に自分ひとりで判断を下すのではなく、相手がなぜそのように行動し、考え、あるいは感じているのかを理解することのほうが遥かに有益なことなのです。それはまた各個人が自分自身をさらによく理解するための手助けともなります。

私たちは論争をしません。私たちが求めるのは理解であり、相手が伝えようとしていることのほうが大切だと感じています。なぜなら人は自身の心の中にあることはすでに知っているからです。

宇宙全体にも重要な〝魂のバランス〟をとるためのレッスンが必要

人生においてバランスは非常に大切なもので、それは宇宙全体においても重要なことなので、すべての下層世界の存在たちがバランスを成就させようと努めています。人生においていかなる種類の極端さにも陥らないでいることは、魂を下層世界の時空から解放するための方法のひとつです。

残念なことにバランスのレッスンを学んでいる地球人はほとんどいません。魂としてバランスがとれているということは、すべてにおいてバランスがとれているということです。食べることにおいてすら、人はポジティブ・フードとカル・フード（ネガティブな食物）のバランスをとらなければいけません。とても悲しいことに地球の「文明人」たちが口にしているのはカル・フードが大半です。

欲望については、人は常にどのような物や状況からも離れることができる状態にいなければなりません。さもなければ、この世界の物事の奴隷になってしまうからです。人は何ごとにも傾倒しても反発してもいけません。この中庸の道を歩くということは、時には剃刀《かみそり》の刃の上を歩くことにも似ています。

スピリチュアルな人は時として精神的なパワーの媒体ともなりますが、またある時にはカル・パワーとともなります。自己中心的な人は、ほとんどいつもネガティブなエネルギーの媒体となっています。

心の5つの激情を完全に排除してしまうことは、極端なポジティブさに向かうアンバランスな状態を意味しますので、それもまた良くないことです。なぜなら激情をコントロールするレッスンの機会を失ってしまうからです。人は肉体に宿っている限りは、物理的な世界の物事を楽しむことができますが、それらの奴隷にならないことが望ましいのです。

ここでいろいろなことを公開する理由のひとつは、人々が地球での生活においてバランスを達成するための手助けをするためです。バランスは自然との関わりの中においても見出されなければなりません。地球ではデリケートな生態系に対して既に甚大なダメージが与えられてきており、それは現在も続いています。ずっと昔に金星と火星の住民たちは、自然を破壊する行為は自らをも破壊する愚かな行為であることを、手遅れにならない内に悟りました。彼らは自然を敬うようになり、やせた土壌を再生させ、都市部や村落を作る時も自然を残すようにすることから始めました。世界的な規模で見られる地球の枯渇した土壌が改善され、成長促進や害虫駆除の化学物質の使用が中止されなければ、人類は21世紀を生き延びることはできないでしょう。

若さを保つ秘訣——地球の病気のほとんどは食生活にある

他の惑星においては、病気というものは存在せず、平均寿命は何百歳にも及びますが、私たちの同胞は20代から30代前半くらいにしか見えません。これには多くの理由があります。それは精神的な姿勢から惑星の影響までさまざまです〔訳注：惑星の影響については、アダムスキーとメンジャーの双方が、地球に降り注ぐ太陽からの有害な放射線が地球人の病気や寿命に影響を与えている一因になっていると異星人から説明を受けている。太古の昔、地球の上空に厚い雲が覆っていた時代は、聖書にもあるように人々は数百歳まで生きていたが、直射日光が差すようになってから短命になっていったという。ただし双方とも、創造主の法則に従って生きることが長寿の大きな要因であると異星人から強調されている〕。

もし地球の人々が栄養についての真実を知り、それを応用すれば、あなた方も私たちと同様に素晴らしい健康を享受することが望めるでしょう。地球で知られている恐ろしい病気のほとんどは、実際には食生活が原因となっているのです。有毒で欠陥のある食物を食べながら良い健康状態を期待するのは、まるでガソリンの代わりにミルクで車を走らせようとするようなものです。病気とは、結果として生じた症状にすぎません。その原因は三層に分かれています――思考、感情、そして肉体の機能です。ネガティブな思考と感情はやがて肉体に慢性的な軽い病気として反映されます。

他の惑星の科学者たちは宇宙開発などの共同プロジェクトに従事している

金星での物体の移動はエネルギーと物体の変換器によってなされています。送信装置が物体をエネルギーに変換し、いっぽうで受信器がエネルギーを変換して物体に戻します。それ以前は浮動装置が広く使われていた時代がありました。それらが開発された時期は宇宙船の推進力に初めて磁力が使われた時代とほぼ重なっています。宇宙旅行は過去何世紀にもわたって、私たちの生活に密接に織り込まれてきています。私たちが自分たちの惑星の地表から離れる動機は、常に宇宙とその自然の法則についてより多くのことを学ぶためでした。膨大な数の科学者や専門家たちが母船と移送船の両方で乗組員として働いています。下層世界において変化というものは現実世界の根本的な要素であるため、私たちは常に何かしら新しいものごとを観察し、そこから学びつづけているのです。

他の惑星と同胞関係でいることは多くの点でとても好都合です。共通の興味や関心のある2人が協同することがどこでも見られるように、地球を除くすべての惑星は力を合わせて活動しています。私たちは他の惑星やその宇宙船の困窮時にはいつでも援助できるように準備していますし、他の惑星にあまり豊富にはない鉱物や植物を分けてあげる用意もあります。惑星間の科学者たちは共に力を合わせて、素晴らしい想像力の産物をもたらすための共同プロジェクトに従事しているのです。どの太陽系においても、カル・ナーアつまりネガティブな子供と私たちが呼ぶ惑星地球は非常に心配されています。金星の言葉で地球を呼ぶ名前の音は、ジュラタ・ジウム（Jhlata Geum）です。しばしば地球の成長はそれ自身の生存を脅かし、それは近隣の惑星にとっても同様のことになるのです。

月は昔より地球で任務を遂行するための基地となっていた

ずっと昔に月は私たちが地球で任務を遂行するための基地となりました。ここに私たちは精巧なコロニー（集団居留地）を建て、人目につかない谷間やクレーターに交通網を整えました。これらについての事実は近い将来により多く明らかになるでしょう。私たちの月面の施設の中には、母船が安全に操作でき、収容できるほどの巨大な格納庫があります〔訳注：実際にその後のNASAの写真などから、月面の谷間やクレーターの中を走るハイウェイや巨大な建造物らしきものが発見され、多くの研究者が月面の基地の存在を指摘している。またかつてアダムスキーの側近であったキャロル・ハニーに訳者が聞いた話では、アダムスキーが見せてくれた複数の極秘写真は月面のクレーターで撮影されたもので、かまぼこ型の兵舎のような建物があり、背景には人々が写っていたという。ただ写真の公開を禁じていたのが異星人か政府かについては語らなかったそうである。いっぽうメンジャーは実際に月面に降り立ったと主張し、ドーム型の建造物などの写真を公開しているが、人物や装置の撮影は許可されなかったという〕。

地球の大衆は月面の真相についてまったく事実とは異なった理解をするように意図的に導かれています。月は生命のない不毛の衛星などではなく小さな惑星であって、太陽の周囲を回る惑星と同様に精巧な構造でできているのです。地球の月にはちゃんと大気層があり、人間が生きていける場所なのです。月の表面には水、植生、微生物、昆虫そして小さな動物たちがいます〔訳注：アダムスキーもメンジャーもこれと同様のことを述べ、多くの人々から嘲笑された〕。

月面の大部分は砂漠地帯であり、気温はかなり高くなっています。けれども、私たち金星人や他の惑星から来た人たちも、環境へッドギアを装着することなく、屋外で生存することが可能です。人間の体は時間の経過とともに希薄な大気の中にも適応していけるのです〔訳注：適応には多少時間がかかるとアダムスキーも述べており、メンジャーは月面に降りる前に宇宙船内で約10日間の適応処置を受けたと語っている〕。

私は子供の頃に地球の月は人間の居住に適した場所であることを教わっただけでなく、体外離脱体験の際に実際に自分自身でそれを見ています。

宇宙船の推進原理——飛躍的なテクノロジーの鍵は自然の力に逆らわず利用すること

私たちが母船内にいた時、伯父が私の隣に腰かけて宇宙旅行についてのいくつかの秘密を語ってくれました。私たちのテクノロジーの飛躍的な成長は、自然の力に逆らうのではなく、それを利用した結果であるということでした。

私たちの宇宙船は、母船も移送船も宇宙の自然エネルギー、つまり太陽と磁力のエネルギーを使うことによって驚異的な離れ業のように見える動きをすることができます。私たちの宇宙船は重力や摩擦の影響を受けないだけではなく、途方もないスピードでの飛行もできるのです。地球上の観測者たちはレーダーの上を私たちの宇宙船が信じられない速度で通過するのを計測してきました。時速数千キロのスピードで鋭角のターンをしたり、理論的には搭乗者全員の体を衝撃でペシャンコにするはずの、ありえない加速や減速をしたりする飛行物体を彼らは目撃してきたのです。

その秘密は磁力と磁場、そして太陽光線の力の利用にあります。すべての母船内には、移送船内と同様に、中央軸もしくは丸柱のように見えるものがあります。それは母船内では見えない場所に横たわっていますが、移送船内では中央船室の床から天井へと伸びているのが見えます。この軸は宇宙船の磁気柱の役割を果たしていて、船体の周囲に磁場を作り出しています。それはすべての惑星が大気層をまとっているのと同じ状態です。ちょうど地球に北極と南極があるように、宇宙船も陽極と陰極があります。

強力な重力磁場を生み出すために必要なパワーは太陽から直接得ています。移送船では船体頂部のガラスのようなドームの下にある磁気柱の上に希少な種類のクリスタルにコーティングされたコイルが載せられています。このクリスタルは太陽エネルギーを非常に効率よく磁気エネルギーに変換します。そしてコイルの下にある固体の黄金の柱を通して必要な磁場を生成するのです。黄金は最も高性能な磁気の伝導体のひとつなのです。いったんそれがきちんと調整されれば、磁場は移送船または母船をひとつの独立した存在とします。したがって私たちの宇宙船はそれ自体が小さな惑星なのです。

惑星の影響から自由であることを無重力状態と呼びます。それとは対照的に地球の飛行機や宇宙船は地球の磁場と大気に大きく左右されてしまっているのです。飛行中、私たちの宇宙船は惑星自体とバランスを保った状態にあります。動力をオンにすると、宇宙船は無重力状態になります。惑星の地表に離発着するためには、宇宙船をほんのわずか推進させればよいだけです。大気との摩擦は、船体を取り巻く磁場と高エネルギー場によって、効果的に除去されます。それはあたかも宇宙船が惑星の重力や大気の影響が及ばない深宇宙にいるかのような状態です。

移送船内の磁気柱の極性は地表での離着陸の際は抑制されています。水平飛行や上昇・下降は船体底部にある3個の電荷を帯びた金属製の半球によって成されます。これらは磁気柱と同様に、このタイプの宇宙船に通常見られる機械構造の基本的な特徴のひとつで、この型の宇宙船にはすべて備わっている推進装置および着陸装置です。この船体下部の半球の中にも磁気柱があり電荷を帯びています。3個の半球が回転することによって、船体は別な磁力線の流れへと方向転換させられます。

宇宙船のスピードは不確かな光速というものに影響されることはなく、宇宙空間の活動によってのみ制限されます。惑星付近では過度に高い速度での飛行は非常に危険であるのです。

宇宙船がどのような激しい飛行をしていても、中にいる人は船体の動き、あるいは加速を少しも感じることはありません。私たちの宇宙船は瞬時にして停止することもできますが、それによって操縦士や乗員が体の負担を感じることもまったくありません。宇宙船の内部は微動だにしない部屋のように感じられます。これは宇宙船が外部の力からまったく自由であるからなのです。宇宙船が止まると同時に操縦士の体も止まりますので、船体の動きと連動している操縦士は何も感じないのです。

船体を取り巻くフォース・フィールド（電磁場）は空中での衝突も防いでくれます。宇宙船同士は互いにはね返り、乗客に衝撃を与えることはありません。それに比べて、地球の飛行機にはこのような防護機能はありません。私たちはまた地球で宇宙船が銃撃を受けた時には急いで逃げます。なぜなら船体のフィールドによって弾丸が相手にはね返されるからです。このことが、ある人たちには宇宙船が撃ち返してきたと誤解されてきたのです。

私たちのフォース・フィールドは隕石の衝突を防ぐとともに大気圏内の摩擦からも宇宙船を保護してくれます。母船と移送船のチタニウムの船体も防護に役立っています。これは普通のチタニウムではなく、ある放射線で処理されたチタニウムで、材質を半透明にする効果も生み出しています。ただし防護効果の大部分は周囲を取り巻くエネルギー・フィールドです。自家発電で航行しているのは母船だけです。移送船に必要なエネルギーは母船内の保守点検区域で再充電されます。移送船は長期の旅行用のものではありません。母船は宇宙空間から直接エネルギーを取り入れています。

もし地球に磁力の秘密が伝えられたら、きっと人々の生活は一新されることでしょう。想像してみて下さい。もしエネルギーが無料で利用できるようになり、磁力で推進する宇宙船を誰もが使えるようになったら、どのような変化がもたらされるでしょうか。けれども地球ではネガティブな勢力が強い支配力を持っています。各個人にさらなる力と自由を与えかねないものは何でも彼らにとっては脅威となるのです。それには至高なる神性の法則も含まれます。テクノロジーの分野では、大衆にとっては有益でも権力者にとっては不利益となる発明は、通常は非公開とされるか、もしくは壊されるか、少なくとも信用が貶められるのです。

ニコラ・テスラの偉業――彼は地球を援助するために金星からやって来た

地球は電気発明家のニコラ・テスラ〔訳注：交流電流、無線、蛍光灯などの装置の発明で知られる〕に多大な恩があります。彼がいなければ地球の文明は今日のようにはなっていなかったでしょう。

彼は一時期、トーマス・エジソンと共同で電気モーターと発電機を設計していたことがありました。ナイアガラの滝の発電システムの開発を受け持っていたのはテスラでした。70歳になるまでテスラは700以上もの発明を成し遂げています。しかしテスラは時代を先取りしすぎていました。エジソンですら彼に背を向け、自身のものよりも優れていたテスラのアイデアの評判を落とそうとしました。テスラは地球そのものから得られる無尽蔵のエネルギーを利用することにおけるパイオニア（先駆者）で、エネルギーは巨大な発電所で発生させる必要はないことを分かっていました。当時テスラが何を言わんとしているかを知っていた者たちは、彼とそのアイデアの信用を貶めることに成功し、磁力の秘密が世界中に恩恵を与えるのを防いだのです。テスラの次の言葉から私たちは彼の目指していたことが分かります。「電線のないエネルギーの応用として最も価値があるのは、飛行機を推進させることであろう……」。

彼の死後、テスラの研究施設は長年にわたって閉鎖され、彼の偉大さは人々の記憶からほとんど消え去ってしまいました。彼がかつてこの地球に存在したことを知っている人はごく少数です。そして彼が地球を援助するために金星から来たことを知っている人はさらに少数です〔訳注：訳者がオムネクに確認したところ、テスラは金星で生きた後に、転生というかたちで地球に生まれたのだという〕。

第10章

秘密のチベット寺院
――地球の世界に慣れるための交差地点

偉大なスピリチュアル都市アガム・デスで地球の粗い波動に自らを適応させる

　私たちの宇宙船はそびえ立つカシミールの頂に挟まれた渓谷の奥深くに着陸しました。船窓を通して遠くの谷間にはインドの都市の建物群の頂上が見えました。時刻は早朝で、昇り始めた朝日の陽光が急峻な山肌を明るくきらめかせていました。最初のこの光景を目にして、私は地球はとても美しいところのようだと感じました。私たちが移送船から降り立った時、私は振り返って船が木立に囲まれた高原の空き地にきちんと着陸しているのを確かめました。

　それから私たちは眼前の険しい斜面を何時間も経過したと思えるほど登り続けました。私にとって歩行は困難を極め、ほとんど耐え難いほどでした。鎧《よろい》に覆われたような感覚がずっとつきまとっていて、両脚には重苦しい痛みを感じていました。私はまだ自分の新しい体を鏡に映して見てはいませんでしたが、とてもぎこちなく感じていたので自分はグロテスクな姿をしているに違いないと思い込んでいました。周囲の丘の中腹はとても奇妙に見えました。草原のいたるところに大きな染みのような雪がかぶさっていているにもかかわらず、寒さは微塵も感じられないのです。伯父が私の質問に答えて説明してくれたところでは、ここは非常に標高の高い山なので空気がとても薄く、そのためそれほど気温が低くなくても雪が降るということでした。

　やがて前方の樹木の茂った高原の上にそびえたつ巨大な要塞が見えてきました。それは木材と石材で建造されていました。ここが物理的な世界におけるスピリチュアル都市、アガム・デスでした。山腹に伸びた石の階段の先にある木製の門と垣根が要塞をとり囲んでいました。私たちが門をくぐるとそこには草花と野菜が植えられた庭園があり、いろいろな家畜たちもいました。伯父と私と仲間の操縦士は整然とした石畳の道の上を歩いて、鉄の輪が付いた巨大な木製のドアに近づいていきました。その時ゆっくりとドアが内側に開き、フード（頭巾）を被り修道士の法衣を身にまとった男性が目の前に立っていました。彼は流れるような顎ひげをたくわえ青い瞳をした威厳のある人で、私たちに挨拶をして言いました。「お部屋がご用意できています」。彼は私たちを寝室区分に案内してくれ、疲労困憊《こんぱい》した肉体をまとっていた私はそれを大歓迎しました。

アガム・デスは惑星地球における偉大なスピリチュアル都市であり、ヨーブル・サカビというマスターが長を務めていました。アガム・デスはチベットの修道院としてはどこにでもあるようなものに見えましたが、ここには地球の最も偉大な精神世界の巨匠たちの何名かが暮らしていました。ヨーブル・サカビは自らの意思で己の肉体を不滅のものとし、人間の理解を超えた年齢を迎えている達人の1人です。彼は同じ肉体のままで5000〜6000年もの間生きているとみなされています。

何世紀も前からスペース・トラベラーたちは地球の粗い波動に自らを適応させるためにアガム・デスを訪れてきました。アガム・デスはまた地球における「黄金の英知」学院のひとつでもあり、もうひとつはチベットのカツパリ修道院です。これらの寺院では太古の教えが保持されていて、それは金星では至高なる神性の法則として昔から尊重されてきたものです。

物理的な存在としてのアガム・デスは、深黒の壁に囲まれ、石畳の床から成るひとつの巨大な四角形の建物です。照明にはロウソクが使われていて、それらはロウソク台に立てられ間隔をおいて壁に沿って配置されています。建物の真ん中は食堂になっていて、暖炉もあります。それと隣接して大聖堂のような大きな集会室があり、スピリチュアルな詠唱をする際に使用されています。門を入ってすぐのところには中庭があり、ハーブ園、野菜畑、そして花壇があり、家畜も飼われています。建物の外辺部には個別の寝室があり、部屋数は50ほどで、備え付けはとても簡素なものです。各部屋にはシングルベッドがあり、ベッド脇の小テーブルに本や個人の所有物が置かれていました。またスピリチュアル・マスターの写真もそれぞれの部屋にありました。誰かの部屋に入室するのは招かれた時のみです。

アガム・デスでの生活――地球での食事に慣れるため少しずつ添加物が加えられる

アガム・デスでは誰もが日の出とともに起床することを私は初日に教わりました。そして朝食への呼び出しベルが鳴らされることも前の晩に聞いていました。眠っていた私の耳に鐘の音が響いてきた時、庭ではおんどりが鳴いていました。私は自分用の法衣が置かれているのに気づきました。それには紐とフードが付いていて、ジャガイモ袋のような粗い繊維でできていました。またそれはサイズが私には大きすぎることにも気がつきました。

窓から外を眺めると、下界に見える山々の頂が大海原のように地平線の彼方まで広がっていて、オレンジがかったピンク色の朝空に太陽が昇り始めていました。暖かいそよ風が私の頰を撫でました。窓は石の壁に開いた四角形の穴にすぎず、両側に雨戸が取り付けてあるだけでした。私が食堂に入った時はすでにほとんどの人が席に着いていて、私は長いテーブルのひとつに着席しました。各テーブルはおよそ25人が腰掛けられました。中央のテーブルの最上席にはマスターが座り、他のテーブルの最上席には高弟たちが着いていました。

朝食は、カットしたフルーツ、お椀1杯のご飯、そしてハーブティーでした。それ以外には何もありませんでした。アガム・デスでは食事はとても簡単な行事で、1日に2回だけでした。朝食のメニューはたいてい、玄米ご飯、山で採ってきた根菜、そしてハーブティーといったもので、1日おきにカットフルーツやヨーグルトが出されました。夕食に私たちが食べていたものは、スパイスやドレッシングをかけていない生野菜サラダ、そして肉か魚が1日おきに出されました。代わりに野菜とでんぷん食品のつけ合わせとなることもありました。飲み物は毎日を通してハーブティーとフルーツジュースが出され、ときどき山羊のミルクがふるまわれることもありました。食べ物はとても淡白な味でしたが美味しかったです。

私がアガム・デスに滞在している間に、だんだんと村から調達したスパイスや他の添加物が私の食事に加えられるようになりました。そうすることで毎日少しずつ私がこれから暮らしていくアメリカでの食べ物に慣れていくように配慮されていたのです。しかし結果としては、私が最初の1年を過ごしたテネシー州とアリゾナ州では、私の体の機能は実際に私が食べたものすべてに対して猛烈な拒否反応を起こしました。アメリカの食べ物はあまりにも栄養に乏しく、加工されすぎていて、さらに有害物が多く含まれています。それはまさに悲劇的なことだと言えるでしょう。

最初の朝食をとっている時、私は伯父と彼の友人の姿が食堂に見当たらないことに気づきました。私は彼らは一緒にどこかへ出かけているのだろうと考え、たぶん宇宙船を母船に戻すための準備をしているのだろうと思っていました。食事を終えると、私には庭での雑用が与えられ、夕食のための野菜を収穫してくるように言われました。アガム・デスではどの訪問者も修道士も滞在のために日々の雑用をこなしています。このようにしてここは運営されているのです。私はその他の日には家畜に餌を与えたり、山羊の乳をしぼったりもしました。私は修道士たちとあまり会話を交わしませんでした。なぜなら彼らには不必要にしゃべってはいけないという規則があったからです。

深い思索にふける——マントラの美しい詠唱

午前中の半ばに、私は修道士たちといっしょに座って彼らが音楽の時間にさまざまな楽器を演奏するのに耳を傾けました。楽器を持たない人たちは歌を歌うように詠唱をしていました。詠唱は毎日行われていて、彼らは詠唱堂に集まって長椅子や床に座りながら唱えていました。それはとても美しい音色のようで、私はまるで忘我の境地に陥るようにうっとりとして聴いていました。修道士たちによる詠唱は毎日朝夕に行われ、毎回異なるマントラが唱えられましたが、それらはより上層の世界を経験するためのものでした。

私はアガム・デスでの生活はとてもバランスがとれていて、規則正しいものであることがすぐに分かりました。実際に生活習慣はとても厳格なものでした。来る日も来る日もあらゆることがまったく同時刻に行われていました。正午を過ぎると誰もが自由時間となり、個人的なお使いに行ったり、村を訪れたり、お昼寝をしたりして、それぞれが自分の好きなように過ごしていました。私はその時とても疲れてはいましたが、自由時間をお昼寝に使いたくはありませんでした。私はいろいろと見て回りたかったのです。私は庭を抜けて外へ出てしばらく歩き、小川のほとりに腰をおろしました。午後のレッスンの開始を告げる鐘が鳴らされた時、私は深い思索にふけっていました。

地球社会についての学び——地球人が抱く人種への偏見に戸惑う

アガム・デスに住んでいる弟子たちにとって、午後は至高なる神性の法則を学ぶレッスンの時間となっていて、私のような訪問者たちにとってはチューター（個別指導教官）から教えを受ける時間でした。私の担当教師は初日にもかかわらず非常に多岐にわたる話題に触れました。私たちはしばしの間、西洋社会の数学がどのようなもので、アメリカ合衆国の教育制度がどのようにして設けられたかについて話しました。彼は幼稚園とは何か、そしてすべての子供が5、6歳から学校へ通うことになっていることを説明してくれました。そして通知表についても教えてくれました。彼に言わせると、それはあまり良い制度ではないけれども、現時点ではそれ以上のものは望めないということでした。それは私が慣れ親しんできた教育とは異なっていました。彼はいくつかの単語やアルファベットのつづり方、そして何行かの文章の読み方を教えてくれました。これらはすべて、どちらかといえば易しく感じました。

彼は私がそれまで何度も聞かされてきたことを説明しました。それは私は後年になるまで自分の受けたスピリチュアルな教えを地球上のどこにも見つけることはできず、それらを理解する人に出会うこともないであろうということでした。

地球の人々が自分とは異なる人種の人たちに対してとる態度は、私にとって非常に違和感がありました。肌の色が濃い人種は劣っているとみなされていたのです。私はこういう考え方を受け入れるのに非常に苦労しました。高貴な種族である木星人たちを思い出していたからです。私はこのような価値観を持つ人たちと生活を共にすることで、彼らがそう思うようになった原因を理解してみようと考えました。

アガム・デスの修道士たちは自分たちの名前を公表してはいませんでした。当時はスピリチュアルな教えはとても秘教的なものであったからです。これは彼らの自己防衛のためであったのです。なぜなら村人たちの間ではインドとチベットの教えが受け入れられていたために、それらとは異なる教えに対して村人は否定的な態度を見せていたからです。私は成長するにつれて、これらのたぐいの偏見に直面することがかなり多くなりました。

さまざまなレッスン体験――アメリカでの新しい生活に思いを巡らしながら

つづく2週間の間に私は地球について多くの新しいことを学びました。時には私とチューターは自分たちの本を持って床に座ったり、または森へ出かけていってさまざまな植物や樹木や花々について学んだりしました。ハーブ園ではいろいろな種類のハーブとその効用についての説明を受け、なぜある種のものは一日の中のある時間にお茶として摂取されるのかについても教わりました。

肉体の運動には多くの日数を費やしました。歩き方、座り方、階段の上り方など、あらゆる種類の練習をしました。そのためわずか2週間で私の感じていた肉体への違和感がすべて消え、ずっとつきまとっていた鎧一式を着込んだような感覚も消えました。毎日、私は片足立ち、片足跳び、歩行、そしてランニングの練習をして体のバランスをとることを学びました。いっしょに外を歩く時は水たまりを跳び越えたり、修道士の1人に進歩の度合いを見てもらいながら木登りをしたりもしました。

アガム・デスに滞在中、私は教科ごとに分かれた5、6人の教師といっしょに学習に励みました。それぞれの分野に興味があって造詣の深い人が常に誰かしらいました。私はアメリカ合衆国の歴史を学ぶとともに、現在の状況についても教わりました。冷戦についてのことや、いかに人々が敵国からの爆撃を恐れているかについても説明がなされました。

　私が最初の先生に自分が体に非常にぎこちなさを感じていることを話すと、彼は私のために谷間の村の人々から鏡を借りてきてくれました。アガム・デスでは誰も鏡を持っていなかったのです。私はとてもワクワクしました。なぜなら私はまだ自分の新しい体を一度も見たことがなかったので、自分が思ったよりも粗野で太っていないことが分かれば、今後の私の生きる姿勢も変わってくると思えたからです。修道士たちは私に、地球の基準で言えば私は実際にかなり繊細で美しいと言ってくれました。正直に言って、私の外見は大丈夫だったので、その後はぎこちなさを感じる度合いも少なくなりました。

　アガム・デスで初めて朝から過ごした日のレッスンの後、私たちはハーブティーと、山羊の乳から作ったチーズをのせた黒パンをごちそうになりました。その後で、私たちは屋外での詠唱のために森へ出かけていきました。到着した頃には先ほど食べた食事もよく消化されていて、私たちはそこで腰をおろしました。詠唱の内容が告げられ、それがどの階層の世界から来たものであるかも説明されました。詠唱について私がただ言えるのは、それはとても気分を爽快にさせるもので、啓蒙に満ちていて、そしてとても言葉では言い表せないものだということです。私たちの意識を上層世界から地球レベルに戻すため、高弟たちは次の30分間を私たちとの質疑応答に費やしました。

　修道士たちに次に予定されていたのはレクリエーションの時間でした。そこでは体操やスポーツの教室が開かれましたが、私は参加することを許されませんでした。伯父と彼の仲間が一緒にひとつの村に歩いて行ってみようと提案してきました。伯父はこれらの村々の商店街についてすべてのことを教えてくれ、私はとても興味を持ちました。ここではあらゆる種類の手工芸品が売られていて、敷物、宝石、陶器、衣類など、いろいろなものがありました。ワクワクしてきた私は、もっと村の奥まで入って行ってすべてのものを見てみたいと思いましたが、伯父はそれは無理だろうと言いました。ここの土地の人たちは肌の色がとても深いので、私たちのような肌や髪の色が明るい者は目立ちすぎるというのが理由でした。村のいくつかは共産主義者が支配していたり、身分証明書や信用証明書の提示を求める当局者がいたりしていました。道すがら伯父はさまざまな面白い芽や植物や動物を指して説明してくれました。私が特に魅了されたのはキジと野生の孔雀でした。私たちは夕食の少し前までにアガム・デスまで戻ってきて、私は歩行の疲れを癒すために自分の部屋で休憩をとりました。自室では私はいつも金星から持ってきた植物や母からの宝石を眺めながら、これから始まるアメリカ合衆国での新しい生活に思いを巡らせていました。夕食を告げる鐘の音が沈黙を破りました。

偉大なスピリチュアル・マスター〝ヨーブル・サカビ〟の存在

アガム・デスに滞在中、私はマスターのヨーブル・サカビを3回ほど見かけました。詠唱の時間に1度、そして夕食時に2回です。マスターは彼が子供たちと呼ぶ人たちと隔週ごとに集会を開いていました。彼のほとんどの時間は、山を越えてあちこちの村落を訪れる旅や、瞑想を通じて地球や上層世界のどこかへ魂の体で訪問する教化活動に充てられていました。ヨーブル・サカビはインド人にとてもよく似ていました。彼は大きな黒い瞳と深いオリーブ色の肌をしていて、顎ひげをたくわえていました。髪はシルバーグレーでした。彼はとても寡黙な人で、いつもほほ笑みを浮かべていました。講話をする時以外に彼がスピリチュアルなことを口にすることはめったにありませんでした。夕食時にヨーブル・サカビは食物を清めて、食事をすることの目的を説きました。彼はオディン伯父さんと私と私たちの仲間を歓迎してくれ、アガム・デスへよく来てくれたと喜んでくれました。そして全修道士を代表して、私たちのアガム・デスへの訪問を光栄に思っていると言ってくれました。マスターはそれ以上のことは話しませんでした。修道士たちは誰も私たちが金星から来たことは知らなかったのです。知っていたのは私の教師たちとヨーブル・サカビだけでした。私はマスターの近くにいるのが好きでした。そばにいるだけで彼の存在そのものが私をとても良い気分にさせたのです。彼はそのような人でした。彼は食事の席に着いた時はいつも、弟子たちの栄誉として、パンを小分けして皿に盛って全員へ回していました。

地球の精神的進化に重大な責任を担うマスターたち

アガム・デスではすべての人が修道衣を身にまとっていて、いかなる人の面前であっても決してフードを脱ぎませんでした。彼らは俗世間の基準で見ればあまり美形とは言えませんでしたが、私は彼らから受ける印象とその特徴である平静さに美しさを感じていました。アガム・デスの修道士や高弟たちは、純粋な顔立ちをしたとても清らかな存在のように私には感じられました。私は彼らと同じ場所にいられたことを光栄に思いました。

アガム・デスは太古の昔からマスターたちの本拠地となっていて、彼らはみな「魂の旅」の達人であり、地球の精神的な進化における重大な責任を担っています。この古代からの科学を学ぶ弟子たちも同様にここに住んでいます。居住者はすべて男性でした。そのほとんどがインド人で、西洋人は数人だけいました。中には20歳そこそこのとても若い人たちもいましたが、年齢層は幅広く、上は5000〜6000歳にまで至っていました。私には彼らの肉体的な外見から年齢を予測することはできませんでした。ほとんどの人たちは古《いにしえ》の風格を漂わせていたからです。彼らは皆もの静かで、どうしても必要な場合以外には口をききませんでした。そして誰もが落ち着いていて、優しい声をもち、私たちのような他の惑星の住民と同じ習慣に従っていました。それは、相手が話している時はそれに口をはさまないということです。ここでは一方の人が話し終えるまでは誰も自分の話は始めませんでした。

スピリチュアルな教えを学んでいる最も新しい弟子たちは、寺院において2年間の奉仕活動をしていました。各部屋の洗い物用の桶に水を満たしたり、保守点検の補佐をしたりしているのは彼らでした。このようにして修道士たちは常に寺院に協力し、常に新しい弟子たちを迎えていたのです。最初の日の夕食後は、誰もが後片付けや掃除の手伝いをしていました。皿を洗う人、床を拭く人、そして他の人たちはテーブルをきれいにしていました。それから全員が自室に戻って読書をしたり睡眠をとるなど、私的なことをして過ごしていました。修道士の1人が私に貸してくれた地球の本の中で私が最初に読んだのは「アルプスの少女ハイジ」でした。私はそのお話が大好きになりました。

楽しい週末の余暇と修道士たちが教えてくれた歌の歌詞

毎週土曜日は、週末の2日間のための食料を集めて貯蔵小屋へ蓄えていました。そこは小さな木造小屋で、冷たい渓流の中に川をまたぐ形で建てられていました。お風呂は林の中の小さな入浴施設を使っていました。そこには大きな木製の浴槽があり、湯船の底は鋳造された鉄でできていて、下から火で温められていました。私たちはまた渓流の冷たい滝の下での入浴を選ぶこともできました。
日曜日は特にこれといった仕事はなく、食事の準備だけすれば、残りの時間は自由に過ごせました。私はお昼近くまでゆっくりと寝て、それからニワトリやひよこたちと遊びに行きました。私は腰をおろして修道士たちが聖歌を歌ったり、自分の楽器を演奏したりするのに耳を傾けていました。そして私は彼らと一緒に歌うのが大好きでした。彼らが教えてくれた歌のひとつは訳すと次のような歌詞になります。

私はずっと輝いているでしょう
たとえ太陽が照らなくとも
私はずっと幸せでいるでしょう
きょう私は幸せな魂です

きょう私は幸せな魂です
私はずっと幸せでいるでしょう
あなたも私といっしょに幸せになりませんか
私は楽しい、幸せな魂です

アガム・デスの修道士たちはいつも自分の好きな趣味に専念していました。彼らは歌うことと楽器を演奏することが大好きで、絵を描いている人たちもたくさんいましたが、彼らは自分の作品を売ったことは一度もなかったと私は思います。修道士の中には小さなハーブ園を持っている人たちや、花壇を美しく保つお手伝いをしている人たちもいました。

お天気はいつも快適なものでした。私は外に出て下界に広がる山並みと渓谷を眺めるのを楽しんでいました。空気は常に澄んで新鮮で、この世界の頂上であるこの大地の上には常に太陽が照り輝いていました。いつも私は地面を踏みしめ、目を閉じて大きく深呼吸をしていたものです。

肉体への適応――重力を学び物理的な法則に従いながらの生活

アガム・デスでのこの2週間の滞在を通して私はとても多くのことを学びました。物理的な体でもっと快適に生きられるようになりましたし、あらゆる動作が優雅にこなせるようにもなりました。日が経つにつれて、ぎこちなさや重たさを感じる度合いもどんどん減ってきました。私は重力についてもたくさん学び、安全のために物理的な法則に従いながら非常に注意深くしなければいけませんでした。私は歩行の際は常に足元の地面がしっかりとしているかを確かめなければならず、そこに障害物がないか、また自分で物を置く時はきちんと安定しているかどうかを、しっかり注意して見ていなければなりませんでした。アストラル界では私はもっとずっと気を抜いていても大丈夫でした。私がこれまでの地球での生活を通していつも何かにぶつかって怪我をしているのは、私がまだ物理的な世界の法則に決して慣れ切ってはいないからではないかと思っています。この世界では何かにぶつかると、それは痛みを伴います。心ここにあらずといった感じで歩いていてはいけないのです。ほとんどの人たちが上層世界での過去の人生を覚えていないのは良いことなのかもしれません。もし思い出してしまったら、物理的な世界での制限のある生活は耐えられないものに感じられることでしょう。

アガム・デスでの最初の数日が過ぎた頃、伯父が私にダンスを踊ってみることを提案しました。それは良いアイデアだと私も思いましたが、自分の足で歩くことに苦労したことを考えると、はたしてどうなるのだろうという心配もありました。そこで最初はスローモーションで自分の動きを練習していくと、日に日にダンスが上達してきました。私はそれがとても楽しくなりました。私が音楽に合わせて踊れるようにと、修道士たちが伯父と彼の仲間にフルートと風変わりな東洋風の弦楽器を貸してくれました。物理的な体でダンスを踊るのは不思議な体験でした。私のアストラル体がもっていた自由さはなくなってしまっていました。この物理的な世界で踊ることは遥かに制約が多いものでした。上に跳べば下に降りなければいけません。思念の力によってやや宙を漂いながら優美に踊る代わりに、ここでは肉体のバランスを保ちながらそれぞれの筋肉をコントロールしなければなりません。そして想像力ですぐに音楽を創り出す代わりに、ここでは誰かが体を使って楽器を演奏しなければいけません。そうは言っても、それは気分が引き立つような体験で、私は楽しんで踊り続けていました。

伯父は私といっしょに時間を過ごしてくれていて、ときどき物語を読んでくれたり、私が幼い頃の愉快な出来事を物語ってくれたりしました。彼は私が離れていくことが悲しいのだろうなと私は察しましたが、彼はそれを顔に出さないことにかけては達人でした。そして私がヴォニックに教わり損ねていたような質問にも答えてくれました。彼は地球では自分の思念に注意を払うように私に忠告しました。地球の人々は瞬間的に物を顕現することはなくても、考えや姿勢というものは確実に今の世界を作っているからです。私が聞いたところでは、地球の子供たちも多くの空想ゲームをして遊ぶそうですが、彼らはアストラル界の私たちのように想像したものを顕現することはできません。彼らも私たちと同じようにおままごとをしたり、着飾ったりはしますが、私たちほど精巧にはできません。

私がダンスを習っていると聞いた修道士たちは、私の雑用として食後に彼らのためにダンスを踊ってほしいと言ってきました。彼らは余興のたぐいはめったに経験したことがなく、私の踊りはスピリチュアルな志向のものであったために、彼らは大いに楽しんでくれました。これは私の大好きな雑用でした。私はより高い階層世界から来ていたために、アガム・デスの高次な精神的波動を十分に感じ取っていました。後にこのスピリチュアルな都市を離れてから何年もの間、私はここが本当に地球上に存在していたのだろうかという不思議な思いにかられることがありました。ここはむしろもっと精神的に進化した惑星のひとつに存在する都市であったように感じられたのです。もちろん、ここの存在意義は、他の階層世界の他の惑星から来る訪問者たちが地球世界に慣れるための交差点としての役割にあります。

最古の完璧な聖典『永遠の道』の深遠なる教え

地球上の人なら誰でも、私たち金星人が至高なる神性の法則と呼ぶものを学ぶことによって、内なる経路から各自の真理と英知の大部分を受け取ります。そしてその人は自らの魂の体に乗って、この惑星で最古の完璧な聖典である『永遠の道』の教えを受けるために、各層の世界にある学院の内のひとつへ向かうのです。それは地球であることもあれば、金星またはさらに上層の世界であることもあります。

通常は弟子たちはひとつの学院から次の学院へと進み、地球の弟子の場合はチベットのカツパリ修道院から始まります。そこに『永遠の道』第1巻が保管されていて、弟子たちはマスターのフッビ・クウォンツのもとで学びます。『永遠の道』第2巻はアガム・デスに保管されています。私はそこでの滞在中にそれを肉眼で見ました。それはガラスケースに入れられた巨大な書物で、見た目はとてもシンプルなものですが、スピリチュアルな者に知られている最も深遠な秘教のいくつかが記されています。そしてこれらの書物に含まれている英知を司っている、未知なる秘密のマスター9人についてのことがたくさん書かれています。第3巻はレッツにあるモスカ堂に保管されています。そして第4巻は、アストラル界のサハスラ・ダル・カンワルにある「黄金の英知」学院にあり、マスターのゴパル・ダスによって管理されています。この男性は紀元前数千年の古代エジプトに生きていた頃、地下において「魂の旅」の教えを受けた人です。『永遠の道』の追加章のいくつかはさらに続く上層世界にそれぞれ保管されていて、より進化した弟子たちによって学ばれています。他のマスターたちで私が知っていたのは、リバザー・ターズとフッビ・クウォンツで、2人とも地球でのスピリチュアルな使命のために肉体を保持していました〔訳注：オムネクは過去世において地球のアトランティス時代に生きていた頃、フッビ・クウォンツ、リバザー・ターズ、そしてゴパル・ダスから指導を受けていたという〕。

アガム・デスでの最終日――滞在の最後を飾る高貴なひととき

私たちにとってのアガム・デスでの最後の日はたいへん特別なものとなりました。私たちの一日はお茶とサワークリームの乗った蜂蜜ケーキという美味しい朝食から始まりました。お皿のご飯はハーブと鶏肉であえられていて、寺院にいる全員に対してのめったにないご馳走でした。午後には詠唱堂で特別な行事が催され、スピリチュアルな詩吟、音楽、そして歌や詠唱の会が開かれました。ある意味で、それは精神的なセミナーのようでした。なぜなら最後にはマスターのヨーブル・サカビによる短い講話があったからです。

そのメッセージは弟子たちに向けたものでしたので、彼の言葉をここで再現することは私には許されてはいません。その晩の夕食の内容に私たちは驚きました。子羊肉に玄米、そして野菜料理といったご馳走だったからです。最後は大盛りのサラダとハーブティーで締めくくりとなりました。ここでも再びヨーブル・サカビがパンを小分けにして皿に盛って皆に回しました。それは気高さに満ちたアガム・デスでの滞在の最後を飾る高貴なひとときでした。

私たちは自室に戻って荷物をまとめ、すべての修道士たちが私たちと一緒に門まで歩いて来て、お別れの挨拶をしてくれました。私たちは手を振りながら石段を降りて、歩くのはこれが最後となる樹木の茂った高原の中を抜けていきました。険しい坂道を下る私の足取りは以前よりも遥かに優雅で心地よいものに感じられ、あの見覚えのある平原まですぐに着いてしまいそうな気がしました。私たちが着陸したあの空き地です。ほどなく、私たちの宇宙船が夕暮れ前の午後の空に姿を現しました。

宇宙船に乗ってアメリカへ到着

伯父は空が薄闇に包まれるまで出発を控えていました。なぜならその時には私たちの宇宙船は夜空の星と容易に紛れるようになるからです。私たちは非常に高くまで上昇したので、下界の都市部は光のきらめきにしか見えませんでした。合衆国西部への移動には1時間もかかりませんでした。私は飛行中は空の星や地表の様子を眺めたり、船内の閃光を放つ図表を見たりと、忙しくしていました。

伯父は地球の人々についてのことや、子供が知っているようなことを私にもっと話しておこうとしていました。彼は再び私に子供たちの世界のことや、彼らの精神的な傾向や社会での位置付けについて語りました。地球の子供たちは他の惑星の子供のように自分自身で決めることを許されておらず、魂としての完全なる個の人格を認められていませんでした。

宇宙船がネバダ州に近づいてきた時、私はシーラと同じ洋服に着替えました。アガム・デスで私が身に着けていた修道衣とサンダルは伯父に渡し、彼は私の草花や宝石の入った袋を手渡してくれました。私は首に指輪のネックレスをかけました。洋服は可愛かったのですが、私はこんなに丈の短い服を着るのには慣れていませんでした。私の髪はシーラらしく櫛《くし》で整えられ、伯父がヘアクリップを正しい位置につけるのを手伝ってくれました。さらに白いソックスとエナメル革の靴を履くと、私はチャタヌーガにバスで向かう時のシーラとほとんど瓜二つのように見えました。

深夜を数時間過ぎた頃、私たちの船はネバダ州の山々と砂漠の原野の中に着陸しました。船体周囲のエネルギーフィールドが放散して、特有のブーンという音が止むまでの10分間ほど私たちは船内で待機していました。そして外へ降り立つと、近づいてくる車のヘッドライトの明かりが見えました。タイミングはパーフェクトでした！　伯父と私たちの仲間の操縦士が車から降りてきた運転手に歩み寄って握手を交わし、彼らは数分間会話をしていました。やがて私が呼ばれて行くと、運転手は私に温かくほほ笑んで、肩をポンとたたきました。伯父の地球での連絡相手はスーツにネクタイ姿で、この近くのどこかに住んでいました。彼は私たちを車でアーカンソー州まで連れて行ってくれることになっていました。

私たちは彼の自動車に乗り込み、出発しました。

初めての自動車——恐ろしい初体験

車体が道の石や窪みによって弾むたびに私は何が起こっているのか理解できずに困惑していました。このような乗り心地は初めて感じるものでした。移送船はどんな乱流の中でも、そしてどんなに過酷な操縦状況下にあっても、船内では飛行中はまったく揺れを感じていなかったからです。この自動車のようなとても小さい乗り物で移動するのは恐ろしい体験でした。ただでさえ私は自分の肉体をロボットのように感じていたのに、今やそのロボットがもうひとつの機械の中にいたのです。しかも両方ともあまり優雅な乗り心地とはいえないものでした。車の排気ガスと車内の窮屈さも私には不慣れなものでしたので、とてもいらいらした気分にさせられました。しかしおそらくすべては私の心の中で誇張されていたのでしょう。

実際のところ私たちが乗っていたその自動車は、地球の標準ではかなりの高級車であったのです。それはキャデラック・フリートウッドでした。私がこのガタピシ揺れる車に不満を訴えている間、運転手の男性は地球の古めかしい移送手段について私に説明しようとしてくれていました。これは自然のエネルギーではなく、燃料を使用しているとのことでした。それがその臭いと騒音の原因だったのです。少なくとも私の敏感な鼻と耳にとっては、それはやかましく、嫌な臭いとして感じられました。

前方にきれいな日の出が見えてきたので、私は座席の手前に座って身を乗り出して景色を楽しんでいました。すると突然、乗り物が怒りのラッパを2回鳴らして私たちに反抗し始めたのです。私は思わず叫び声をあげ、両耳をふさいで、座席の奥へ尻餅をつきました。

「どうしたの？　今のは何！」。伯父と運転手は後ろをちらっと振り向いて、恐怖で見開かれた私の目を見ると、突然に笑い出しました。「大丈夫だよ、今のはね」伯父がクスクス笑いながら言いました。

「警笛なんだ。ほかの運転手たちに警告するための音を出す装置なんだよ」。「まぁ……」私はホッとして言いました。「私はてっきり車が私たちに反抗しているのかと思ったわ」。私たちはお昼近くになるまで車を走らせ、やがて給油所に停まりました。伯父の説明によると、長い距離を走行するたびにタンクに燃料を補給しておかないと、自動車は動かなくなってしまうということでした。タンクにはそれだけの燃料しか入らなかったからです。

オディンは私を洗面所へ案内してくれました。それから彼が私に再確認させたのは、体に水分と食物を補給し続けることの必要性でした。特に水分が大切だと彼は言いました。彼によると、多くの人たちは体にふさわしい栄養素を摂るためというよりも、純粋に楽しむために食べていて、そのためにガソリンスタンドにはこんなにたくさんのスナックやソーダ水が置いてあるということでした。

あまりに強烈だったアメリカン・フードの洗礼

私は最高のアメリカン・フードのもてなしを受けることになりました。オディン伯父さんはまず私にポテトチップスを買ってくれました。それはしょっぱくて、バリバリしていて、食べた時には大きな音をたてました。次に彼らは私にソーダ水を飲ませてみたいと思っていました。私にボトルを手渡す前に、火星人と伯父が含み笑いをしているのを見て、私は彼らが何かをたくらんでいることを察知できました

〔原注：ここでオムネクは運転手が火星人であったことを初めて明かしている。さりげなく語られているのは、それが彼女にとってさほど珍しいことではないからであろう〕。それを一口飲んだとたんに、私は分かりました！　それはまるで炎が私の喉から胃へ駆け降りたようでした。それはあまりにも強烈だったため、私はほとんど息ができなくなりそうでした。私の目が大きく、さらに大きく見開かれて涙でいっぱいになるにつれて、この男たちはもうそれ以上笑いをこらえることができなくなりました。私の新しい舌の味覚芽にとってこのようなものはまったくの想定外でした。それはまるでソーダ水を生まれたばかりの赤ん坊に与えるようなものです。でもそれから私も笑い出してしまいました。伯父がまた私をまんまとからかったことに気づいたからです。

車社会の恐怖――自動車事故は非常に多くの魂の移行を引き起こしている

再び車に戻った私たちは、日が暮れるまで、まるで果てなき道のようなハイウェイを走り続けました。時おり反対車線から来る車が猛スピードですれ違っていく時に、私は非常に恐怖を感じました。どれか1台が私たちの車に衝突してしまわないかと心配だったのです。

私の恐れを察したオディンが道路を指し示して、ハイウェイの中央に描かれているラインが分離帯の役目を果たしているが、ときどき人が注意を怠っている時に確かに自動車は衝突事故を起こすこともあると説明してくれました。宇宙船とは違い、車には衝突から車体を保護してくれるバリアーは何もありませんでした。自動車事故は非常に多くの魂の移行〔訳注：肉体の死〕を引き起こしていたのです。伯父が続けて言うには、人々が楽しみのためにだけ飲むものには別の種類のものもあるということでした。

アルコール飲料とドラッグと言われる化学物質が人々の心や知覚に影響を及ぼして、ときどき事故を引き起こしていたのです。

私が最初に大型トラックを見た時は、ショックで震え上がりました。反対車線から大きな唸《うな》り声をあげた巨大なモンスターがこちらに向かってくるのを目の当たりにした時、私はあやうく心臓発作を起こしそうになりました。「あれは何⁉」私は叫び声をあげました。「あの大きなものは何なの？」。彼らは再び笑いながら、私は同じものをもっとたくさん見るだろうと言いました。オディン伯父さんの説明では、あの大きな乗り物はトラックと呼ばれているもので、補給物を運んで都市の間を行き来しているとのことでした。ひとつの都市には工場があっても、別の都市にはないこともあるので、トラックで必要とされる物資を他の都市へ供給することになり、トラックを運転する人は通貨の報酬を受けているということでした。

レストランとモーテル体験――地球生活の日常を次々と経験

私たちは時おり食事のために車を停めました。そこで私はハンバーガーやその他まったく見慣れないものを食べました。夕食にはステーキを食べ、それは良い味でした。野菜サラダも美味しかったです。しかし、調理された野菜はいつも煮すぎたり焼きすぎたりされていたので好きになれませんでした。牛の肉は最初は噛《か》みにくく感じ、歯の間に挟まったりすることもあったので、私たちは歯ブラシを買うために店の前に停車しました。伯父からは、虫歯にならないように常に歯を清潔にしておくとよいと言われました。彼はレストランについても説明してくれました。自分で料理をしたくない人たちや、旅行中の人たちは店に寄って既に用意されている料理を食べ、その代わりに彼らは何枚かの通貨を手放すことになるということでした。伯父が食べ物を注文し、ウエイトレスが彼に何かを尋ねていました。伯父は当然のことながら宇宙船から降りる前にアメリカ人の服に着替えていました。私たちの運転手は地球で暮らしている火星人で、給料の高い仕事に就いていました。なぜなら彼はとてもたくさんの通貨を持っていたからです。彼らによると、他の惑星から来た多くの人たちが地球に住んでいて仕事を持っているとのことでした。結婚している人たちはいても、自分の母星から妻を同伴してきていない限り、大部分の人は独身であるそうです。

合衆国での初日が終わりかけていた頃、私たちは睡眠をとるためにモーターロッジまたはモーテルと呼ばれるところに車を停めました。オディンによれば、ほとんどの自動車には私たちの移送船にあるような就寝用の設備はないので、人々はこのような宿泊施設を利用するということでした。部屋に泊まる代わりにここでもまた私たちは通貨を渡したのでした。伯父はこれらすべての新しい体験をそのつど私に説明してくれたので、とても助かりました。地球での暮らしについての私へのレッスンの多くは講義で学べるものではなく、経験していかなければならないものでしたので、この最初の2日間の自動車での移動は私にとって大変重要なものとなりました。

翌日の早朝、私たちはふたたび移動を再開し、伯父と彼の友人は交代しながら運転をつづけました。彼らが言うには、自動車というものは運転手が自分自身ではなく機械に全面的に頼らなくてはいけないので、操作が難しいということでした。これらの自動車はしばしば故障するので、燃料を売る場所では追加のお金を受け取る代わりに車の修理もしているのでした。

アーカンソーの街――ネガティブな波動と悪いフィーリングを感じる

2日目の午後になりかけた頃、私たちはアーカンソー州に近づいてきていました。周囲にはより多くの家屋やビルが見え始め、雰囲気は雑然としてきて、行き交う人々の数も増えてきました。人々の姿を見るたびごとに、私は彼らを好きではなくなっていきました。そして少し前までいたチベットがまるで金星のように感じられてきました。それほどまでに人々の意識に大きな隔たりがあったのです。

アガム・デスはアメリカとは似ても似つかないところであることをなぜ誰も私に教えてくれなかったのでしょうか。私は本当に自分のこれからのことが不安になりました。このような人々と一緒に暮らしていかなければならない自分が哀れに思えてきたのです。小さな市街地や街中を通り過ぎていきながら、私はそこにあるネガティブな波動を感じ取っていました。そこからは貪欲さと怒り、そして悪いオーラとフィーリングが漂ってきました。彼らの思念を感知した時、私は彼らの心の傾向のすべてに非常な違和感を覚えました。もし誰かが地球のこの一帯は下層アストラル界のようだと言ったのなら、まさにそのとおりです！　私は町全体を覆っている落ち着きのなさ、不信感、そして恐怖のフィーリングを感じ取りました。

オディン伯父さんはこれらのフィーリングの原因は通貨のせいであると説明しました。通貨によって不平等が生まれ、不信感が生じ、同様に他の大きな社会問題も多数発生しているというのです。お金がほとんどの問題の根底にあるのは、権力を求める者たちが大衆の支配とコントロールの道具としてそれを使っているからだと伯父は言いました。通貨がなければコントロールはできず、現在の社会自体も存在できないのでした。

私が目にした市町村はどこもひどくアンバランスで、無秩序で、そして清潔ではありませんでした。建築家はすべての建物の構造を四角張ったものにして、互いの上に積み重ねていたようでした。私はなぜ人々はこのような生活をしているのか理解できませんでした。なぜもっと庭園や広い空き地を設けないのでしょうか？　私は地球がこれほどまでに私の生まれ育った世界と異なっているとは想像だにしませんでした。オディン伯父さんは、地球でも庭をもっている人たちが多くいるけれど、混雑した街中では状況が違うのだと言いました。彼は農園についても語ってくれましたので、私は少し気持ちが和みました。

私は人々の中にはなぜ自分の服が清潔かどうかも、髪がきちんと整えられているかどうかも気にすることなく外を歩き回っている人たちがいるのか理解に苦しみました。彼らが自分の姿を見た時にどうしてその乱れを見過ごせるのか、私にはどうしても分かりませんでした。私にはその服装のスタイルが忌まわしいものに感じられました。どこを見渡してもまったく風情のない光景ばかりが目につきました。けれども本当に問題があったのは実際には私自身の中、私の心の態度だったのです。私はそれまで周囲の人たちに保護されてきて、まったく異なる生活を送ってきたために、この世界のことをほとんど知らなかったのです。そして当然のことながら私がここにいる理由のひとつは、哀れみの心を持つことであったのです。私は街の中をさらにもっと見て回るにつれて、自分がこのようなところでこれから生きていくのかと思うと、自分が誤った決断をしてしまったように感じ始めました。

伯父がここでは多くの白人が黒人に対して示している態度について話してくれました。それは各個人の考えというよりも、その親や祖先から引き継がれてきているものであるということでした。地球人には個人の人格というものがほとんどありませんでした。それは多くの親たちが子供を一個人として認めずに、子供に対して優越性を持って支配しているからです。言いかえれば、子供は大人と同じ思考パターンをもった付属物にすぎないのです。もし子供たちが早い時期に親元を離れるか、自立して自分自身の経験を積み重ねていきさえすれば、黒人に対する彼らの態度も（また他のさまざまな偏見も）変わることでしょう。特に南部では黒人に対する差別意識が根強いとのことでした。そして偏見を持った人々は自分たちの信じることのためには時として暴力的になることがあるので、私は警戒する必要がありました。

シーラを襲うバス事故――幼き少女と入れ替わった時

オディンがまもなく起ころうとしているバス事故について私に思い出させました。幼いシーラと入れ替わった時、私は大混乱のさなかにあっても怖がりすぎないようにしなくてはいけません。私たちが州都のリトルロックに差し掛かった時にはすでに日が暮れようとしていました。郊外に近づくにつれ、次第に雷が鳴り始めて雨が降ってきました。車は急に速度を落とし、伯父は私たちがバスに追いついたことを告げました。

レストランの前に巨大な乗り物が停車していました。私たちは少し距離を置いて車を停めました。やがてバスはどしゃぶりの雨の中を再び目的地に向けて発車しました。私の心臓が激しく鼓動を打ち鳴らし始めました。なぜなら私はこれから起きることを知っていたからです。カンジュリが予言したようにバスは衝突してしまうのです。夜の闇はますます深みを増してきました。その時、それは起きました！　バスの運転手はその前を走る車が横滑りして減速した時に、誤ってブレーキを強く踏みすぎてしまったのでしょう。一瞬のうちにバスも歩道に向かって横滑りし、雨で滑りやすくなった舗装面に乗り上げて横転し、泥の溝に激しく車体をぶつけました。

シーラはバスの運転手の背後の席にいました。そしてすべてが混沌とした中で、バスの扉がちぎれるように開き、シーラは暗闇の中に放り出されました。彼女は犠牲者の１人となったのです！　伯父は車を止めて、私を外へ降ろしました。私の手には大切なものを入れた小袋が握られていました。私たちはそこでお別れを交わしました。彼が私に最後に言ったのは、これから負傷者を救うための救助隊が送られてくるということでした。シーラの荷物は車内にあったので、私には何も必要ありませんでした。祖母の住所が書かれたメモは運転手が持っていました。なぜならシーラは保護者の同伴がない子供を手助けするトラベラーズエイドに世話されていたからです。

大混乱の中で、人々は慌てふためいて走り回り、やがてサイレンの音がだんだんと大きく響いてくると、救助隊が到着しました。運転手は溝に落ちた乗客たちを救出しようとしていて、他の乗客たちは横倒しになったバスの窓を力ずくで押し上げて、そこからはよじ登って外へ脱出していました。その間に伯父と火星人男性は車から降りて泥と藪《やぶ》の中でシーラを探しました。周囲は一面の闇に包まれて、嵐はなおも激しく続いていたため、警察は懐中電灯で負傷者や死者を見つけ出すことに苦労していました。結局、シーラの遺体は最後まで救助隊に発見されませんでしたので、私は伯父がうまく見つけてくれたであろうとただ推測できるだけでした。

その日以来、私はしばらくのあいだ伯父や私の仲間たちと会うことはありませんでした。周囲が慌しい状況であったにもかかわらず、私はとても孤独を感じ、体を震わせていました。そして私は泣いていました。それはシーラのためにです。彼女が少しも痛みを感じていなかったことを私は願いました。私は雨と雷と稲妻の中で1時間以上も立ち尽くしていました。人々は叫んだり、走り回ったりしていて、サイレンが行き交っていました。入り乱れる人々の中で、私は泥の中へ押し倒され、膝がしらを擦りむきました。そんな私の姿はまさに、事故に巻き込まれながらも幸いにして重傷を負わなかった者の1人であるかのようでした。

ようやくバスの運転手が暗闇の中から私のもとへ歩み寄ってきました。その時、そばにいた女性が声をあげました。「まあ、あなたじゃないの！　あなた私たちと一緒にバスに乗ってなかった？」。「はい……」私は緊張しながら答えました。私は彼らに自分はシーラであると言いました。彼らは私が他の負傷者たちと一緒に救急車の1台に乗るのを手伝ってくれました。傷害保険の関係で、誰もが病院での検査を受けることになっていました。けたたましくサイレンを鳴らしながら都市の中を疾走する車の中で、白い服を着た男性が私に大丈夫かと尋ねてきて、膝に包帯を巻いてくれました。病院の中で、私は黙ったまま座っていました。

第11章　地球社会での過酷な生活

シーラの家庭——マスターは私が入れ替わるタイミングを見計らっていた

シーラの母親のドナは、テネシー州の貧しい家庭に生を受けました。ドナの父親は彼女が幼い頃に病死し、7人の子供を抱えた母親はかろうじて生計を立てていました。そのような事情もあり、ドナは14歳で少し年上のデビッドと結婚しました。まもなくドナは妊娠し、シーラが産まれました。しかし2人はまだ親になるには未熟すぎ、ドナは赤ん坊の育て方が分からず、デビッドは仕事で得たお金をほとんど遊びに使ってしまっていて、家族は光熱費も払えないような生活をしていました。

やがて生後数カ月のシーラは肌から腸が透けて見えるほどに弱って、昏睡状態となり、もはや医者にも手の施しようのない状態になってしまいました。ドナは何度も何度も神に祈り、もし赤ん坊を生かしてくれたら自分はこれからは正しい生活をすると誓いました。小さなシーラは息を吹き返しました。しかしドナは決して神との約束を守りませんでした。このことで彼女は後年に多大な苦悩を味わうことになります。

そしてドナは16歳の時にデビッドと離婚し、ひとりでシーラを育てることになり、デビッドは他の女性と再婚しました。私のマスターはシーラの人生の展開を観察しながら私がシーラと入れ替わるタイミングを見計らっていました。彼はシーラが完全に成熟するまでは生きられないことは分かっていても、彼女が亡くなる正確な時間までは特定できていませんでした。17歳になったドナはシーラと同じ年頃の子供がいるエドと再婚しました。2人はドナの姉夫婦のアパートに居候し、やがて妊娠したドナは男の子を出産しました。ドナは大好きな姉と彼女の夫や子供、そして自分たち夫婦と子供たちとの生活を楽しんでいました。しかし数年後、ドナの姉とエドは駆け落ちをして家を出て、残されたのは姉の夫とドナとシーラだけでした。

19歳のドナはやがてC・Lという男性と再び結婚しますが、彼は人を惹きつける豊かな個性を持つ反面、平気で嘘をつく不誠実な人間でした。彼は酒を飲んで暴れたかと思うと、酔いが冷めると別人に戻るという不安定な性格でしたが、ドナは彼に惹かれていました。そしてドナ自身もお酒に溺れていくようになりました。C・Lは仕事も不安定で常に家族は移動を繰り返していました。ある日、酒に酔ったC・Lの暴力から母親を守ろうとしたシーラは彼に顔をはたかれ、目の周囲に真っ黒なあざができました。幼いシーラは彼を射ぬくような瞳で見つめ、なぜドナがこんなに大変な思いをしなければいけないのかと悩みました。その後、ドナは何度か夫と別れようとして逃げたもののうまくいかず、彼女は少なくともシーラにはもう少し安定した生活をさせ、きちんと学校へ行かせて友だちを作らせてあげるべきだとC・Lを説得し、シーラをドナの母親のジェーンのもとへ送ることにしました。

そして何も知らないジェーンへ宛てたドナのメモをポケットに入れたシーラは、トラベラーズエイドの保護のもとにバスに乗り込み、あのアーカンソー州リトルロックの運命の雨の夜に向けて出発したのでした。

祖母との生活——貧しい家庭の中で肉体をまとって生きる苦労を味わう

「シーラ?」玄関の扉を開け、暗闇をのぞきこむように年配の女性が声をかけてきました。ヴォニックから聞いていたとおり、シーラの祖母は病気を抱えた人で、お腹にできた腫瘍はまるで彼女を八カ月の妊婦のように見せていました。

「なぜあなたがここにいるの？　お母さんはどこ？」夜中の3時に起こされてドアの外にシーラを見つけた彼女が驚くのも無理はありません。

　私はヴォニックによって準備されたとおりに自分の状況を説明し、ドナからのメモを手渡しました。祖母は娘夫婦が自分に何の相談もなしにいきなり私を送ってきたことに混乱しながらも、私をベッドに寝かしつけてくれました。私は不安になりながらも、すぐに眠りに落ちていきました。しかし翌朝目覚めた私は、伯母のエレンが祖母に対して、私を養護施設に送るべきだと言っているのを耳にしました。祖母は生活保護を受けながらひとりで2人の男の子を育てているので、私を養育する余裕がないというのが理由でした。私は泣きながら施設へ送らないでほしいと祖母に懇願しました。祖母は伯母に向かって言いました。「私はシーラを施設には送らないわ。この子はもう十分すぎるほどつらい思いをこれまでしてきたのだから」。

　その日から、私と祖母とその2人の男の子たちとの公営住宅での生活が始まったのでした。最初の頃から、もしかしたら親戚の1人が「あなたはシーラではない！」と言うのではないかと不安になったことは一度もありませんでした。私は彼女のことを十分に知っていて容姿も似ていましたので、うまくやっていけるという自信がかなりあったからです。

　やがて祖母の病状が悪化して、とうとう入院した時にシーラの父親夫婦が突然現れて私を一時的に引き取り、親切に面倒をみてくれました。彼らにはジャニスという歳の離れた義妹がいて、私たちはとても仲良くなりました。祖母が入院中、私は意地の悪い伯母に虐待をされたこともありましたが、父が私

シーラ（左）とオムネク（右写真の右下）
「シーラと私はフランス革命の時代に双子の姉妹として生きていました。当時私は王朝への反逆者として命の危険にさらされていて、彼女は私に貧困層の救済活動を続けさせるために身代わりとなって断頭台で首を切られたのです。今生で私はバス事故で亡くなる幼いシーラと入れ替わり、２人のカルマを解消する道を選びました。私たちは今生でもよく似ていたのです」

を救い出してくれました。ある日私は父の厚意で特別に映画に連れて行ってもらえることになりました。それはＳＦ映画で、空飛ぶ円盤が着陸して人々を恐怖に陥れるというものでした。宇宙船から出てきたのは薄気味悪い光で、それが人間や車や家までも飲み込んで巨大化していくのですが、私はそれがこっけいで笑ってしまったので、ジャニスに「何がおかしいの？　これはすごく怖いのよ」といぶかしがられました。

私はどうして人々は宇宙船からこのような気味の悪い生き物が出てくると想像してしまうのか不思議に思いました。このような恐ろしい生き物は下層アストラル界にはいると思いますが、物理的な世界では私は聞いたことがありません。そして私は自分が別の惑星から来たことを決して話してはいけないという警告を思い出しました。このようなネガティブな発想をする人たちの中では、地球に来ている私の同胞たちもすぐには正体を明かさないことでしょう。しかし帰りがけにジャニスがドラキュラの映画について話してくれた時には、今度は私が震え上がりました。私にはかつてそのような恐ろしいものが実際に地球に存在したと信じるだけの十分な理由があったからです。

退院した祖母のもとへ戻った私は教会へ連れて行かれました。ヴォニックから聞いていたとおり、彼女は熱心なクリスチャンでした。しかしその教えは理解しがたいもので、まるで人が個人として生きることを難しくしているようでした。またキリストの血が人々の罪を洗い流すという言葉を私は文字通りに解釈してしまい、とても不安になりました。ただ日曜学校での歌や楽器の演奏会は楽しく、特にある青年がときどき会衆の前で歌声を披露してくれる時間が私は大好きでした。彼の名をエルビス・プレスリーと言いました〔訳注：無名時代のエルビスはテネシーにいた〕。

聖書というものは偉大な真理の言葉を含んではいますが、何世紀にもわたり何度も書き換えられてきました。「信じなさい。さもなくば地獄に堕ちますよ」という福音は、大衆を支配するために指導者が考えた恐怖の宗教です。真理を学ぶということは、魂の世界を超えた領域に存在する至高なる神と実際に会い、コミュニケーションをするという魂自身の体験なのです。

学校ではテストによる成績付けが子供たちの心に競争心という破壊的なパワーを植え付けていました。理解の遅い子は基礎学習中心のクラスへ送られました。教師たちは各生徒が自分のペースで学習を進めることを許していないようでした。私はほとんどの教科で優秀な成績を収めていましたが、特に好きだったのは図画工作、体育、そして演劇の時間でした。歴史の授業はとても退屈でした。なぜこれほど多くの人たちが、自由を求める戦争を誇りに感じているのでしょう？　子供たちは力と反逆が目標を達成するという考え方に感銘を受けているようでした。私は意見の相違を乗り越える道は他にあることを教えるべきだと常に思っていました。

夜ベッドでひとりになると、私はアリーナやオディン、そして父や金星での生活のすべてを思い出さずにはいられませんでした。ここで私がどのような役割を果たそうとも、それらを忘れ去ることは決してできませんでした。そして自分の過去を誰にも話せないのはとても悲しいことでした。シーラはとてももの静かな子でしたが、私は遠慮のない活発な性格でした。けれどもここでは私は自分がどうしていいのか分からず、何か間違ったことをしたり言ったりしてしまうことを恐れて、静かな子供になっていました。

私は後年になるまであまり人と話すことなく生きてきましたが、ときどき人々の考えていることを感じ取ることがあり、誰かが私に質問をする前にそれに答えたり、頼まれる前に買い物をしてきたりして、家族を不思議がらせていました。しかし私は自分の能力に気づかれないように警戒していました。多くの人は自分の理解を超えるものに対しては恐怖を感じ、ネガティブな反応をするからです。

私は人々の怒りやネガティブな感情に反応することはめったにありませんでした。攻撃を避ける唯一の方法はそれに反応しないことであるからです。けれども誰かが意図的に私や友人を傷つけようとした時は私は怒りました。私は子供を虐待する人たちの前に常に立ちはだかりました。そして私の心は深く傷つき、私はこの世界のすべての残虐さが理解できずに泣きました。私が最も耐えがたかったのは人々の黒人に対する偏見でした。彼らは自らの遺産を誇りに思うべきなのです。しかし幼い子供がそのような発言をしたところで理解してもらえるはずもなく、私は黒人への冒瀆《ぼうとく》に耳を閉ざしてじっと我慢していました。

祖母との生活を始めておよそ1年が過ぎたある朝、目を覚ますと私に添い寝をしながら私を見つめる大きな青い瞳がありました。それは深い愛情に溢れていました。

「あらあら、やっと目を覚ましたのね。お寝坊さん！」

「マミー！」私はそう叫んで彼女に抱きついてその喉元に顔を埋めました。それは私の地球の母親のドナでした。ドナは泣き始め、私も泣きました。私はなぜか彼女に深い親しみを感じていました。そして私がシーラではないことを彼女に気づかれることもまったく心配していませんでした。私は彼女と私が過去に多くの生涯を共にしてきたことを疑いなく確信していました。

私はその日一日を母と一緒に楽しく過ごしました。母はその後もたまに来てくれましたが、やがて来るのは年に1度ほどになりました。彼女とC・Lとの生活はさらに悪化していたのでした。母と私はいつも別れ際にはお互いの姿が見えなくなるまで泣き続けていました〔訳注：後年になってドナには真相が伝えられ、バス事故によるシーラの遺体はオディンによってきちんと処理され、肉体を離れたシーラの魂も彼によって面倒を見られたことが告げられた。ドナはオムネクを本当の娘として受け入れ、その関係は最期まで続いた〕。

10代になった頃、私は従兄弟のマールとベンが自宅で楽器の練習をするのに合わせてダンスを楽しむようになりました。リズムに乗って踊っている時だけ私は我を忘れて本当の自分――オムネクに戻っていました。私はまた近所の子供たちといっしょに外でゲームやスポーツをしたり、レモネードやクッキーを作って楽しんだりしました。私はアイデアが豊富だったこともあり、ゲームをする時はいつもリーダーになっていましたが、競争をするゲームは避けました。勝者が敗者をあざけったり、そこでケンカが起きたりすることが嫌だったのです。自分が勝者にならなくてはいけないという考え方が、この社会に蔓延していることが私には長いあいだ理解できませんでした。そのような考え方は多くの苦悩をもたらすものです。そして子供たちと接していて気がついたことは、彼らのものの見方や習慣は、自分自身の体験からでなく、直接その親たちから受け継いだものであるということでした。同時に大人たちも他人の意見に影響されやすく、誰もが互いの人生に干渉し合っていることにも気づきました。また親の名前をとって子供を名づけることは個性を奪ってしまうことにもなります。すべての名前には独特の波動があり、同じ名前の人どうしはカルマ的に関係をもつのです。

地球の食物を摂り始めて以来、私は胃痛に悩まされ、よく学校を早退していました。私の家庭が貧しかったこともあり、アンバランスな食生活の影響で私は病気がちな小さな子供で、医師からは貧血と診断されました。食事はほとんどがでんぷん食品で、生きていくために最低限必要なたんぱく質がなく、サラダもフルーツもありませんでした。さらに私はいつも裸足《はだし》で走り回っていたために、ぎょう虫にも苦しめられましたが、私を最も苦しめたのは絶えずつきまとう風邪、発熱、腫《は》れ物、ものもらい、そして胃痛でした。おそらくそれらのすべては物理的な世界に対する私の無意識の拒絶反応であったのでしょう。肉体をまとって生きるのは大変なことでした。それは常に疲労し、毎日睡眠をとらなければならず、何かにぶつければ痛みを感じ、皮膚を傷つければそこからあらゆるバクテリアが侵入して体を攻撃します。入浴、洗面、髪の手入れ、歯磨きなど、すべてのこまごまとした作業が肉体には必要でした。特に寒い季節は体の痛みが増すのでとても苦手でした。「この物理的な世界は何てみじめなところなのだろう」私はしばしばそう思っていました。けれども肉体の苦痛は、情緒的な苦しみよりは遥かに楽なものでした。

ある日、ドナからの手紙が届きました。そこには彼女とC・Lはもはや飲酒もケンカもやめて、陽光あふれるフロリダでモーテルを経営しており、すべては良い方向へ進んでいると書かれていました。そして私をしばらくそこに滞在させてくれないかという祖母へのお願い状も添えてありました。そして心をときめかせた私は、祖母の不安をよそに彼らのもとへ行くことになるのです。心の中で、私はもう祖母のもとに戻ることはないだろうと感じていました。

［訳者解説］この後、オムネクは長い悪夢のような苦難の歳月を過ごすことになる。中でも2人の継父からの性的暴行、そして母親を守るために継父を傷つけたこと等への自責による自殺未遂などは特に過酷な体験であったようである。さらにさまざまな職業（衣装モデル、看護助手、レストランのウエイトレス、有名人の集うクラブの衣装部屋係など）の経験、結婚と出産そして離婚、伯父のオディンとの再会、さらに金星の実父の死などを経験した後の1991年、進化したマスターたちからの指示により、太陽系の真相と宇宙の法則を地球の人々に伝えるために、1975年に完成させていた原稿を本として世に出す。出版者は元米国空軍所属の著名なUFO研究家であるウェンデル・スティーブンスであった。そして彼の招聘《しょうへい》により同年にアリゾナ州で開かれた国際UFO会議でスピーチをした彼女は、初めて公の場で自らの素性を語り、その後はオムネク・オネクとしての新たな人生をスタートさせ、やがてヨーロッパを中心に活動をすることになった。後に彼女はオペレーション・ピース・プログラム（地球の平和のために瞑想を捧げる運動）の推進のためのチャリティ活動をしていた2000年に、インドの国連大使から「国連会議でスピーチをしてほしい」との招聘を受けたが、残念ながら実現しなかったという。なお金星のオムネクの実父はオディンとの科学的実験の継続のために自身も物理的な体を顕現したが、途中でひどく体調を崩して亡くなったという。彼自身は自らの死は父親として娘に愛情を注げなかったカルマによるものと自覚していたという。またオムネクは健康診断のためにネバダ州の砂漠に連れて行かれ、スカウトシップで3次元の肉眼では見えない領域に運ばれて、鎮静剤のようなものを与えられ、安らいで眠っている状態で処置を受けたという。現在の彼女は4人の子供や孫たちとの間を行き来しながら穏やかな生活を送っている。

第12章

地球は金星のような次元進化を迎えることができるのか

教育の違い――個人の自由、私的な経験を重んじるシステム

人が下層世界に存在する理由はひとつだけです。それは至高神の意識的な共働者となるために経験を積んでいくことです。これはタイサニアンがずっと昔から気づいていた真実です。そしてそれは私たちの生き方にも反映されていました。新しい体験から学ぶことは各個人の生活からは切り離せないものとなっています。毎日私たちは魂としての自分自身についてより多くのことを学ぼうと努めており、多くの階層世界を探求してさらなる学びを得ていこうと励んでいます。

私たちは自分たちの経験や状況がどのような教訓をもたらそうとしているのかを注意深く観察しています。地球では、宗教が内的なスピリチュアルな生き方を指導し、教育システムが外的な物理的生活についての学習を指揮しています。チャタヌーガでの私の幼少時代には、教会と学校が私の人生の大部分を占めていました。その両方に私は失望を感じずにはいられませんでした。それらは地球の意識の状態を反映していたからです。そこには個人の自由はほとんど認められておらず、自分自身の経験から判断させようともしていませんでした。

私の母星での教育は何世紀もかけての進化の成果でした。教育も至高なる神性の法則とまったく同じように、私的な経験を非常に重んじていました。教育システムは「始まりの時」の後の新しいタイサニアン文化と手に手を取りながら共に成長してきたのです。人々が新しい生き方へと向かう過程で、組織化された教育は、お金や産業や衰退した都市部と共に置き去りにされたのでした。

大人たちが目の当たりにしたありのままの真実とは、これまで子供たちは暗記の学習しかやってきて

おらず、習ったことの大半はすぐに忘れてしまっていたということでした。それ以上に重要な気づきは、物理的な世界の人間は、魂が学ぶのと同じように、他人から教えられるのではなく、実際の人生経験を通して学ばなければならないということでした。人々が自然に回帰するにつれ、子供たちは早期から日々の生活の営みに関わっていくようになり、各家庭で自分たちの子供への教育がなされるようになりました。人々は子供たちを家庭生活の維持に協力させることを通して、生きることの基本を教える新しい方法を編み出しました。母親はおかず用の野菜を準備する際には、ひとつずつ数えながら下ごしらえをしたり皮をむいたりすることで、子供に数え方を教えていました。家庭菜園では、子供たちは野菜の収穫をまかせられ、それらの形状や成長の様子を観察し、そして料理の準備を手伝いました。このようにして、人工的な教材で教わるのではなく、じかに野菜に触れる体験をしていたのです。

遠足の時には子供たちは自然について学び、食べられる植物とそうでないものの見分け方を教わりました。特別な機会には、小グループの子供たちが宇宙空間に連れていかれ、惑星や宇宙について学習しました。自宅では、動物の世話や家の掃除をするだけでなく、週に1度は家族の食事の準備を担当することもありました。教養や文化が忘れられていたわけではありません。子供たちはその日一日を通して見たものや出会った人々についてのレポートを提出するように勧められると同時に、学んだことをもとに詩や歌を創作するように常に奨励されていました。ダンス、絵画、演劇、そしてその他あらゆる種類の工芸が幼い子供にも大人にも人気の趣味となっていました。芸術を通して自らの個性を表現することは日々の生活に不可欠な要素となり、今日に至っています。

また子供たちにとりわけ人気のある特別な遊びがありました。皆で集まって即興劇を演じるゲームです。それぞれの子供が順番にあるキャラクターと状況設定を自分で考え出して、別の子がそのアイデアを演技したり、歌ったり、または踊ったりしました。このゲームは一晩中繰り広げられ、どの子供にもアイデアを創造してそれを演じる役割が交代で与えられました。このようにして子供たちは物語や詩など、個人の才能が導くままに何でも素早く考えて創造することを学んでいたのです。非常に幼い頃から彼らはいろいろな方法で自らを表現することを覚え、同時にそれを楽しむ経験をしていました。

夜になると、各々の家では家族の皆が集まって、30分ほどの静寂な時間をもちます。そこでは心と体をリラックスさせてスピリチュアルな体験をするのです。これは私が先にも述べた「学習の時間」と言われるもので、精神的なことに捧げる時間帯なのです。

人々の理解が深まるにつれ、彼らはひとつのことに気づきました。それはもし子供たちに、自分なりのものの見方を養うための独自の経験を積む自由が与えられれば、彼らは親のレプリカ（複製品）ではない一人の個人となることができるであろうということです。そして適正なガイダンスと訓練を受けることで、その子は自分自身の価値判断をもって自然に成長していくことでしょう。勉強にあまり関心を示さない子供がそれを強制されることはありませんでした。彼らは自分がその気持ちになった時に私たちの文化の基礎を学び始めることが許されているのです。そうは言っても、すべての学習用ゲームはとても興味深く楽しいものでしたので、大部分の子供たちが勉強に取り組んでいました。どの子供も、学びながら成長しようとする自身の自然な欲求を自覚していました。

金星の子供たちは基礎的なことの大半を家庭で学び、どの親も学習のプロセスに関わっていました。

そこでは家庭が生活の中心になっていたので、これはとても自然なことだったのです。金星の人々がアストラル界に移行してからも、当然のことながら彼らの教育へのアプローチは変わることなく続けられていました。私の人生の最初の数年間に、アリーナ伯母さんは多くの役立つ基礎教育を授けてくれました。私が教わった最も大切な考え方は、アストラル界において成熟した市民となることについてのものでした。私たちは無限のパワーを持っていましたので、多くの訓練が必要だったのです。私が物を顕現させる方法を覚えていく過程で彼女はガイド役を務めてくれました。しかし彼女はいつも私に、教えてもらうことに頼るのではなく、自分自身で学び取っていく姿勢を身につけさせようとしました。

アストラル界においても物質的な世界においても、私が幼児期から蓄えてきた知識のほとんどは、自分自身の個人的な経験によってもたらされたものです。私はとても幼い頃に金星のアルファベットと言語、そして数式を教わりました。さらにアリーナ伯母さんは私の質問や興味の内容に合わせて学習を進めてくれました。毎日午後になると私は伯母といっしょに座って絵画や彫刻などの図画工作を習いました。植物の世界はとりわけ私の興味をひきました。私は植物が大好きなのです！　私はハーブの薬効や毎日の生活での利用法について教わりました。私はありとあらゆることを習ったので、それを地球の皆さんと分かち合うためにもう1冊本が書けるほどです。私の関心の範囲は、たとえば衣服のスタイルから歴史、そして人間の本質に至るまで幅広いものでした。私は批判的にならずに多くの人たちと仲良くなれる心構えを身につけました。

学芸院での自由な創造――誰もがやがてマスターになることが可能

成長するにつれて私はほぼ毎日、チュートニアの都市を訪問するようになりました。学芸院では私たちは授業を受けることはなく、それぞれの分野の熟練者たちのガイダンスに従って自分で体験をしていきました。学芸院の中で最も大きいのは芸術学院で、そこは子供にも大人にも人気がありました。毎朝5、6人のマスターが芸術学院にやってきて、生徒たちを指導していました。

私たちのほとんどは中央の円形ホールの床の上にあぐらをかいて座り、材料を自分の前において作業をしていました。通常、マスターは生徒たちに見本を見せることから始め、使用されるさまざまな材料や、いろいろな効果を生み出す道具を紹介します。ただしその分野の芸術の歴史や、誰が道具を創り出したかなどについての説明は省略されました。それらは歴史の先生たちに任されていたのです。ここで目指すところは、生徒が他人の模倣をすることなく、自分独自のスタイルを見出すことにありました。そうして皆が作業に取り掛かり、試行錯誤を繰り返しながら新しい発見をしていくのでした。

やや怠け者の生徒たちはマスターに手取り足取り教えてもらおうとしていました。手助けが必要な生徒のためにマスターはいつでもそこにいたのです。このようにしてそれぞれの生徒は、絵画であろうと織物や木彫りであろうと、自分のペースで習い事をしていたのです。そして各人が自分独自のスタイルを用いて個性溢れる芸術作品を創造していました。その他の学芸院でも同じように進められていました。ひとつの芸術を習得するために多くの年月を費やすか、もしくはいくつかの基礎テクニックを身につけるために数日だけ費やすかの選択は生徒たちの自由です。各個人は一定の技能を会得した後は、少なくとも1日は仲間の生徒たちを導いてあげるように奨励されています。誰もがやがてはマスターになることが可能なのです。

私たちはある程度の習熟度に達した時点で、全村民のために一般公開の展覧会を催す企画を担当することになっていました。地球の芸術作品と比較して、学芸院で展示されていた創作物はさらに素敵なものに見えました。なぜならアストラル界においての限界は純粋な想像力のみであるからです。私たちの文化において伝統となっているのは、マスターの域に近づいた個人は、今度は今までには存在しなかった何かを創造しようと試みることです。このようにして、私たちは芸術や科学の分野に絶えず何か新しいものや異なったものを加えているのです。

金星で使用されたロボットの悲劇的な教訓

子供時代のいろいろな時期に私は数学、歴史、宗教、園芸、そして生物学の学芸院で勉強をしました。生物学の学院では、いかにして生物が基礎的な生命要素から創造されていったかを見せてもらいました。またどのようにしてヒューマノイド（人間型ロボット）が創造されたかも示されました。これらは金星の歴史の一時期にロボットとして使用されました。しかし人々は悲劇的な教訓を通してこれが良いアイデアではなかったことを思い知らされました。なぜなら、ヒューマノイドはアストラル界の奇怪な存在たちに乗り移られてコントロールされてしまう可能性があったからです（当時は金星の生命は物理的な世界にありました）。

生物学の学院では生命の深遠な秘密や、あらゆる形態の生命が創造された方法を教えてくれました。

その秘密とは、生命そのものの起源は物理的な宇宙を超えた次元にあるということです。生命が実際に物理的な形態の中に入っていく様子が巨大な拡大スクリーンに映し出されました。学院で教えられている多くのことは、現在地球上で教えられて高く評価されている理論を根底から崩してしまうでしょう。この学院での体験は私にとって非常に有意義なものでしたので、一時は本気で医師として自分の生涯を捧げようかと考えたほどです。

科学は9進法――地球よりも進化した惑星にゼロという概念はない

数学の学院への滞在は短期間で終わりました。それはピラミッド型の建物で、地上にも地下にも多くの階層がありました。ここで私は9進法（9進位取り記数法）をさらに学ぶつもりでしたが、覚えなくてはいけないことがあまりに多かったので、次第に興味が失せていきました。学院ではもちろんすべての記数法や他の多くの数学の項目を教えていました。

ところで、私は地球の小学校で引き算を習った際にとても戸惑いました。1から1を引いたものがゼロになるという先生の説明が非常に奇妙だと思ったのです。物を取り除くことはできても、それ自体をなくすことはできないからです。それは自然の法則に反しています。私たちにできるのは物を変化させることだけです。私はこのことを小学校の先生に質問したところ、逆に怒らせてしまったので、それ以降は二度と質問はしませんでした。私はまた地球の10進法についても理解に苦しみました。地球よりも進化した惑星ではゼロという概念は存在しません。自然の法則に従えば、すべての中で9進法が最もふさわしいのです。

ちなみに、地球の政府が墜落した空飛ぶ円盤を長年にわたって調査したところ、それらの寸法は9進法で設計されていることが分かったと言います。

タイムマシーンで過去と未来へ――ある惑星の未来

歴史学院では金星の過去だけでなく、私たちの太陽系や、宇宙旅行者たちが発見したすべての惑星のことも教えていました。私は自分が地球で再び生きていくことになるかもしれないことを知っていたので、この機会にこの惑星についてできるだけ多く学んでおきたいと思っていました。学院で教わったすべてのことは私の魂が記憶しています。

私はまた自分が多くの人生を地球上で送ってきたことを知っていたので、この惑星に興味がありました。私が大好きな時代と地域は古代エジプトでした。音楽やダンスを愛する私の生来のフィーリングはこの偉大な文明帝国での過去世から来ています。その時代以来、踊りは私のすべての転生において人生の一部となっていました。ダンスの経験の積み重ねは今やそのすべてが魂のレベルに保存されるまでの域に達しました。私はまたメロディが次にどのように流れていくかが常に前もって分かるようになる能力も開発し、これは創作ダンスをする際には非常に大きな助けとなりました。

歴史学院は私の大好きな学び場のひとつでした。なぜならそこでは過去をよみがえらせてくれたからです。建物のメインホールはタイムマシーンになっていたのです！　そこは真っ暗な部屋で、皆で部屋の真ん中に座ります。コントロールパネルに日付、惑星、そして正確な場所を入力します。すると何の前触れもなく部屋の壁と暗闇が消え失せて、私たちはそこにいるのです。つまり実際の過去を眺めているのです。

けれども私たちはアストラル体をまとって生きていながら、物理的な世界を見ているのですから、私たちはまるで物理的には死んだような状態で風景を眺めているのです。その過去の時間の中に生きている人たちの中でサイキックな透視能力を持っている人は、私たちを幽霊としてとらえるでしょう。けれども私たちにとっては、これは本当に現実的な体験なのです。そこではすべてが私たちの体を通り抜けていくことに気づくまでは、私たちはとても怖い思いをしていました。誰かが私をめがけて歩いてきても、後ずさりしたり道を空けたりする必要がないことを私は理解する必要があったのです。

私は有史以前の金星を訪れてみました。それは奇妙な巨大な獣たちと多雨林が存在する時代で、地球の恐竜時代と似た時代であるとのことでした。私はこの旅を魅惑的だとは思いましたが、少し怖かったです。とても不気味な感じがしたからです。

それから私は未来へ行ってみました。そこは人類がすべてを機械でコントロールしている時代でした。すべてはオートマチック（自動制御）でした。風景は奇妙なほど荒廃した感じで、それは都市部も個々の家々も同じでした。ボタンを押すと、小さく凝縮された立方体のディナーが出てきました。この時代の文化の中で最も恐ろしいタブーは、どんなかたちでも絶対に人は他人の体に触れてはいけないということでした。これは不潔で危険な行為とみなされていました。なぜなら病原菌がうつる可能性があるからです。

子供を授かるためには、男性の精子が試験管に入れられ、女性の体内に注入されます。幼児たちは機械によって保育され、24時間の完全管理の中、食事を与えられ、おむつを替えられ、教育用の玩具を提供され、そして壁に組み込まれたスクリーンで教育されていました。彼らには愛情以外のすべてが与えられていました。

私はこれらすべての光景にぎょっとさせられ、心を乱されました。学院のガイドの説明によると、この時代は（地球時間で言えば）50年ほど続くということでした。人々は互いに触れ合うことが許されていないために、情緒的な感情は憎しみへと化し、あちこちで殺し合いが起きたのです。この惑星は金星ではありませんでしたが、この太陽系の中のある惑星でした。私はその名前は言わないでおきます。

混迷する地球の宗教――精神的にまだ未成熟で初期の発達段階

金星での子供時代に、私は至高なる神の広大な世界について、物理的な世界から上層のスピリチュアルな世界に至るまで多くのことを学びました。私の役割は至高なる神性の法則の内容の多くを地球に紹介することではありません。その教えはかつて隠れた場所に保管されて以来、現在もスピリチュアルなマスターたちによって安全に守られています。これらの純粋な精神的作品は一冊の本に収めるにはあまりにも広大で深遠なものなのです。

その代わりに私は自分がタイサニアで触れた教えを紹介し、それらが地球のどこで見出せるかをお伝えしたいと思います。タイサニアには惑星としてひとつだけのスピリチュアルな教え（あなた方はそれを宗教と呼ぶかもしれませんが）があります。地球には混乱するほど多くの宗教、精神的な道、秘教、そして形而上学のグループがあります。私の伯母は、私がこれらの状況に十分に対応していけるように準備をさせてくれました。これらの起源に関するレッスンは私にとって最も価値あるもののひとつでした。地球にこれほど多くの相反する宗教や精神的な道がある理由は、人々が精神的に未成熟で、まだ初期の発達段階であるからです。歴史を通して見れば、発達を続ける惑星はどこも似たような問題を過去に経験してきています。

本当のことを言えば、これらの精神的な道の中には、至高なる神によって確立されたものはほとんどありません。さらにそのごく少数のものですら、実際には同じ教えに異なった名称を与えたものにすぎません。

地球の宗教の歴史を振り返ってみると、宗教やその他のスピリチュアルな教えはそれぞれ特定の精神的指導者や個人によって創始され、その教義はその人物の肉体的な死後もその弟子たちによって引き継がれてきています。そのような人物として私たちの多くに今現在も知られているのは、イエス・キリスト、釈迦、ムハンマド、クリシュナ、その他大勢います。ほとんどの場合に起きていたことは、彼らは一度ならずとも体外離脱体験をして上層世界に到達していたのです。アストラル、コーザル、またはメンタルなどの下層世界のみに達していた場合も、そこで偉大な英知を授かり、その後は熱烈な使命感を持って人々にメッセージを伝えようとしたのです。それは救いの福音であったり、社会的な福音であったりしたでしょうが、いずれにせよ、それらのすべては上層世界との接触がきっかけで生まれたものなのです。物理的な世界では、そこから新しい宗教が誕生して栄えていくのです。

各宗教の弟子たちが犯す、魂としての基本的な過ち

各宗教の信奉者たちは、その後の何世紀にもわたって魂として非常に基本的な誤りを犯しています。

彼らは創始者の歩んだとおりを真似ようとして、追体験をしようとしているのです。それは他の人が体外離脱体験によって上層世界で受け取ったものと同じ英知と悟りを得ようとすることです。やがて、ある信者たちはさまざまな信念や方法に基づいて独自の悟りを得ます。するとその成功に基づいて枝分かれしたグループや分派が形成されていきます。これらすべては個人にとってどのように役立つのでしょうか？　それは各人をさらなる遵奉者にし、外部の力の奴隷にしてしまうのです。

各個人は自分自身の真理と直接の体験を求めなければなりません。いわゆるスピリチュアルな偉人たちはそのようにしてきたのです。それぞれの魂は独自の存在なのですから、一個人が別の人の探求方法や教えに従いながら同じ成果を期待することはできないのです。各人は、精神的に開花していくにつれて、自分に合ったやり方での独自の体外離脱体験を求めるようになっていくでしょう。そして各個人は、肉体の死を迎える前に、現在いる世界を超えた天界はどのようになっているのかを学び、スピリチュアルな偉人となれるのです。

多くの人々は、あるレベルの宗教や多種の精神的な道の説く教えを必要としています。これらの教義は良からぬものと見なされるべきではありません。一人ひとりの魂は、より高次の真理を理解するための基礎知識として、さまざまな伝統的な宗教、新興宗教、そして哲学を求めているのです。それらの教えは通過点なのです。

スピリチュアルなエッセンスは個々の内にある光明と音の中に

つねに忘れてはならないのは、物理的世界、アストラル界、コーザル界、そしてメンタル界はネガティブな性質によって営まれているということです。ほとんどの宗教や精神的な道はその世界の代理人によって助長されています。

道を求める真摯な生徒は、自分自身の真実を求めるように努めなければいけません。それは下層世界を超えた次元から発しているものですから、常に変わることがないのです。

物理的な世界にいるカル（ネガティブなエネルギー）の代理人がメンタル界にまで達しているのと同様に、至高なる神の代理人もいるのです。個人はやがてこれらの第三者をあてにすることよりも、自身の内的体験に頼ることを学ぶようになります。真実の教えが常に説いているのは、至高なる存在のスピリチュアルなエッセンスは個々の内にある光明の中に見出され、内なる音の中に聴き取られるものであるということです。とりわけ音が重要です。なぜなら魂は、家路を示す光線のように、音の流れを利用して真実のスピリチュアルな世界へと到達しようとするからです。

私が訪れようとしている現在の地球では、至高なる神性の法則が表立って教えられていないことを聞いて、私は二の足を踏んでしまいました。それが私が地球へ行くことをやめようかと思った理由でした。けれども、いっぽうで自分のカルマのことも心の中にありましたので、私は逆の選択をしたのです。私の使命の一部は、あなた方の中で真実を求めている人たちが本当の現実に目覚めるための手助けをすることです。その人たちのためにだけ、この本は用意されたのです。

人生の計画を知ること――起こることすべてを受け入れ、やりこなしてゆく

物理的な世界よりも上層階層にいる金星や他の場所の人々はとても有利な立場にいます。彼らは転生

した際に、物質から成る新しい肉体や脳を扱ったり、物理的に誕生するショックを受ける必要がないので、魂の持つ過去世の記憶が大きく影響を受けたり潜在意識に埋もれてしまうことがないのです。

さらに物理的な世界では言葉を覚えなければならず、多くの感情的なあつれきにもさらされます。だからこそ物理的な存在はとても価値のあるものなのです。魂はそこでの何千回もの人生を通して、より高い階層へ進むために必要な準備をするのです。ですからできる限り多くのことを学ぶように努めなければなりません。私たちがすべてを知ることは永遠にないのです。

私たちは誰もが生まれてくる前に自分の人生を選んできています。地球の人たちの多くはそのことを知らず、自分が学習すべきことに抵抗しながら多くの時間を費やしています。人生に起こることを何でも受け入れ、やりこなしていくようにすれば、学習のペースも速まり、自分自身や人生についてより深い理解を得られるようになるのです。

どの魂も創造の瞬間から自由意思を与えられています。私たちの誰もが前もって自分の今生でのサイクルと期間を選び、いつどこで人生を始めるか、暮らす環境やかかる病気など、自分の望む経験を選び、生涯の目標や他の存在たちとのカルマ的な関わりを知った上で転生してきています。しかしながら物理的な世界では、強い感情や物理的な学習プロセスに遭遇するために、前世の記憶や自身の選択の大半を忘れてしまいます。もし親や保護者が子供に対して、それぞれがさまざまな理由で自ら選択して生まれてきたことを思い出させれば、子供たちがその記憶を呼び起こし、前途に待ち受ける人生をおまかに予期することが容易になることでしょう。

私は過去世において人生を共にした魂たちを覚えています。私が出会う相手を見る時は、他の人たちとは違った見方をします。私はまず人を魂として見ます。目は魂の生き写し、その人の魂の鏡なのです！　いかなる魂も創造の瞬間から個人であるのです。これは瞳を通して映し出されているのです。

次元移行の荘厳な儀式――神殿にゲートウェイを出現させる

金星にはある儀式のための特別な神殿があります。その外観は淡く光る水晶のように見えます。建物の内部へと通じる3つの階段があり、それらは人間の意識の3つの状態を象徴しています。最初の段は人間の因《いん》の性質を表し、2段目は精神のプロセス、3段目はスピリチュアルな発達を表していて、それは時に試練とも呼ばれます。

そしてさらに3つのアーチ状の入り口があり、中央はこれから他の階層世界へ移行する人のため、左側は儀式に参加するすべての金星人のため、そして右側はスピリチュアルな教師と高次のマスターたちのための入り口となっています。

最初に建物内に入ると、そこはまばゆいばかりの光の輝きに満たされているために、目が慣れるまでしばしの時間を要します。そして部屋の中央に隆起した四角い黄金の壇が目に入り、壇上へと導く7段の黄金の階段も見えます。7つの段は至高なる神性の法則を表しています。儀式に参加するためには、その法則のもとに生きて十分に進化を遂げていなければなりません。

壇の周囲には、淡く光る真紅の水晶でできた円周15メートルほどの大きな輪があります。さらに壇を取り囲む30センチほどの金色の帯の間には60センチくらいの純白の水晶の帯があります。この帯の円は3列のベンチに囲まれていて、各々の列は4人掛けになっています。金色の帯の外側、つまり壇の端には黄道宮のシンボルが見えます。地球のものに似たシンボルもあれば、さらに太古のものもあります。

壇の上方にはドーム型の大きな丸天井があり、さまざまな色あいの水晶の光に照らされています。それらは各黄道宮のシンボルを表しています。地球では12宮ですが、金星は13宮です。また金星の黄道宮は地球のような動物のシンボルではなく、数のシンボルとなっており、それは惑星を司るエネルギーの象徴なのです。

建物に入った金星人たちは完全に沈黙しています。誰もが座ったまま深い瞑想状態にあり、壇から上昇させるために自らのエネルギーを1カ所に集中させています。その時、かすかな歌声の音色が聞こえ、増大したエネルギーを感じることができます。そして13個の水晶の明かりが輝きを増し、立方体のような壇の上を照らし出すことに気づくでしょう。

さらに円の周りに座った一人ひとりの金星人から光線が発せられるのが見えます。彼らは移行のためのゲートウェイを出現させるために、集中によってエネルギーを発生させるのです。そのとき聞こえている音が、立方体を照らす極彩色の光線と共にさらに大きくなるにつれ、壇上にさまざまな彩りの炎が現れるのを目にするでしょう。その炎の高さが3メートルほどに達しようとした時、まさに移行を始める人を見ることになります。ゆっくりと、そして大いなる優美さと威厳を湛えながら、彼または彼女は階段へと近づいていき、炎の中へと歩を進めていきます。そしてゆっくりと、炎と彩光の脈動が音と共に静まっていきます。

静寂のうちに神殿から歩いて出て行く金星人たちの表情は喜びとインスピレーションに満たされています。こうして儀式は終了します。これはアストラル界の金星を超越しようとしている個人のために繰り返し行われるのです。

バイブレーションが変化し、惑星地球はいま変容を迎えている

かつて金星では、人々の意識や考え方、そして日々の暮らし方が変わっていくにつれてバイブレーションが変化し、惑星社会全体が物理的なレベルからアストラル・レベルへ移行していきました。その変容はとてもゆっくりとしたものでしたが、金星の人たちは何が起こっているかに気づいていたので、ひとつの都市レッツをドームで覆って保存し、そこを通じて物理的世界へ入り込める機能を持たせ、地球の人々の意識を高める手助けをつづけていこうとしたのです。

アストラル界、コーザル界、メンタル界などはすべて物理的な世界と同時に存在し、私たちの太陽系の惑星も物理的世界と他の次元にまたがって（クロスオーバーして）存在していますが、物理的な感覚で上層世界に触れることはできません。この広大な宇宙は多次元の並行世界となっているのです。

今、地球はかつての金星と同じような変容の時を迎えています〔訳注：オムネク自身は、金星以外の火星、土星、木星などの惑星がどのような変容のプロセスをたどったかについて具体的なことまでは知らないという〕。

地球の人々の意識がしだいに変化し、より高いレベルへと向かっています。もしこの状態がこのままつづき、スピリチュアルな発展を遂げていけば、まさに金星で起こったものと同じ変容が地球でも起こるのでしょう。ただそれは劇的な変化ではなく、非常にゆるやかなプロセスです。とても自然なものであるため、多くの人々は自分たちが移行の過程にあることにほとんど気づいていません。

あなたが瞑想をしたり祈りを捧げたりする時は、穏やかで調和した変容のプロセスをイメージするこ

とにエネルギーを注いで下さい。それが地球の周波数を高めるためにあなたができることなのです。

そして多くの人々が意識レベルを向上させた時、私たちは進化したテクノロジーを地球に提供するつもりです。そうすることで、地球の人々も他の惑星を訪問することが可能になり、別の種族を攻撃するためではなく、太陽系の惑星の探査のために宇宙空間へと旅立つことになるでしょう。

しかしその時が来るまでは、私たち金星人や他の惑星の兄弟姉妹たちは、太古の昔からずっとそうしてきたように、地球が他の太陽系の異星人たちからいかなる種類の危害も受けないように守り続けていきます。地球上のすべての種族がお互いを尊敬し合い、国や民族の違いに関係なく、人類としてのひとつの意識にまとまる時、皆さんは本来享受できるはずの広大な、そしてシンプルで優美な人生を送ることができるのです。

ずっと求めていた　永遠に住まう家
毎夜の夢で訪れて　夜明けの光に戻りくる
土の籠に住まう魂　それが私、そしてあなた
ここで生き、ここで学ぶ　未来に自由を得るために

——オムネク・オネク

第13章

隠されたナザレのイエスの真実

イエス・キリストについての真実の物語は、私を最も魅了するものです。金星に住む私の伯母から聞いたとおりのお話をこれからお伝えすることにします。これは私が金星の学芸院で地球の歴史を学んだ際に聞いた実話と同じ内容です。

はじめに申し上げますが、私はこれをお話しすることによって、いかなる宗教や教義であれ、それらの信用をおとしめたり、批判したりする意図はありません。どうか皆さんなりに受け止めて、ご自由にご自身の人生に活かして下さい〔訳注：キリスト教信者の多い欧米の出版社はこの章を書籍に含めるのを敬遠した〕。

聖書の時代と宇宙から来た天使たち——闇の権力者たちに隠蔽されてきた正史

地球の文化はまだ若く、多くの浮き沈みに満ちています。聖書の時代に空に認められていた宇宙船は、今日のUFOと同じくらい多くの人に知られていました。昔も宇宙旅行者たちは地球の発展のようすを観察するために度々訪れていたのです。地球の最初の植民者の子孫たちは、自然の力を身につけたマスターとなるよりも、非常に怯《おび》えた人々となってしまいました。彼らは遺伝子操作によって自らの遺産とそれまで持っていた能力を喪失させられていて、もはや他の次元にいる祖先たちとコミュニケーションを取ることも、アセンデッド・マスター〔訳注：高次に進化した大師〕とコンタクトすることもできなくなっていました。彼らは宇宙について、神について、そして自分たち自身についての最も基本的な真理に無知であったのです。

肉体の生存と安楽が最優先の関心事で、最も恐れていたのは死でした。偶像や神像が生活のすべてを支配し、生《い》け贄《にえ》の儀式は日常的に行われていました。指導権を手にして安逸な暮らしを送ることを目論《もくろ》んだ聖職者たちは、民衆を支配するために宗教を作り上げました。人々をコントロールするのに欠かせない道具は、規律と儀式、そして恐怖心の植え付けでした。大衆のために、制約の多い教義によって制約の多い生活がもたらされました。

この時代に向けて、ある偉大な魂が誕生しました。イエス・キリストという名で知られているこの男性は、すべての地球の歴史を通じて、最も論議をかもしだし、誤解されてきた人物です。

地球に生まれ変わってくる前は、彼は金星のマスターでした。彼はユダヤの民を導くために、地球人の体に魂として生まれ変わってきました。彼はこの民族に親しみを感じていたのです。彼は自身の過去世の中で最も大きな影響力を発揮していた時代にユダヤ民族と共にいましたが、彼らを無知へと導いてしまった者たちの1人でした。その後に精神的に高く進化を遂げた彼の魂は、スピリチュアルな教師として再び同じ民族の中に生を受け、彼らを精神的に導くことによって自らのカルマの清算をしようと決意したのでした。

彼の誕生のいきさつには、惑星間の同胞関係も大きくかかわっていました。宇宙からの訪問者たちは地球で起きていることを見ながら関与を始めていきました。火星人たちは、しばらくのあいだメキシコと南アメリカに滞在しながらインカの民に影響を与えました。火星人は素晴らしい教えをもたらしました。彼らは偉大な力と英知をもって天国から降りてきた存在として、翼を持った神々または太陽神としても知られていました。

エルサレムやその民が住む土地では、宇宙から来た訪問者たちはエンジェルと呼ばれていました。それは天の使いという意味です。宇宙船で地上に降り立ち、常に白いローブを身にまとい、穏やかな天使のような顔立ちをした人たちをほかにどのように呼べばよかったというのでしょう？　当時の人々は空から来たこの存在たちを神聖なものと思い込んだのです。そのため、聖書の歴史は神や天使との遭遇の物語に満ちていて、彼らの宇宙船も頻繁に「火の玉」、「輪の中の輪」などと描《つたな》く描写されているのです。

当時の人々は進んだテクノロジーについて何も知らず、それをどのように受け止めてよいかも分からなかったので、それらの未知のものは通常は宗教やスピリチュアルな領域に分類されていたのでした。もし地球の聖典が一般の人たちが検証できるような情報をもっと書き記していれば、伝説的存在である「東方の三賢者」〔訳注：イエスの誕生時にやってきて拝んだとされる人たち〕が実在したことを知ってあなた方は驚くことでしょう。彼らが誰であり、どこを代表して来ていて、そしてどのようにして正確な場所と時間を突き止めて現れたのかが、はっきりするからです。あなた方の聖書に記されているこれらの出来事の背景には、偉大な真実があるのですが、その多くは意図的に書き控えられているか、わざと翻訳されずに残されているのです。それは地球の社会体制を作り上げて機能させている少数の地球人たちが大衆のコントロールを維持するために行ってきたことなのです。

他の階層世界や惑星にいるあなた方の兄弟姉妹たちは、自分たちのカルマを清算するための経験を求めて、そしてこの密度に存在する地球人類を援助するために、今でもやってきているのです。それはこれまでずっと続いてきたことで、これからもそうであるでしょう。

宇宙人との子供を宿した聖母マリア

その昔、マリアという名の若い女性も、他の惑星から地球を訪れていた者たちの1人と出会ったのです。ある日、彼女は1人で羊を導いている時、1機の宇宙船が近くに着陸し、そこから降りてきた天上人が声をかけてきました。彼はマリアの純粋な想念を感知し、彼女が自分を怖がっていないことを感じ取っていました。

マリアは当然のことながら彼のことを神から遣《つか》わされた天使だと思い込み、畏敬《いけい》の念に打たれていました。彼女がそれを彼に尋ねると「はい、私たちはすべて神です」そう彼は答えました。そして彼は彼女に神について、そして他の惑星の人々についての精神的な洞察を与えながらその日を共に過ごしました。

その後2人はしばしば会うようになり、やがて恋に落ちました。そしてマリアが彼との子供を宿した時、彼は彼女に結婚を申し込みました。しかし彼女はそれは不可能であることを彼に説明しました。彼女のいる社会の文化では、異教徒と結婚した者は恐ろしい投石刑に処されることになっていたのです。これは聖職者たちが自分たちの民族に他民族の血が混じらないようにするために定めた戒律にすぎないことをその訪問者は知っていました。マリアはまた彼といっしょに逃げることも恐れていました。それも自分の死を意味すると思っていたのです。もはやマリアを説得して結婚させる術はありませんでした。

それから数週間が経過する中で、その訪問者は今起きていることについてスピリチュアルな洞察を得ました。この民族の間では何世紀にもわたって預言者たちによって言い継がれてきたことがあったのです。それはやがて神に遣わされたメシアが現れて人々を導くというものでした。それがまさにマリアが授かった子供だったのです！　このことを知った彼は、やがて生まれてくる男の子がユダヤ民族の中で育てられるべきであることに気づきました。彼はマリアがこの地にとどまって子供を育てることに同意して言いました。

「あなたは同胞たちに自分が言いたいように説明して構いません。ただし私は彼らに真実を告げるでしょう。あなたはここでその子と30年間を過ごせますが、その後の30年間は私が共に過ごすことにします。彼がここで育っていく間、私は定期的に彼のもとを訪れて、彼の精神的な成長を助けることになるでしょう」

マリアは彼のスピリチュアルな教えに基づいて子供を育てることを承諾しました。そして彼女は人々のもとへ行き、天の使いが彼女のもとに現れて、彼女が神の子供を産むことになっていると告げたと言いました。それが後に「無原罪の宿り」と呼ばれたのです。

マリアは彼女の愛する人が神の使いであると信じていました。なぜなら彼は彼女に会う時はいつも輝ける光となって天から舞い降りてきていたからです。彼はそれはただの宇宙船であることを彼女に説明しようとしましたが、それは彼女には意味を成しませんでした。当時は機械類はまだ知られていなかったのです。

いっぽうで、ヨセフという名の男性がマリアを深く愛するようになりました。彼はほとんどマリアの全生涯にわたって彼女を愛慕しました。彼はマリアよりもずっと年上でした。彼はマリアの話を聞き、彼女の言っていることを理解しました。なぜなら彼自身も天の御遣《みつか》いの1人と会ったことがあり、太古の地球の物語を聞いていたからです。ヨセフはマリアを心から愛《いと》しんで、喜んで彼女とその子供の面倒をみようとしていました。そしてマリアを嘲笑する者たちに対しては、子供は自分の子供だとすら言って彼女を守りました。

人々は彼女が奇跡の子供を宿したことを知っていました。その当時はいろいろな奇跡がよく起こっていたからです。金星や他の同胞惑星から来た人たちはマリアの子供が精神的な指導者となることが分かっていました。そして宇宙船を使ってその地方のあらゆるところへメッセージを広めていました。預言者たちは神の子の誕生を霊視し、牧師のような人たちの多くは天の遣いの訪問を受け、この偉大な出来事を前もって告げられていたのです。

真理というものは、偽りを説く者たちにとっては常に脅威となります。当時の宗教組織や指導者たちはその子の誕生に心を脅かされていました。このことが、ある一定期間内に生まれたすべての男児を殺害する命令へとつながっていったのです。この危険を察し、さらに訪問者からの接触を受けたヨセフは、マリアを安全なところへ連れて行って出産させようとしました。ヨセフとマリアを安全な場所へ導いた星とは、実際には小さな宇宙船でした。これと同じ種類の星が三賢者や牧師たちをイエスが生まれた馬小屋へと導きました。誕生の夜、宇宙船は星のようにきらめきながら、小さな馬小屋の上空に浮揚していました。

金星のマスターから転生したイエス・キリストが説いた、至高なる神性の法則

イエスの子供時代はむしろ何事もなく静かに過ぎていきました。ヨセフは大工の仕事をしながら家族を養い、マリアは彼の父親から学んだ原理をイエスに教えていました。イエスはまた定期的に父親と会い、彼から地球の歴史のすべてを学びました。

12歳を迎えた頃、イエスは自分自身の体験を通して学ぶために旅に出ました。秘教を学ぶ彼の旅は、エジプト、チベットそしてインドにまで及びました。彼はチベット北部のカツパリ修道院の長であるフッピ・クウォンツのもとで3年間、教えを受けました。そこで彼は至高なる神性の法則の秘密を学び、彼のスピリチュアルな名前である「イエス（ジーザス）」と「キリスト」の名を授かりました。「イエス」は「ユダヤの王」という意味でもあり、彼の伝える教えが新しいものであるために付けられた「キリスト」という名は、「真理を運ぶ者」という意味です。

家族のもとに戻ったイエスは30歳となっていて、すでに自分の民族に教え始める準備ができていました。彼には12人の弟子たちがいました。彼らはその性格、キリストとのカルマ的なつながり、そして各々がその人生で果たすことになる役割によって選ばれていました。キリストはそのうちの1人が彼を裏切り、もう1人が彼を否定するであろうことを知っていました。彼はまた自分の亡き後は、シモンがその仕事を引き継ぐであろうことも分かっていました。キリストは弟子たちに最初に会った際に、内なる英知によってこれらのことを示されました。

彼はとてもスピリチュアルな人物で、精神的な法則について多くのことを知っていました。魂による階層世界への旅行や各個人の能力に関する彼の教えは、おもに寓話や物語のかたちで与えられました。彼のいた時代の文明人たちは、非常に知識に乏しく、あまり高い意識レベルに達していなかったのです。至高なる神性の法則の原理は、キリストのメッセージの中に象徴的に示された言葉に認めることができます。最初に天の王国を求めよという教えは、人間は死によって肉体を去る前に、高次の階層世界を体験することができ、またそうすべきであるという意味です。これは非常に数多くある例のうちのたった

1つにすぎません。

キリストの拷問の死は、人々の多大なカルマを背負わされたから

残念なことに、人々にとっては、次第にキリスト自身のほうが彼の教えよりも重要なものとなってしまいました。彼は精神的な指導者というよりも、名士のようになっていったのです。彼は人々を無知の状態から英知へと導こうとしていたのですが、ついに彼らへの哀れみのほうが上回ってしまいました。あまりにも多くの民衆が癒しを求めてキリストにしがみついてくるようになり、彼はもはやそれを拒む自由意思を持つゆとりもないほどに、哀れみの情に包まれていました。

彼は貧しく苦悩する人々への深い同情の気持ちに屈してしまいましたが、やがて自分がその報いを受けなければならなくなることも分かっていました。そして彼はその報いを今回の人生で受ける必要がありました。なぜなら、これが彼にとって物理的な体への最後の転生であったからです。ですからイエスが人々の罪を引き受け、後にそのために死んだというのは、彼が助けたまさにその人たちによって多大なカルマを背負わされ、そのすべてが肉体の拷問による恐ろしい死というひとつの報いとして結実したということなのです。

聖書には、キリストが荒野に行って祈ると、偉大な存在が彼のもとに現れたと書かれています。キリストの父を含むその当時の精神的指導者たちは彼に対し、彼は哀れみの情に屈してしまい、自身の教えから横道に逸《そ》れてしまったがために、この人生において肉体的な苦痛を受けるか、または生まれ変わってカルマを解消しなければならなくなるであろうと告げました。キリストは最初はそのような報いを受

けたくありませんでしたが、遅かれ早かれ自分のカルマは自分で清算しなければならないことに気づいてこう言いました。「私の願いどおりではなく、御心のままに」。彼はスピリチュアルな法則に従わなければいけないことを知っていたので、自分を守ろうとすることはせず、むしろ苦痛をいま受けることによって、それを終わらせようと決意したのです。

権力者の陰謀――キリストの教えより、彼自身を崇拝させるように仕向けた

晩年にかけて、キリストは非常に多くの人々を癒し、たくさんの奇跡を行いました。それはローマとユダヤの指導者たちに脅威を与えるには十分なものでした。やがて彼は追いつめられて捕らわれました。総督ピラトはキリストを深く尊敬していたので、彼が自己保身をするように説得までしましたが、キリストはそれを拒みました。彼は罪を贖《あがな》わなければならないことが分かっていたからです。

ローマとユダヤの指導者たちはアトランティスの時代に地球に何が起こったか知っていました。彼らはいくつかの古代テクノロジー装置を自らの権力とその行使のために隠し持っていたからです。彼らはキリストがいかに彼らにとって危険な存在になりつつあるのか分かっていました。なぜならキリストは過去の歴史を暴露し、彼らが策略をもって組織立てた教会に対して大衆に背を向けさせつつあったからです。彼らは1人の囚人を釈放することで人々に選択をさせようとしました。こうすれば自分たちが責任を負わずに済むからです。それは殺人者・盗賊として知られていたバラバとキリストのどちらを釈放するかということでした。彼らは群集の中に兵士たちを回らせ、バラバの釈放を叫んだ者に黄金を与えるという計画を企てました。

計画の第2段階は、キリストの処刑後に彼の名のもとに統一された宗教を組織することでした。彼らはキリストの復活の預言を知っていたのです。彼らはまたカルマの法則も理解していました。もし彼らが未来の世代にキリストを崇拝させ、その子供たちに洗礼を受けさせ、その全生涯とすべての行いをキリストのために捧げるような信仰を持たせることができれば、それらの人々によってキリストにもたらされる苦悩と責任とカルマが増大し、彼の精神的な進化が遅れ、一定の次元内に拘束されることになり、もはや脅威の存在ではなくなると考えたのです。キリストが予想だにしなかったことは、彼を崇拝して私的なマスターと考える未来のすべてのキリスト教信者たちについても、彼が責任を負うであろうことでした。彼は自分のシンプルな教えが宗教にまでなり、自らが教えようとしたことよりも自分自身のほうが重要視されるようになろうとは夢にも思わなかったのです。

キリストを滅ぼす手助けをしたのと同じ勢力が、今や手の平を返したように彼を担ぎ上げ、神の息子として崇めさせようとしているのです。ユダヤ民族ですら、キリストの生涯が一冊の本となり全世界に広められるのを許しています。そこにはイエスが教えた真理のいくつかが除外されています。そしてほとんどの教会にあるキリストの肖像は、拷問を受けて血を流している姿のものです。

十字架の苦しみで自らが背負ったカルマを解消したキリスト

十字架の上で苦しみ、自らが救った人々に嘲《あざけ》られながらも、キリストは自身が背負ったカルマのほとんどを解消しました。その一方でキリストは彼らをとても哀れんで神に願いました。「彼らを許し給え。彼らは自分たちがしていることを分かっていないのです！」

彼の苦しみはさらに度合いを増し、彼が思っていたよりもずっと長く続きました。彼は大いなる苦しみが終わるまで肉体を去ることができませんでした。しかし彼の父親が宇宙船で急接近して彼を救いに来てくれないので、彼は叫びました。「父よ、私の父よ、なぜ私をお見捨てになるのですか?」。

キリストの母星の人たちはある計画を立てていました。彼が苦しみを受けたくないと父に懇願したあの荒野で、彼の父はその計画をキリストに話していました。それは人々に対して、肉体が死んだ後にも人生は続くこと、そして肉体はただの乗り物にすぎず、魂はそこを離れたり再び宿ったりできることを示すことでした。しかしキリストの時代の民衆は復活をそのように解釈はせず、キリストの偉大な奇跡のひとつだと思ってしまったのです。

キリストの復活——宇宙船内で修復された彼の肉体

キリストが息を引き取ると同時に、凄まじい嵐が巻き起こり、真っ黒な雲が太陽を覆いました。これはキリストを信じなかった者たちを震え上がらせ、後に書かれたキリストの物語において大いに強調されました。この嵐は実際にはキリストの信奉者たちによる集合的なサイキック・パワーによって引き起こされたものでした。彼らは、神は怒りの絶対権力者だと信じていたのです。

キリストの死後、彼の遺体はマリアやキリストの友人たちによって用意されていたお墓に移されました。権力者たちはその遺体が人々によって盗まれないように墓に護衛を配置しました。実際には彼らはキリストの救済のための計画を知っていたためにそれを防ごうとしていたのです。しかし宇宙船がキリストの墓の近くに着陸した時、護衛たちはその光と強烈なエネルギー場の影響で気を失って倒れてしまいました。そしてキリストの遺体は修復のために運び出されました。遺体となった肉体の修復のために彼の父親が準備をしている間、キリストは彼のアストラル体の中で待機していました。死後24時間以内の肉体は、細胞と組織を再生する放射線によって修復することが可能なのです。そして魂は再びその中に宿ることができます。

キリストの墓にやってきて遺体が消えているのを最初に見つけたのはマグダラのマリアでした。彼女は意識を取り戻してから目の前で起きたことの詳細を思い起こしました。彼女がちょうど墓に着いた時、そこにはきらめく長い衣服を身にまとい、輝きに包まれた天使たちがいました。そしてマリアにキリストは生きているという知らせを告げたのでした。彼女の記憶では、彼らは墓の入り口の大きな石を転がしながらこう言いました。「恐れてはいけません」。彼女は天国から来た天使たちがイエスを癒したのだと信じ、彼を探すために出かけていきました。

聖書には、キリストが多くの信奉者たちの目の前に現れた時に、彼が話しかけるまでは、彼らの誰もそれがイエスだとは気づかなかったという記述が多数あります。また、キリストの墓のそばに、光沢のある長い衣服を着た存在たちがいたという報告も複数あります。マリアの前に現れたキリストはこう言いました。「私はまだ体になっていません。私に触ってはなりません。また戻ってきます」。彼はこのようにしておおぜいの人々の前に姿を見せ、アストラル体によって扉や壁を通り抜けました。彼の肉体は宇宙船内で修復され、そこに再びキリストの魂が宿りました。そして彼は人々に自分の体を示し、彼らがそれに触れることを許したのです。

彼は人々に言いました。「私はここを去ります。天にまします父のみもとで共に暮らすためにです」。

人々は彼の説明を自分たちなりに最善を尽くして解釈しました。キリストが宇宙船で去ったことを、天国への上昇という表現で伝えたのです。彼は父と共に戻ってきて、そこで結婚し、のちに子供たちをもうけました。彼は再び肉体の死を迎えるまで長い間生きました。

イエスはさらにカルマ解消のため、キリスト教の誤解を解いている

キリストは彼の同胞民族たちを、彼らの多くの生涯にわたって導いています。キリストは彼らの内なるマスターであり、内なる経路を通して彼の信奉者たちとコミュニケーションを取っています。自身の救いを彼に見出したすべての人々に対する精神的な責任が彼のカルマとなるのです。彼は各個人の指導をできるだけ引き受け、一人ひとりをキリスト教から離れさせ、より偉大なスピリチュアルな道へと導いていています。

彼がこのようなことをしているのは、下層世界のコーザル界に自分を引き止めているカルマから解放されるためなのです。あらゆる行為が彼の名のもとに行われています。あらゆる戦争が彼の名のもとで戦われ、あらゆる子供たちが洗礼を受け、あらゆる人々がキリストの名のもとに自らの人生を生きています。これらがさらに彼を下層世界に縛り付ける鎖となっているのです。

キリストがすべての誤解から解放され、キリスト教にいるこれらのすべての魂が他の道へと出て行くまで、キリストは下層階層の時空であるコーザル界にとどまっていなければならないのです。コーザル界の中にあるこの天国のような場所は、集合意識で創られたものです。それはこの地球上におけるキリスト教徒の信仰なのです。

自分が自身を癒すということ――オムネクのヒーリング、レッスンの手順

あなたは自分が自分自身を癒す力を持った神聖な存在であることを知らなければいけません。他の人たちを癒そうとするよりも、自身を癒すほうがずっと良いことなのです。

私たちは常に他人を愛し、慰めを与えるべきですが、他人にヒーリングを施す際は許可を得ることと、時には相手の状態がカルマもしくは本人にとっての何らかの学習のための経験であるかもしれないことを知っておかなければなりません。ですから、他人を癒そうとする前に、その行為がスピリチュアルな法則に反するものではないかどうかに注意を払うことが必要です。また人によっては、ある種のエネルギーをどこかへ移動させるべく、病気をわが身に受け入れていることもあります。したがって、私たちには癒しを行うことを決める権力はないことを理解する必要があります。

至高なる神性の法則において、人生で遭遇するさまざまな経験は、生まれてくる前に各個人の魂が選択してきていることなのです。通常は、最も苦痛を伴う困難な経験が最も価値のある学習であるのです。あなたが他人を癒そうとする場合は、事前に必ず相手と話し合い、ヒーリングが相手の信条に反しないことを確認しなければなりません。そして癒されるかどうかは高次のパワー次第であり、癒された場合はその苦しみが不必要な経験であることを意味し、癒されなかった場合はその経験から学ぶべきものがあることを意味します。

ヒーリングは相手が目の前にいても遠くにいても行えます。神聖なる力に時間と距離は影響しないのです。個別に行う際は、受ける側は体を横たえて、両足を接触させるか交差させます。目は閉じて、あ

たかも頭の中にテレビ画面があるかのように、第3の目の辺りに心の焦点を合わせます。深呼吸を3回してリラックスします。ヒーリングをする側は相手の近くで椅子に背筋を伸ばして座り、両足を接触させ、両手を組みます。3回深呼吸をして第3の目に焦点を合わせます。

まず相手の顔を雪の玉の中に視覚化します。そしてその雪玉を愛と慈悲の大海原へと投げ入れるのです。その海は進化した魂たちとアセンデッド・マスターたちの青白い光のエネルギーの流れであり、神の中心からあらゆる階層世界や宇宙を通じて流れ込んで来ています。そして雪玉が流れの中に吸収されて、その一部となるようすを描きながらこう言います。

「神聖なる創造主の名において、この病が取り除かれるべきものであるのかどうか、お尋ねします。私たちはあなたの聖なる決定がいかなるものであろうと受け入れます。あるがままのすべてに感謝を捧げます。バラカ　バシャド（恵みがありますように）」。これでおしまいです。自分自身を癒す場合も同様にします。また相手がどれだけ遠方にいようとも、事前に話し合った上でこれと同じことを行えばよいのです。就寝前の時間帯であれば、リラックスした受容的な状態で行えます。相手が自らエネルギーを引き出す能力も大切なのです。常に心に留めておかなければならないことは、エネルギーは私たちの一部ではあっても、私たち自身がヒーリングをするのではないということです。私たちはエネルギーを方向付けているのです。これを自分の功績にしようとするエゴが割り込んでくると、それは神聖なるエネルギー源を操作するという危険な行いとなります。私たちは常に偉大なる本源のエネルギーを使わせていただいていることに感謝の気持ちを持たなければなりません。

また、相手の顔が清らかな青白い光のエネルギーに覆われている様子を描いて、その人が保護されることを頼んで常に愛を送ることもできます。自分自身に対しても同様にできます。温かいエネルギーが流れ込んできて周囲を包んでくれるのを感じるようにしてみて下さい。瞑想やヒーリングの前に常に自分自身のスピリチュアル・ガイドや守護者に呼びかけて、よからぬ存在から利用されないように保護をお願いするとよいでしょう。

実際に十分な知識や防護もなしにオカルト現象の実験を試みたがために、本来は必要ではない破壊的な経験をしてしまった人たちもいるのです。スピリチュアルな啓蒙を求める道には多くの落とし穴があります。私たちの多くは過去世においての過酷な経験と深い恐怖の記憶によって、同じ過ちを再び繰り返さないように、これらのことを避けているのですが、それでも前もって注意深くしておかないと、時には罠《わな》にはまってしまう危険性もあります。ですから、ヒーリングを行う際は、その動機が相手を助けたい気持ちと愛からのものであり、自分を認めてもらうことや達成感のためではないことを常に確認する時間を持つことが必要です。調和とバランスをもって生き、自分の人生における個人的な責任に直面することが非常に偉大な業績なのです。

神聖なエネルギーに気づき、スピリチュアルな法則に反することなく、自身や他人を危険にさらすこともなく、エネルギーを適正に用いることが大切であり、それもまた立派な業績なのです。創造主があなたを愛から創造したように、創造主の一部としてすべてのものを愛し、自身を愛することは、あなたが存在する道程における偉大な一歩となるのです。

［訳者解説］オムネクによれば、人がときどき遭遇するネガティブなエネルギーは、過去に存在した魂が残した想念である場合もあれば、下層アストラル界の実体であることもあり、後者の多くは心に隙のある者をうまく操って支配する機会を常に伺っており、サイキックな体験やチャネリングを求めて不用意に自分をオープンにする人を主な標的にしているという。

さらに突然死や非業の死による未練や混乱のために本来の移行を受け入れられずにさまよう魂と接触してしまう場合や、ネガティブな想念を放つ人や興味本位で黒魔術や霊現象を扱う人が強大で邪悪なエネルギーの集合体を引き寄せてしまう場合もあるという。下層アストラル界に蓄積されるこのネガティブ・エネルギーはときには悪魔の様相を呈するほどパワフルで、それを生み出すのは自分の想念の力に気づいていない新しい魂たちであり、そのエネルギーは相乗効果で雪だるま式に膨れ上がるという。

また、思春期に達しない子供が自分の感情エネルギーをうまく解放できずにフラストレーションを溜め込む場合、周囲の破壊的なエネルギーを引き寄せてポルターガイスト現象（手を触れていないのに家の中の物が動いたり、音や光を発したりする現象）を起こしたりするという。オムネク同様にアダムスキーも「私たちは想念の海の中に生きているのです」と説明している。

第14章 ジョージ・アダムスキーへの金星文字手紙

［訳者解説］象形文字のようなこの手紙は、アダムスキーが1950年代に金星人から受け取ったとされるもので、右上に太陽系の惑星が描いてあり、一番左の太陽から数えて2番目の惑星の下に矢印があることから、金星を示していることが分かります。そして全部で12個の惑星が描かれていて、地球ではまだ確認されていない3個の惑星も含まれています。

この文書の内容は解読されたことがありませんでしたが、オムネクによるとこれは彼女の伯父のオディンによって書かれ、金星人オーソンを通じて1953年にアダムスキーに渡されたということです。そして驚くことにオムネクは、オーソンも伯父の1人であると語っています。またオーソンはオディンよりもずっと年上で、地球で物理的な肉体をまとって活動した後、現在は別の次元に存在しているといいます。

ただ彼女の知っているオーソンは青い瞳をしたブロンド髪で、背が高くほっそりとした白人であったそうですが、アダムスキーによればオーソンは金髪ではあってもそれほど背は高くなく有色人種であったといいます。しかしスイスの協力者のルー・ツィンスタッグ（心理学者ユングの徒姪《じゅうてつ》）によると、彼女がアダムスキーに「本にあるオーソンの肖像画とスケッチは女性っぽくて、私は少しも好きになれないわ」と言った際に、彼は「君は勘がいいね。オーソンはあれにはまったく似てなかったよ。彼はとても男らしくて極めて知性的だったけれど、その特徴が非常に際立った独特なものだったので、それを本で伝えたら彼の身に危険が及んでいたことだろう。彼は何度かロサンゼルスにいたことがあるからね」と語り、ポケットの小物入れからオーソンの写真付きのプロフィールを取り出してちらっと見せてくれたといいます。ルーによればそれは確かに肖像画とは非常に異なった容貌で、最も著しい特徴は、はっきりとした顎《あご》であったそうです。これはオムネクが金星の父親の顔の特徴を「深い割れ目のある広く四角い顎」と述べていた

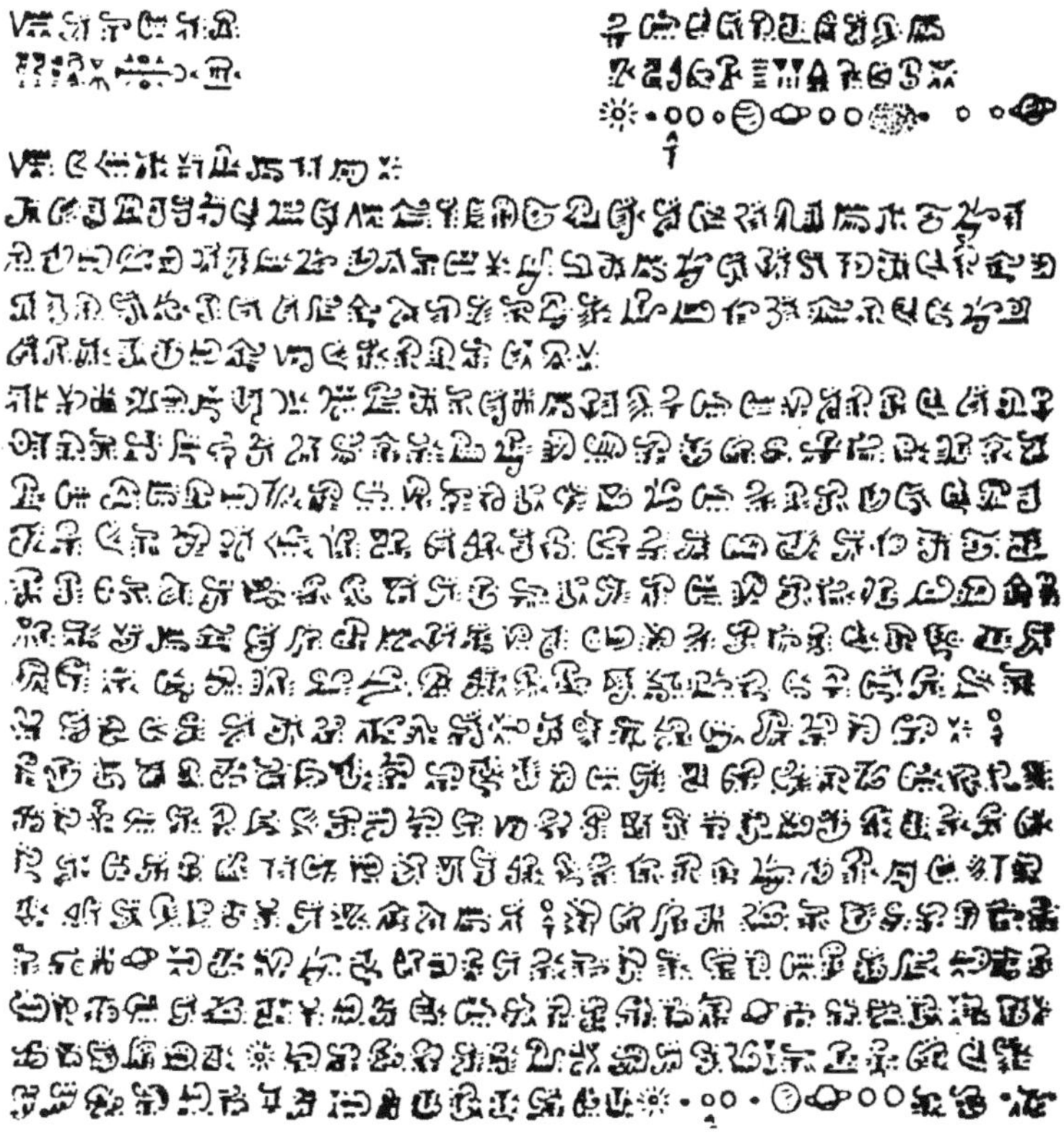

アダムスキーが宇宙人から受け取った金星文字の手紙。
右上の太陽系惑星のイラストで矢印のついた３番目のものが金星。12番目のものは輪のついた巨大な惑星であることが分かる。

のを思い出させます。

ちなみにルーが地元の劇場で出会ったという宇宙人は、青い瞳で濃いブロンド髪をした頬骨の高い北欧系で、生気に満ちた幸せで健康そうな紳士であったそうです。人ごみの中で遠くから彼女を見つめる彼の特別な様子に気づいたルーは、アダムスキーから教わった「テニスボールを投げるように瞬時に想念を解き放つ」要領で「あなたは宇宙人ですか？」とテレパシーで尋ねたところ、相手は即座に瞳を輝かせて大きな笑みを浮かべて何度もうなずいたといいます。

では、以下がオムネクによる金星文字の解読です。

（手紙の左上）
送り主：オディンより——長い歴史を持つ金星人を代表して
あて先：パロマー山の私たちの友人へ〔訳注：アダムスキーのことを指す〕

（手紙の右上）

私、オディンは、あなたがまだそのごく一部しか知り得ていないこの広大な太陽系の12の惑星を代表しています。


（本文）

私たちの兄弟姉妹である地球の人々、そして同胞惑星と地球を結ぶコンタクティを代表する親愛なる

あなたへ

私たちの広大な宇宙のすべての存在を代表してあなたにお話しします。私たちは地球からのレーダービームの実験信号を受け、地球が危険な状態になっていることを確信して、この手紙を書きました〔訳注：SOSと誤解して調査したという意味。第1章を参照〕。

本当に地球は危険な状態にあるのです。そしてあまりにも多くの人々が自分自身についての理解を欠いており、さらに他の惑星世界のことについては本当にほとんど知らないために、状況をますます複雑なものにしています。このような誤解を克服するのは実に大変なことで、多くの時間と大いなる愛が必要とされます。

私たちは自分たちが知っていることのすべてを喜んであなた方と分かち合いたいと思っています。しかしながら、私たちがもたらす知識を多くの人々に理解してもらい、その利用を任せられるようになるには、まず人々が自分自身や地球に対する見方を変えるように働きかけることしか私たちにはできないのです。知識はまさにあなた方が受け継いでいるものの中にあるのです。それは私たちのものでもあり、生きとし生けるものすべてが有するものなのです。

私たちがこのメッセージをあなたに託すのは、あなたのスピリチュアルな理解によるものであり、あなたはいまだ地球人に発見されていないすべての太陽系の惑星世界と住民たちへの敬意を持っているからです。あなた方にとっては太古の昔、そして私たちにとっては少し前の出来事ですが、地球に最初に植民したのは私たちでした。その責任意識から私たちはあなた方に愛しみを感じて導きを与えずにはいられない気持ちでいるのです。

もうじきある者があなた方の世界に入り込み、このメッセージを理解する手助けをするでしょう。それは私たちの中の1人です。その時までこのメッセージが理解されることはありません。なぜなら私たちの言語は思念のシンボルにすぎず、あなた方が見て分かるようには書かれていないからです。このメッセージを大切に保存しておいてください。あなた方にバランスと新しい生き方をもたらす鍵となるでしょう。これは私たちにとっては古くからのものですが……。

（オムネクによる注：この部分は私には翻訳できません。なぜならエネルギーの発生源について書かれているからです。たとえこのようなシンプルなかたちであっても、今はまだ公開するのに適した時期ではありません。悪用される恐れがあるからです。したがって、メッセージの最後の部分から翻訳を再開します）

私たちはすべてスピリットとしてつながっていて、至高なる存在が創造した世界を共有する聖なる権利を持っています。自ら所有するものは何もなく、すべての魂があらゆるものを分かち合っています。私たちは皆これらの惑星世界や銀河にいる訪問者であり、終わりなき創造を学び、その手助けをしながら、至高なる一者の定めに従って永遠に存在し続けるのです。私たちすべてはこの計画の一部であり、これから先もずっとこれらの真理をもたらし続ける偉大な役割を担っているのです。

愛は、私たちが癒しを与えることができる唯一の力であり、与えたすべてのものは10倍になって戻ってきます。つねに光の中を歩み、世界に光明を与え、闇の支配をなきものとしなさい。始まりは1人からです。それがあなたであるようにしなさい。母なる地球を救いなさい。

Abactu Baraka Bashad

（アバクトゥ　バラカ　バシャド：宇宙にあまねく恵みがありますように）

金星そして同胞惑星を代表して――オディン

訳者あとがき

本書はオムネク・オネクの著書『From Venus I Came（私は金星から来た）』を中心に、続編の書籍『天使たちよ、泣かないで』、『金星のスピリチュアル・ハンドブック』、そしてCD『金星からのメッセージ』等の主要箇所を織り交ぜ、未公開の手記やインタビューの内容等も加えて編集したものです。彼女の最初の2冊は長時間のインタビューを第三者が編集したもので、今回の邦訳版にあたって彼女から「一冊に収録するには要約が必要でしょう」と言われ、地球での生活の部分（特に他の人々の生い立ち等の長い記述）は割愛や要約をしました。

私が初めて彼女の存在を知ったのは、ある海外の研究家から送られてきた1992年頃のインタビュー映像でした。なぜか私はどうしても彼女に連絡を取りたいと強く感じて、製作者や聞き手の所在を突き止めようとしましたが見つからず、それでもあきらめきれずに1年以上かけて英語圏のあらゆる方面の研究者や組織に問い合わせましたが、どうしても見つけることができませんでした。その頃、私はメンジャー夫妻の著書の翻訳に取り掛かっていて、夫妻からサイン入りの本を頂いたお礼に、「あなた方の体験と共通点のある女性がいますよ」とオムネクのビデオを送りました。するとそれを受け取った夫妻から「彼女とは1997年にドイツで会いましたよ」という驚くべき返事が来たのです。その情報をたよりにドイツ方面を探したところ、彼女の生徒の1人であったマーティンという男性との接触に成功し、なぜか彼とはすぐに親しくなれて、彼より英会話が得意なルースという女性を通じてオムネクを紹介してもらえたのです。彼女はほんの一握りの人にしか連絡先を教えていないそうですが、マーティンが「僕の友人として紹介するよ」と言ってくれたお陰で、ついに接触できたのでした。オムネクはこれまで自身の体験のテレビドラマ化のオファー等もあったそうですが、センセーショナルな取り上げ方はされたくないために断ってきたといいます。ですから遠い異国の地からの私の翻訳の申し出を了承してもらえるかどうか不安でしたが、幸いなことに「あなたを信頼します」と言ってもらえました。

ある人が私に「あなたは彼女が本当に金星人だと信じていますか?」と尋ねたことがあります。ただ私には「信じる」という言葉がよく分からないのです。たとえば「私は太陽があるのを信じる」とは誰も言いません。皆それを「知っている」からです。

私は幼い頃、自分は遠い外国に旅行したことがあるのだろうと思っていました。流線型の建物が自然の中に調和して並んでいる光景と、排気ガスを出さずに宙を滑空する乗り物に乗っていた感触を覚えていたからです。成長するにつれ、そんな経験はしていないことが分かりましたが、それからも時々フラッシュバックのようにその光景や体感がよみがえり、切なさにも似た懐かしさに襲われることがありました。オムネクやアダムスキーの話を聞いた時、私は彼らの語る他の惑星の生活を「知っている」気がしたのです。

私は10歳の頃にアダムスキーの『空飛ぶ円盤同乗記』を読み、その後に本に掲載の写真と同じ葉巻型母船を目撃したのがきっかけで、彼の伝えた情報を長年研究してきました。私は世界中の神話や聖典に描かれた〝天使たち〟とは、他の進化した星から宇宙船で飛来した人間たちだったのだろうと思っていましたので、アダムスキーが「宇宙人は肉体を持つ存在です」と語っていたことにとても共感できました。彼がもし「宇宙人の霊と交信した」と言っていたら関心は持てなかったでしょう。個人の潜在意識に脚色されやすい霊的コンタクト（チャネリング）が正確な情報を伝えているかどうかは私には判断が難しいからです。多くのコンタクティは、「体を持たない光の存在」と交信していると語りますが、「体を持たない」＝「高次元」という発想が私には理解できませんでした。それはまるで、「シャンデリアよりも裸電球のほうが高級だ」と言っているように聞こえるのです。上層次元の存在もその領域に応じた体を持っているとオムネクが説いているように、より高い波長の体は光のように眩しく見えるのでしょう。言葉で説明するのは難しいのですが、私は幼少の頃から漠然と、でも心の奥からの強い予感として「人間の肉体はやがてより精妙な体へと変わるだろう」と感じていました。けれどもそれは「肉体から脱却する」ことではなく、肉体のまま波動を上昇させて変容するというような感覚でしたが、当時はまだアセンション（次元上昇）という言葉すら知りませんでした。しかしやがて大人になるにつれ、「自分はなんて非常識な幻想を抱いているのだろう」と恥ずかしく感じるようになり、もっと理性的に生きるべきだと考え始めました。

そんなある日のこと、明け方の夢の中で私は背後の誰かに対して「この世界がアセンションするなんてどう考えてもあり得ないし実感が湧かない」と訴えていました。するとその人は「では体験してみて下さい」と言い、その瞬間、自分の体と周囲のすべてが――そのままの姿でありながらも――バイブレーションが上昇して、内側からきらめきが溢れるような世界に変容するのを〝体感〟したのでした。

私は瞬時に、「ああ、こういうことだったのか……」と納得して、驚きと感動に包まれたまま目を覚ましました。いつもなら「なんだ、夢だったのか」と思うところなのですが、体にはまだ先ほど感じた波動が現実の体験そのもののように非常にリアルな感触として残っていたため、それが夢であったことに気づくまでにしばらくかかったことを覚えています。

この時の体験はオムネクの話を聞いた時によみがえってきて、私は再び不思議な感覚に包まれました――「あり得ないような変な話なのになんだかすごく気になる……その世界はなぜか自分も知っている……どういうわけか彼女にすごく親しみと懐かしさを感じる……」。それは磁力に引かれるような感覚でもあり、まるで「初めて見る果物なのに、その中に種があるのが分かる」という感じでした。そして「彼女を日本で紹介しなくては」という使命感に似た衝動に突き動かされ、まるで理屈抜きで好きなことに夢中になる子供のように翻訳を始めたのでした。

子供と言えば、以前に私のイラスト入りの日本文化紹介の本をオムネクに贈呈した際に、「少し子供向けのイラストですけど」と説明したところ、すかさず彼女に「私は子供よ!」と元気に言い返されました。それは短いながらも彼女を象徴する言葉のようにも感じました。子供らしい純真さは、私たち地球人がこれから新しい段階へと進化をとげていく際に重要なキーワードなのかもしれません。さらに子供と言えばオムネクの長女のトービィは前世は日本人だったと幼い頃から言っていたそうで、今回の日本での出版を母親同様に喜んでいるそうです。読者の皆さんは、オムネクの子供たちが最初に自分の母親が金星人だと聞いてどのように感じただろうと思われるかもしれません。実はオムネクが一度シカゴのテレビに3人の子供と一緒に出演した際に司会者から同様の質問を受けたことがあります。その際にトービィは、「私が子供の頃、母のもとへ蝶々が飛んできてずっとくっついていたのを見て驚いたことが一番印象的でした」と語っていました。

ただ私はその番組の録画を見ていて、オムネク一家が興味本位のさらしもののような扱いをされているようで心が痛んだのですが、オムネクの毅然とした態度に彼女の芯の強さを見た気がして、「さすがだな」と感じました。それはある意味で真の大和撫子の凛とした姿のようでした。大和撫子と言えば、オムネクは私への個人的な手紙の中で「私は西暦800年頃に日本にいたの。あなたとは過去世の1929年に私がフランスで学生だった頃、お互いにアーティストで友人だったのよ。2人とも女性だったけど、その時の私の生涯はとても短いものだったわ。それから中国の唐の時代（日本に生まれる前）にはあなたと家族だったの。一緒に修道院でマスターのラォ・ツィのもとで学んでいたのよ」と語っていました。私自身にはその記憶はありませんが、私が一番好きな画家がフランスのモローであることや、中国の老子（ラオ・ツー）の教えに最も馴染みを感じていることをオムネクには告げておらず、また彼女と以前に会っていたような気がすることも言っていませんでした。

このことをマーティンに話したところ、「僕は驚かないよ。今日は君にあげるためのマスターの肖像画を探していたんだけど見当たらなくて、やっと1枚だけ見つかったから郵便で送っておいたけど、それはラォ・ツィの肖像画なんだ」と言われました。オムネクはラオ・ツィと老子が同一人物だとは言っておらず、後者は紀元前の伝説的人物ですが、そういえばアダムスキーは古代中国の賢者であったと弟子たちに言われていて、おそらく老子だろうとポマロイは語っていました。老子というのは実は1人の人物ではなく複数の人物の総称ではないかとの学説もあるそうで、私自身、オムネクやポールの言うチベットのマスターたちが実在するのかどうか実感はありませんが、実は翻訳を始めた頃、明け方の夢にポールが出てきて私に笑いかけ、彼の背後に口ひげと顎ひげのある背の高い男性たちが5、6人立っていました。そして後日初めてマスターの肖像画を見た時、ポール・トゥイチェルのマスターであるリバザー・ターズが夢の男性たちによく似ているので驚いたことがありました。

オムネクが本書で語ることは皆さんにとって、おとぎ話のように聞こえるか、それとも記憶の奥底にある何かを思い出させるものなのか、あるいはその中間のようなあいまいな感覚なのか、受け止め方はそれぞれでも、そのどれもが一人ひとりにとって必要な意味を持っているのでしょう。

最後になりましたが、この本が世に出る機会を与えて下さった徳間書店の方々、そして実際に本を手に取って下さった読者の皆様、またオムネクとの架け橋を作ってくれた愉快なMartinおじさんに心からの感謝を捧げます（マーティンは日本語が読めないので、最後だけアルファベット表記にさせていただきました）。

参考資料

天使的宇宙人とのコンタクト（ハワード&コニー・メンジャー、益子祐司訳、２００７、徳間書店）
空飛ぶ円盤同乗記（ジョージ・アダムスキー、大沼忠弘訳、１９９８、角川春樹事務所）
新アダムスキー全集全12巻（ジョージ・アダムスキー、久保田八郎訳、中央アート出版社）
宇宙からの使者　アダムスキー秘話と世界政治（藤原忍、１９８８、たま出版）
地球人へのメッセージ——アダムスキー講演録・宗教と円盤（伊藤耕造、１９９９、ストーク）
宇宙からの警告（ケルビン・ロウ、梶野修平訳、１９９５、たま出版）
わたしは金星に行った！！（S・V・メディナ、ミチコ・アベ・デ・ネリ訳、１９９５、たま出版）
宇宙からの手紙（福沢もろ、１９９７、大和出版）
Flying Saucers 50 years later（Carol A.Honey,2002,Privately Published）
Alien Base（Timothy Good,1998,Century）
George Adamski, Their Man on Earth（Lou Zinsstag,1990,UFO Photo Archives）
George Adamski, The Untold Story（Lou Zinsstag,T. Good,1983,Ceti Publications）

オムネク・オネク

20世紀初頭に地球での生涯を終えた後にアストラル界の金星に転生する。しかし、過去世で負ったカルマの解消および地球の人々の意識を高める手助けのために、幼くして再び地球へ行く決意をし、体の波動を物質界レベルに低下させ、金星のアストラル界と物理的世界を結ぶ中継都市レッツから宇宙船に乗り、1950年代初めにチベットの秘密寺院に来訪する。そこでしばらく肉体に慣れる訓練を経た後、一般家庭で生活するためにアメリカへ渡り、交通事故で亡くなった幼女シーラとその場で入れ替わる。シーラとは18世紀末のフランス革命時代に共に生きた姉妹で、今生でも二人はうり二つであり、シーラは親元から離れて一人で祖母のもとへ向かう途中で事故に遭ったため、誰も入れ替わりに気づかなかった。前世で自分の身代わりとなって処刑された妹の今世でのカルマを引き受けたオムネクは、地球社会で長年にわたる悪夢のような試練に耐える。そして1991年に金星の指導者たちからの助言を受け、人々に平和と人類愛のメッセージを伝えるために国際UFO会議で自分の素性を公にして出席者たちに大きな衝撃を与える。その後は欧州を中心に講演活動や「地球の変容」ワークショップを行い、現在は子供や孫たちと心穏やかな毎日を過ごしている。

日本では以下の本が徳間書店より刊行されている——

『私はアセンションした惑星から来た』『地球人になった金星人オムネク・オネク』『DVDから語りかける金星人オムネク　地球を救う愛のメッセージ』『金星人オムネクの答え』（いずれも益子祐司訳）

原著：From Venus I Came（1991,UFO Photo Archives）

益子祐司（ましこ ゆうじ）

著述家、翻訳家、詩人、イラストレーター

「アセンション」という言葉をまだ知らなかった幼い頃から次元上昇（変容）に関する独自の感覚と予感を抱

き続け、日本および海外で本を出版。また金星人オムネク・オネクやコンタクティのハワード・メンジャーの著書を日本に紹介。これらの分野のお話し会も毎月開催している。
著書『アセンションはなぜ起こるのか』(徳間書店)、『Ascension-Metamorphosis』(Createspace)、『UFOは来てくれた』『UFOと異星人』ほか。訳書(※オムネク・オネクの本は著者紹介欄を参照)、『スターピープルはあなたのそばにいる(上下巻)』(アーディ・S・クラーク著、明窓出版)、『地球人よ、ひとつになって宇宙へ目を向けなさい!』(ジョージ・アダムスキー著)、『天使的宇宙人とのコンタクト』(ハワード&コニー・メンジャー著)、『天使のノート―あなたのとなりにいる天使のメッセージを聞く方法』(ジェニー・スメドリー著)いずれも徳間書店。
イラスト担当本『ポン!とわかる 英語で日本紹介アイデア集』(川田美穂子著、国際語学社)
ホームページ(Pastel Rose & Emerald) URL:http://emerald.holy.jp/

本書は、徳間書店より2008年に刊行された『私はアセンションした惑星からきた』を改題、再編集したものです。

至高なる神性の法則
次元上昇した「金星」の真相と地球の未来

第1刷　　2023年3月31日

著　者　　オムネク・オネク
訳　者　　益子祐司
発行者　　小宮英行
発行所　　株式会社 徳間書店
〒141-8202 東京都品川区上大崎3-1-1
目黒セントラルスクエア
電話　編集(03)5403-4344／販売(049)293-5521
振替　00140-0-44392
印刷・製本　大日本印刷株式会社

ISBN978-4-19-865529-7